商用车产教融合一体化活页式系列教材

Shangyongche Dianqi Shebei Guzhang Zhenduan yu Paichu

商用车电气设备故障诊断与排除

(XueSheng Shouce)

(学生手册)

刘海峰　郇延建　**主　编**
侯宪德　张　润　**副主编**
　　　　崔玉清　**主　审**

人民交通出版社股份有限公司
北　京

内 容 提 要

本书是商用车检测维修专业系列教材之一,主要内容分为整车电气认识与检查、电源系统故障诊断与排除、起动系统工作异常故障诊断与排除、照明装置与信号装置故障诊断与排除、组合仪表工作异常故障诊断与排除、辅助电气系统故障诊断与排除六个项目,每个项目下又分为若干个任务,每个任务包括任务导入、任务学习、资讯储备、任务实施、学习测试五个部分。

本书可作为职业院校商用车相关专业教材,也可以作为职业技能培训和其他从事相关专业专业人员的参考用书。

图书在版编目(CIP)数据

商用车电气设备故障诊断与排除/刘海峰,郇延建主编. —北京:人民交通出版社股份有限公司,2022.8
ISBN 978-7-114-17365-3

Ⅰ.①商… Ⅱ.①刘…②郇… Ⅲ.①商用车辆—电气设备—故障诊断—教材②商用车辆—电气设备—故障修复—教材 Ⅳ.①U469.07

中国版本图书馆 CIP 数据核字(2021)第 107292 号

书　　　名:	商用车电气设备故障诊断与排除
著 作 者:	刘海峰　郇延建
责任编辑:	郭晓旭
责任校对:	孙国靖　宋佳时
责任印制:	刘高彤
出版发行:	人民交通出版社股份有限公司
地　　　址:	(100011)北京市朝阳区安定门外外馆斜街3号
网　　　址:	http://www.ccpcl.com.cn
销售电话:	(010)59757973
总 经 销:	人民交通出版社股份有限公司发行部
经　　　销:	各地新华书店
印　　　刷:	北京武英文博科技有限公司
开　　　本:	787×1092　1/16
印　　　张:	22.5
字　　　数:	528 千
版　　　次:	2022 年 8 月　第 1 版
印　　　次:	2022 年 8 月　第 1 次印刷
书　　　号:	ISBN 978-7-114-17365-3
定　　　价:	89.00 元(含工作页)

(有印刷、装订质量问题的图书由本公司负责调换)

商用车产教融合一体化活页式系列教材编审委员会

主 任 委 员：刘卫民（中国交通教育研究会）
　　　　　　崔士朋（北汽福田汽车股份有限公司）
副主任委员：刘兴华（山西交通技师学院）
　　　　　　陈继梦（山东交通职业学院）
　　　　　　赵　霞（石家庄工程技术学校）
　　　　　　曾祥亮（四川交通运输职业学校）
　　　　　　陈文钧（贵州交通技师学院）
　　　　　　曾　威（广州交通技师学院）
　　　　　　吴晓斌（浙江嘉兴交通学校）
　　　　　　刘庆华（宁波技师学院）
　　　　　　陈作兴（山东交通技师学院）
　　　　　　樊海林（广西交通技师学院）
　　　　　　戴良鸿（江苏汽车技师学院）
　　　　　　刘岸平（北京福田戴姆勒汽车有限公司）
　　　　　　李梅红（北京福田戴姆勒汽车有限公司）
　　　　　　柴睿敏（北京福田康明斯发动机有限公司）
　　　　　　阚有波（安莱（北京）汽车技术研究院）
　　　　　　李洪港（北京教盟博飞教育科技有限公司）
　　　　　　陈　键（山东英创天元教育科技有限公司）
委　　　员：周新勇（北京福田戴姆勒汽车有限公司）
　　　　　　管恩进（北京福田戴姆勒汽车有限公司）
　　　　　　位延明（北京福田戴姆勒汽车有限公司）

胡明飞(北京福田戴姆勒汽车有限公司)
李文娟(北京福田康明斯发动机有限公司)
卫云贵(山西交通技师学院)
刘海峰(山东交通技师学院)
屠剑敏(宁波技师学院)
韩斌慧(西安航空职业技术学院)
丁在明(山东交通职业学院)
张东伟(石家庄工程技术学校)
武光华(吉林工程技术师范学院)
魏垂浩(江苏汽车技师学院)
杨二杰(四川交通技师学院)
刘　卯(贵州交通技师学院)
周　峰(嘉兴市交通学校)
方　升(浙江交通技师学院)
王玉珊(哈尔滨市第二职业中学)
谢婉茹(天津市劳动经济学校)
刘　晶(安徽合肥技师学院)
王勇勇(山西交通技师学院)
张　力(山东交通职业学院)
王光林(广州交通技师学院)
肖华炜(广西交通技师学院)
曾　鑫(武汉软件工程职业学院)
李丕毅(上海交通职业技术学院)

秘　书　长：韩亚楠(人民交通出版社股份有限公司)

本书编委会

主　　编：刘海峰　郁延建
副 主 编：侯宪德　张　润
参编人员：王明乾　吴　昊　邢振启　车庆生　王兰峰
　　　　　黄　阔
主　　审：崔玉清

序一

  一本好的教材,是专业课程教师教学成功的一半;也是学生学好专业知识的基本保障。基于这种认识,在中国交通教育研究会的教育科研规划中,我们把组织编写系列交通专业课程教材、为专业课程教学提供高质量的范本作为四项重点工作之一。

  商用车作为现代经济社会发展的重要生产工具,形成了多品牌、多车型、多使用场景的庞大市场。目前,我国作为世界第二大经济体,是世界上最大的商用车市场,2020年商用车产销量分别达到523.1万辆和513.3万辆,创历史新高。商用车后市场是涵盖整车、发动机、零部件、经销商、维修企业、保险、商用车驾驶员等多种行业业态的庞大市场,发展潜力巨大。随着"一带一路"建设的高质量发展,商用车海外市场布局也不断扩展,我国商用车出口量逐年增加,商用车海外市场对商用车售后配件和服务需求也相应大增,发展前景看好。

  经济社会高质量发展,需要高质量人才来保障。从我国商用车后市场的整体情况看,从业人员保守估计在百万以上。由于全国开设商用车技术服务相应专业的院校相对较少,以及其他一些原因,目前该行业从业人员在知识、技能和素养方面远远不能适应行业高质量发展的需要。近年来,各大商用车企业和职业院校强强联合,深度推行产教融合和校企合作,在专项技能人才培养及教学资源开发方面进行了大量的探索研究。在理实一体化教学、模块化教学、多媒体教学及科研等方面都进行了不同程度的探索应用。但是,由于积累的问题较多,真正能用在商用车从业人员人才培养、技术考核评价方面实用、好用的教材和教学资料还较少,特别是能体现当今一体化教学思想的就更少,还远远不能满足培养大批高素质技术技能人才的实际需要。中国交通教育研究会和北京福田戴姆勒公司共同组织编写商用车系列教材,就是为改变这种状况做的一件实实在在有意义的工作。

  众所周知,职业教育是一种教育类型。在专业培养计划中突出职业岗位技能训练,通过校企合作加强职业岗位技能训练、职业精神培养,这是职业教育取得成功的重要一环。因此,在职业教育专业课程教材编写方面,强调校企合作,及时把企业生产和服务一线的先进技术标准、服务规范和基本要求引入教材之中,这是职业教育专业课程教材编写应该遵守的基本规则。从组织本套系列教材的编写过程和结果来看,校企合作双方编写者,就是按照这个基本规则来精心组织编写工作的。

  为保证本套教材的编写质量和实用性,我们组织了山西交通技师学院、山东交通技师学院、宁波技师学院、吉林工程师范学院、燕山大学、西安航空职业技术学院、广州交通技师院校、广西交通技师学院、四川交通技师学院和嘉兴市交通学校的20多位教授、副教授、高级工程师、博士;企业方面组织了北京福田戴姆勒公司、福田康明斯发动机公司、安莱(北京)汽车技术研究院、北京教盟博飞的技术专家和技能大师。在内容上,基本理论知识系统完整,技术知识方面系列教材融入了福田戴姆勒公司、福田康明斯发动机公司、采埃孚变速箱公司,潍柴发动机集团、陕西法士特变速箱公司等一批企业的先进技术标准和服务规范。编写工作力求将基本理论和技术知识与先进技术标准和服务规范、实际操作经验有机融合,让院校学生和企业职工能从理论技术、标准规范和实战经验三个维度获取知识,系统性提高专业素养。

在编写过程中,组织了多次研讨会、评审,校企双方参加编写工作的专家、骨干教师和技术技能大师们,本着力求编写出一套受欢迎的好教材的意愿,对编写工作认真负责、踏实严谨、精益求精;对编写中遇到的相关理论、技术和表达方式等问题深入探讨、坦诚交换意见,力求准确实用。从教材内容看,基本理论知识完整系统,技术知识先进,标准规范和实战经验实用可靠,完全符合组织系列教材编写时所设定的要求。可以说,这是一套具有开创性和实用性的好教材,达到了目前同类教材的先进水平。

在组织编写本套教材的工作中,中国交通教育研究会机动车职业教育发展研究中心副秘书长王勇勇主任、北京福田戴姆勒汽车有限公司网络培训部周新勇部长和北京教盟博飞李洪港总经理做了大量组织协调沟通工作;中国交通教育研究会机动车职业教育发展研究中心执行主任/山西交通技师学院刘兴华院长和卫云贵主任、燕山大学金立生教授、西安航空韩斌慧教授、宁波技师学院刘庆华教授(重型车辆维修世赛项目专家组组长)和高吉技能大师(重型车辆维修世赛项目国家教练)、吉林工程师范学院武光华博士和谢宪毅博士、山东交通技师学院郐延建主任、技能大师洪钺程和李华均等同志,充分发挥了组织领导和理论技术把关的作用;人民交通出版社股份有限公司的编辑为系列教材出版提供了相关指导;北京福田戴姆勒汽车有限公司和人民交通出版社股份有限公司为系列教材编写、出版提供了资助。没有他们的努力和支持,系列教材编写和出版是不可能的。在此一并表示衷心的感谢!

系列教材的出版,只是编写工作的一个节点。教材好不好、质量高不高,如何改进,要听取各方面的意见建议。希望看到教材的领导、专家、学者不吝赐教;特别是使用教材的院校和企业的老师,能多多听取并综合学生与职工的意见,提出修改意见建议。系列教材编写工作的目标是,经过校企合作双方参编人员的共同努力,不断修改完善,通过"使用——修改——再使用——再修改"这样的良性互动,打造一套深受院校和企业欢迎的精品教材,为提高商用车技术服务行业从业人员素质做一件实事,为加快交通强国建设作出我们应有的贡献。

2022 年 6 月

序二

随着国民经济建设的蓬勃发展,我国汽车产业也取得了较大的发展,已建成全球规模最大、品类齐全、配套完整的汽车产业体系,成为制造强国建设的重要支撑。商用车产业作为汽车产业的重要分支,对我国各行各业的发展,起着重要作用,为我国社会发展、经济建设做出了突出贡献。福田戴姆勒汽车作为商用车的龙头企业,已领跑商用车领域15年,取得了辉煌的成绩,面对国际行业竞争加剧的严峻形势,突出以满足客户需求为引领,在国内外市场竞争中保持优势、立足长效,呈现出"智能、高效、绿色、互联、安全、共享"的六大发展势头,提出了"3.2.1 闪修"服务理念,以提升客户服务满意度这个核心,让用户体验更高效、更便捷的"全方位、全领域、全周期"的三全服务。

目前,商用车全产业链的研发、制造、销售、服务等环节已经形成了种类相对齐全、配套相对完整的产业体系,商用车产业正处在转型升级和高质量发展的关键时期。在日益严格的环保、安全、节能等法规和国际产品技术竞争形势加剧等因素的影响下,商用车市场集中度不断提高,整体市场呈现创新技术、多元模式、精细运营的趋势,但同时也出现了商用车产业人才极度短缺和整体技术能力偏低的现状,尤其是实用型高技能人才缺口较大。行业的发展及对人才的需求对商用车技术人才的培养提出了新的挑战,特别是新一轮科技革命和产业变革,对商用车人才素质提出了更高要求。

"十四五"时期是我国"两个一百年"奋斗目标的历史交汇期,是我国汽车产业实现转型升级、迈向汽车强国的关键窗口期,在"十四五"规划和2035年远景目标纲要中,着重提出了深入实施汽车强国战略。商用车产业作为汽车产业的重要组成部分,其商用车技术人才队伍的建设与培养成为转型升级与发展的关键成功因素,是解决"高级工、现代型、复合型"技术技能人才数量不足和质量偏低的重要途径。为此,需要充分发挥政府、企业、学校多方优势资源,坚持立德树人,优化职业教育类型定位,深化产教融合、校企合作,深入推进育人方式、办学模式、管理体制、保障机制改革,大力建设现代产业学院,稳步发展职业教育,推动职普融通,增强职业教育适应性,加快构建现代职业教育体系,实现培养和教育更多商用车高素质技术技能人才、能工巧匠、大国工匠提质增效,成功转型迈入商用车产业高质量发展的快速轨道。

2021年4月,全国职业教育大会在京召开,习近平总书记作出重要指示:"在全面建设社会主义现代化国家新征程中,职业教育前途广阔、大有可为"。为解决商用车服务行业中存在的人力痛点问题,急需打造一套商用车领域的优秀教材丛书;其内容应能以市场人才需求为导向,并紧跟企业的技术进步和产品迭代。在中国交通教育研究会、福田戴姆勒汽车、人民交通出版社股份有限公司和编者的共同努力下,经过多次教材开发研讨、评审和修订,出版了这套"商用车产教融合一体化活页式系列教材"。希望本套教材的应用,能为中国职业教育在商用车领域的发展和提升做出贡献。

北京福田戴姆勒汽车股份有限公司
2022 年 6 月

丛书前言

当今世界正经历百年未有之大变局,新冠疫情的爆发,中美贸易战、技术战持续升级,我国发展的外部环境呈现更多不稳定性、不确定性。中国经济已由高速增长阶段转向高质量发展阶段,正在贯彻新发展理念,构建国内大循环为主体,国内国际双循环的新发展格局。新一轮科技革命、产业革命快速推进,新技术、新业态、新产品、新模式不断涌现,电动化、智能化、网联化、共享化和数字化加速产业各领域和各环节的深度变革和创新发展。汽车工业作为产业关联度高、科技集中性强的现代化产业,是国民经济发展的重要支柱产业,已成为国家实施制造强国战略、双碳战略,打造双循环新格局,实现自主可控、安全高效发展,增强国际竞争力的重要力量,受到党中央国务院的高度重视。各国为抢占发展制高点的战略竞争全面展开,国际高等教育格局发生深刻变化,我国高等教育进入普及化阶段,迎来良好的发展机遇,教育的基础性、优先发展的地位进一步确立,实施科教兴国、人才强国、创新驱动发展和可持续发展战略,提高质量、促进公平、优化结构成为教育现代化的攻坚战,从而实现科技强国、技能强国、制造强国的奋斗目标。

在我国汽车产业实现转型升级、迈向汽车强国的关键窗口期,商用车行业迎来了前所未有的发展期。随着人民生活水平不断提高,人们对商用车的需求越来越多,伴随着物流、仓储、矿山、机场、港口等行业的快速发展,快递、冷链运输等细分市场的快速增长,商用车行业正在步入发展的高速期。同时,随着蓝天保卫战的持续推进,国六排放标准的全面实施,商用车后市场各环节的不断贯通、融合,人才缺口急剧扩大。目前,国内商用车系列丛书及参考资料缺乏,虽然有个别几本商用车方面书籍,但却没有自成体系,出现了"学生无教材可用,从业人员无资料可学"的状态。因此,为适应商用车行业发展人才需求,推广商用车新技术,需教育先行,教材入手。教材作为教育的有力抓手,作为学生学习、人员从业的重要工具,人民交通出版社股份有限公司高度重视,组织了全国十余所高等学校编写"商用车系列规划教材",并于2019年4月召开了第一次编写工作会议,确定了商用车教材编写的总体思路,于2020年11月召开了第二次编写工作会议,全面审定了商用车教材的编写大纲,于2021年7月召开了第三次编写工作会议,全面审定了商用车教材初稿,并成为目前全国发起最早的首套商用车系列教材。在编者和出版社的共同努力下,目前这套规划教材陆续出版。

这套教材包括《商用车柴油发动机故障诊断与检修(上)》《商用车柴油发动机故障诊断与检修(下)》《商用车底盘故障诊断与检修(上)》《商用车底盘故障诊断与检修(下)》《商用车电气设备故障诊断与排除》《商用车空调系统故障诊断与排除》《商用车维护》《商用车营销》《商用车文化与从业人员职业素养》《商用车智能网联技术》10门课程,涵盖了商用车方向主要专业核心课程。该套教材以福田戴姆勒、福田康明斯、潍柴、法士特、采埃孚等世界知名企业为依托,以最新的国六商用车产品为基础,大力推广商用车主流新技术,以"项目载体、任务驱动、工单引领"为编写风格,融入大量课程思政元素,以培养应用复合型、技术技能型人才为主,体现出"重应用"及"加强创新能力和工程素质培养"的特色,突出学习方法、学习能力、专业能力和社会能力全面发展为目的,培养小组合作分析问题、解决问题、归纳总结等能力,按照咨询、决策、计划、实施、检查、评估完整的行动过程进行设计,并配以视频、动画等数字化教学资源,充分考虑知识体系的完整性、准确性、正确性和适用性,做到通俗易懂,图文并茂。

为方便教师教学、学生自学、从业人员参考,本套教材配有多媒体教学课件,课件中除教学内容外,还有图片、动画等内容,以增加学生的感性认识。

反映汽车行业中商用车领域的最新研究成果、最新的标准或规范,体现教材的系统性、完整性和应用性,是本套教材力求达到的目标。在企业、高校及所有编审人员的共同努力下,商用车系列规划教材的出版,必将为我国高等学校汽车类相关专业建设起到重要的促进作用。

"商用车产教融合一体化活页式系列教材"编审委员会
2022 年 6 月

本书前言

本书作为中国交通教育研究会和北京福田戴姆勒汽车股份有限公司发起的"商用车产教融合一体化活页式系列教材"之一，根据《商用车检测维修职业能力评价规范》（T/CICE 01—2019），并结合我国商用车维修领域技能型紧缺人才需求的实际情况，借鉴国内外先进的职业教育理念、模式和方法，并参照相关的国家职业标准和行业的职业技能鉴定规范，采用基于工作过程的工学一体化教学的编写体例，对教学内容和教学方法进行了大胆的改革。

本书坚持"以服务为宗旨，以就业为导向"的指导思想，突出了职业技能教育的特色。本书的主要特点如下：

1. 在编写理念上，根据职业院校学生的培养目标及认知特点，打破了传统的"理论—实践—再理论"的认知规律，代之以"实践—理论—再实践"的新认知规律，突出"做中学，学中做"的职教理念。

2. 在编写体例上，打破了原有的"以学科为中心"的课程体系，建立以工作过程为导向、以工作任务为引领的课程体系，力求培养学生的职业素养和职业能力，并把培养学生的职业能力放在突出位置。

3. 在编写内容的安排上，以典型工作任务为依据，以项目为载体，由易到难，循序渐进。教材编写中所采用的图例直观形象，好教易学，内容紧扣主题，定位准确。

4. 在教学思想上，坚持理论与实践、知识学习与技能训练一体化，贯彻"做中学，学中做"的职教理念，强调实践与理论的有机统一，技能上力求满足企业用工需要，理论上做到适度、够用。

全书共六个项目，每个项目都由若干个任务组成，项目的后面带有任务实施步骤和学习测试，以完成项目的工作过程为主线，把工作和学习紧紧结合在一起，充分调动了学生自主学习和实践的积极性。

本书由多年职业院校教学工作经验的一线骨干教师，在企业、行业专家全程指导下编写而成。

本书由山东交通技师学院刘海峰、郐延建担任主编，山东交通技师学院侯宪德、北京福田戴姆勒汽车有限公司张润担任副主编，参与编写的还有山东交通技师学院王明乾、吴昊、邢振启、车庆生、王兰峰、黄阔。全书由山东交通技师学院郐延建负责统稿，北京福田戴姆勒汽车有限公司崔玉清主审。

在编写过程中参考了大量国内外相关著作和文献资料,在此一并向有关作者表示真诚的感谢。

由于编者水平有限,难免有错漏之处,敬请读者批评指正。

作 者
2022 年 7 月

目录 CONTENTS

项目一 整车电气认识与检查 ··· 1
    任务一 识读整车电路图 ··· 2
    任务二 电气系统故障诊断与检修 ··································· 16

项目二 电源系统故障诊断与排除 ··································· 24
    任务一 发电机不发电的故障诊断与排除 ···························· 24
    任务二 整车无电源供应的故障诊断与排除 ·························· 38

项目三 起动系统工作异常故障诊断与排除 ························· 52
    任务 起动机不工作的故障诊断与排除 ······························ 52

项目四 照明装置与信号装置故障诊断与排除 ······················ 62
    任务一 前照灯工作异常的故障诊断与排除 ·························· 63
    任务二 前雾灯不亮的故障诊断与排除 ······························ 77
    任务三 转向灯不亮的故障诊断与排除 ······························ 83
    任务四 喇叭工作异常的故障诊断与排除 ···························· 90

项目五 组合仪表工作异常故障诊断与排除 ························· 98
    任务一 车速表不指示的故障诊断与排除 ···························· 98
    任务二 仪表指示灯的故障诊断与排除 ······························ 107

项目六 辅助电气系统故障诊断与排除 ······························ 117
    任务一 风窗玻璃刮水器工作异常的故障诊断与排除 ················ 118
    任务二 电动车窗不能正常升降的故障诊断与排除 ··················· 131
    任务三 中控门锁工作异常的故障诊断与排除 ························ 138
    任务四 电动后视镜工作异常的故障诊断与排除 ····················· 145

参考文献 ·· 151

项目一

整车电气认识与检查

项目描述

汽车电气系统是汽车的重要组成部分,其工作性能的优劣直接影响汽车的动力性、经济性、安全性、可靠性、舒适性和排放等性能。要对汽车电气系统进行维护与检查或排除可能存在的故障隐患,首先要熟悉汽车电气系统的特点及组成,掌握电路图识读方法,了解各类开关、熔断丝和继电器的类型和用途;其次要对常用工量具、设备进行认识和使用。本项目主要介绍商用车电气系统的特点及组成,电气系统的基础元件,整车电路图的识读,常用工量具、设备认识及使用。本项目包含以下2个任务:

任务一,识读整车电路图;

任务二,电气系统故障诊断与检修。

通过以上2个任务的学习,你能够明白商用车电气系统的特点及组成,掌握电气系统基础元件等知识,能够选择正确的工量具或设备进行故障检修。

项目要求

1. 时间要求:建议12学时。
2. 能力要求:正确识读商用车电路图,并能根据故障现象选择正确的工量具或设备。
3. 质量要求:参照厂家的生产规范及质量要求。
4. 7S 作业❶:自觉按照企业 7S 生产规则进行项目作业。
5. 文明要求:自觉按照文明生产规则进行项目作业。
6. 环保要求:努力按照环境保护要求进行项目作业。

---

❶ "7S"是指整理、整顿、清洁、清扫、素养、安全、节约。

任务一　识读整车电路图

现在有一辆福田戴姆勒EST载货汽车，车主将车开到维修站，反映该车使用了两年，现要求对车辆进行一次全面的维护和检查，排查汽车电气系统可能存在的隐患。作为维修人员，你该如何正确地进行整车电路的识读呢？

任务分析：需要进行整车电器检修，即对电源系、起动系、照明与信号系、仪表系、辅助电气设备等进行检查并维修。在学习过程中，学生以小组合作的形式，通过教师指导或借助汽车维修手册、车辆使用手册、网络信息等资料，熟悉汽车电气系统中各种元件符号、线束及继电器，并进行交流展示。制订整车电路图识读方法，并完成相关电路的识读。学生在整个学习过程中要遵循7S管理规程。

一　学习目标

通过本任务的学习，应当能：

1. 掌握汽车电系特点与组成，熟悉汽车线路、线束与继电器；
2. 通过查阅汽车维修手册和教师讲解，掌握汽车识图的方法；
3. 正确、规范地进行汽车各系统电路技术状况的检测；
4. 通过学生对方案的制作及交流展示，培养学生的团队合作和语言表达能力；
5. 根据任务的实施情况进行自我评价与总结，培养分析问题、解决问题及归纳总结的能力。

二　学习内容

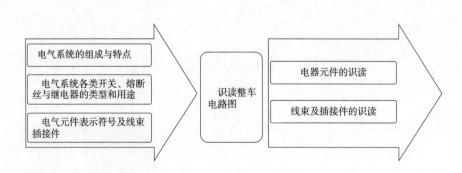

一 任务准备

引导问题 1 汽车电气系统由哪些部分组成？汽车电气系统有什么特点？

汽车电气系统是汽车的重要组成部分之一，其性能好坏直接影响汽车的动力性、经济性、可靠性、安全性、舒适性以及排放等性能。汽车电气系统是现代汽车发展水平的一个重要标志，其科技含量已成为衡量现代汽车档次的重要指标之一。福田戴姆勒 EST 载货汽车电气系统的主要组成如图 1-1-1 所示。

图 1-1-1 福田戴姆勒 EST 载货汽车电气系统组成

1.商用车电气系统的组成

1）电源系统

电源系统包括蓄电池、发电机、调节器等，其中发电机为主电源。发电机正常工作时，由发电机向全车用电设备供电，同时给蓄电池充电。蓄电池的主要作用是发动机起动时向起动机供电，同时辅助发电机向用电设备供电。调节器的作用是使发电机的输出电压保持恒定。

2）起动系统

起动系统包括起动机、起动开关、起动继电器等，其作用是起动发动机。

3）照明与信号系统

照明系统包括汽车内、外各种照明灯及其控制装置，用于保证夜间行车安全。信号系统包括喇叭、蜂鸣器、闪光器及各种行车信号标识灯，用于保证车辆运行时驾乘人员的人身安全。

4）仪表系统

仪表系统包括各种电器仪表：充电指示灯或电压表、机油压力表、温度表、燃油表、车速及里程表、发动机转速表、尿素表、后处理液位表、气压表等，用来显示发动机和汽车行驶中有关装置的工作状况。

5)辅助电气系统

辅助电气系统包括刮水洗涤系统、空调系统、收录机、点烟器、玻璃升降器等。

6)电子控制系统

电子控制系统包括发动机控制单元、制动防抱死和制动力自动分配模块、自动变速器模块等。

2. 商用车电气系统的特点

1)低压

汽车电系的额定电压有12V、24V两种,汽油车普遍采用12V电系,而柴油车多采用24V电系。电器产品额定运行端电压,对发电装置12V的电系为14V;对24V的电系为28V。当用电设备电压在0.9~1.25倍额定电压范围内变动时,应能正常工作。

2)直流

汽车电气系统采用直流电是因为起动发动机的起动机为直流串励式电动机,其工作时必须由蓄电池供电,而蓄电池消耗电能后又必须用直流电来充电。

3)单线制

单线制是指从电源到用电设备只用一根电线连接,而另一根导线则由金属部分如车体、发动机等代替作为电器回路的接线方式,具有节省导线、简化线路、方便安装检修、电器元件不需与车体绝缘等优点而得以广泛采用。但在个别情况下,也采用双线制。

4)负极搭铁

采用单线制时,蓄电池的负极必须用导线接到车体上,称为负极搭铁,这是国家标准规定的,也是交流发电机正常工作的必要条件。

引导问题 2 汽车电气系统中有哪些常见开关、电路保护装置和继电器?

1. 开关

开关是使用广泛的电气控制器件。以欧曼载货汽车为例,其使用的开关不仅式样美观,且动作灵巧,主要分为按钮式开关、翘板式开关及其他开关几种类型。

1)按钮式开关

按钮式开关的种类及特点见表1-1-1。

按钮式开关种类及特点　　　　　　　　　表1-1-1

名 称	类 型	功 能
副起动开关	常开式单触点	驾驶室翻起来时起动发动机,方便维修
水位报警开关	常开式单触点	具有水箱水位报警功能,提醒驾驶员加防冻液
车身锁止报警开关	常闭式单触点	驾驶室没有锁到位时报警灯亮,提醒驾驶员不能走车
车门开关	常闭式单触点	当室内灯在"DOOR"挡且车门没关严时室内灯亮,提醒驾驶员车门没关好
离合器开关	常闭式单触点	踩下离合器踏板时,开关断开,控制排气制动和取力器无法工作
制动灯开关	常闭式单触点	制动时断开,制动灯点亮
下止点开关	常闭式单触点	驾驶室电动翻转
低气压报警开关	常闭式单触点	储气筒气压低时闭合

2）其他开关

（1）仪表调光开关。仪表调光开关用来调节组合仪表照明灯、各种翘板开关照明灯、空调控制开关照明灯和后雾灯开关照明灯的亮度。仪表调光开关接线原理和护套端子如图 1-1-2 所示。

需要注意的是，欧曼载货汽车无调光开关，整车的仪表亮度由仪表参数设置里的亮度调节完成。

（2）轮间差速开关。轮间差速开关电气原理和护套端子如图 1-1-3 所示。

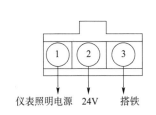 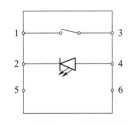 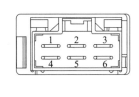

图 1-1-2　仪表调光开关接线原理和护套端子　　　图 1-1-3　轮间差速开关电气原理和护套端子

（3）油箱转换开关。此开关为翘板式两位常开自锁开关，带工作指示灯，油箱转换开关电气原理和护套端子如图 1-1-4 所示。

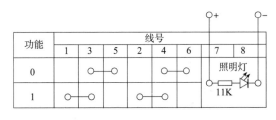

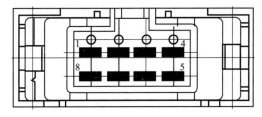

图 1-1-4　油箱转换开关电气原理和护套端子

（4）后雾灯开关。接通此开关控制后雾灯的开启，只有当近光灯、远光灯和前雾灯三者之中至少有一组打开时，此开关才能控制后雾灯的开启，否则无法开启后雾灯。后雾灯开关电气原理和护套端子如图 1-1-5 所示。

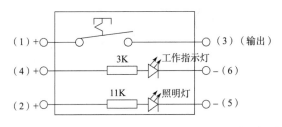 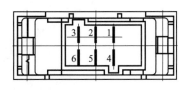

图 1-1-5　后雾灯开关电气原理和护套端子

(5)组合开关。组合开关多用于对灯光和电动刮水器进行控制,其外形如图1-1-6所示。

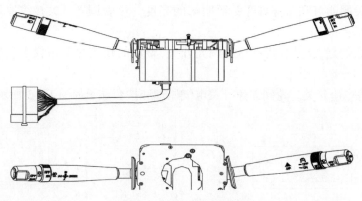

图1-1-6 组合开关外形图

2.电路保护装置

电路保护装置用于电路或电气设备发生短路及过载时自动切断电路,防止线束或电气设备烧坏。汽车上的电路保护装置有熔断器、易熔线和断路保护器。

1)熔断器

熔断器的作用是在线路过载或短路情况下保护线束,防止线束主回路烧毁及火灾发生。汽车上常用的熔断器如图1-1-7所示。

图1-1-7 熔断器

熔断器在使用或更换过程中,应注意如下事项:

(1)更换熔断器,一定要用与原规定相同的熔断器。汽车上增加用电设备时,不要随意改用容量大的熔断器,最好另外再安装熔断器。

(2)熔断器熔断,必须真正找到故障原因,彻底排除隐患。

(3)熔断器支架与熔断器接触不良会产生电压降和发热现象。如发现支架有氧化现象或脏污必须及时清理。

2)易熔线

易熔线是一种大容量的熔断器,用于保护电源电路和大电流电路。易熔线如图1-1-8所示。

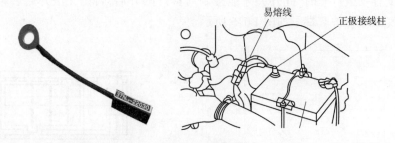

图1-1-8 易熔线

易熔线在使用或更换过程中,应注意如下事项:

(1)绝对不允许换用比规定容量大的易熔线。

(2)易熔线熔断,可能是主要电路发生短路,因此,需要仔细检查,彻底排除隐患。

(3)易熔线不能和其他导线绞合在一起。

3)断路保护器

断路保护器在电路中用于防止有害的过载(额外的电流)。断路保护器是机械装置,它利用两种不同金属(双金属)的热效应断开电路。当额外的电流经过双金属带时,双金属带弯曲,触点开路,阻止电流通过。断路保护器冷却后,触点再次闭合,电路导通。当无电流通过时,双金属带冷却而使电路重新闭合,断路保护器复位。断路保护器如图1-1-9所示。

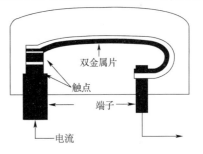

图1-1-9 断路保护器

3. 继电器

继电器可以实现自动接通或切断一对或多对触点,以小电流控制大电流,从而减小控制开关的电流负荷,保护电路中的控制开关。常见的继电器包括进气预热继电器、空调继电器、喇叭继电器、雾灯继电器、中间继电器、风窗玻璃刮水器/清洗器继电器、危险报警与转向闪光继电器等。常见的继电器实物图及电路符号如图1-1-10所示。

a)常见继电器实物图　　b)触点常闭继电器符号　　c)触点常开继电器符号　　电磁继电器的结构

图1-1-10 常见继电器实物图及电路符号

继电器及熔断丝在汽车上的位置如图1-1-11所示。

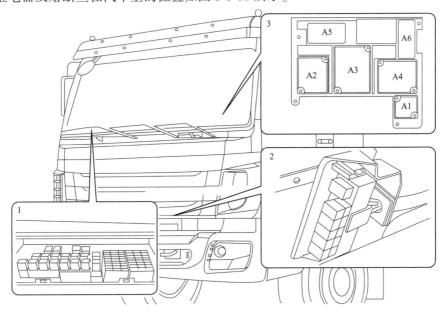

图1-1-11 继电器、熔断丝位置

1-驾驶室内继电器、熔断丝盒;2-前发动机熔断丝盒;3-驾驶室内控制器组件

引导问题 ③ 汽车电器元件表示符号及主要线束接插件有哪些类型?

1. 汽车电器元件符号

汽车电器元件符号见表1-1-2。

汽车电器元件符号　　　　　表1-1-2

符　号	名称	符　号	名称	符　号	名称
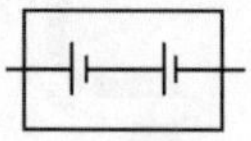	蓄电池		纹线		喇叭/蜂鸣器
	搭铁	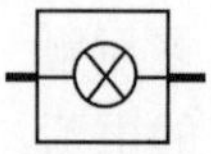	单丝灯泡		相连接交叉线路
	小负载熔断丝	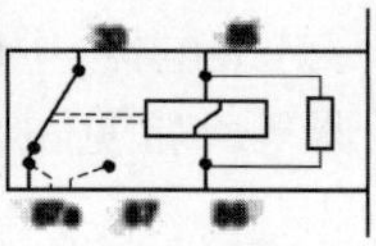	继电器	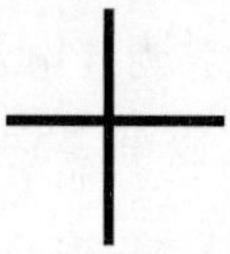	未连接交叉线路
	中负载熔断丝	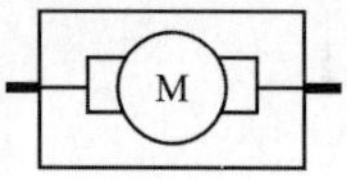	单速电机		常开开关
	大负载熔断丝	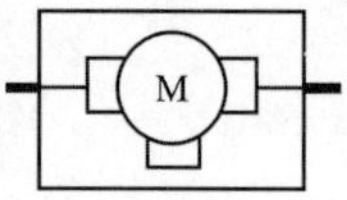	调速电机	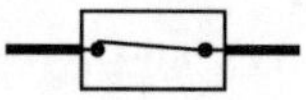	常闭开关
	电阻	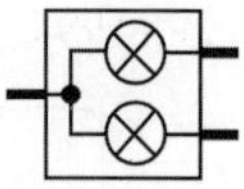	双丝灯泡	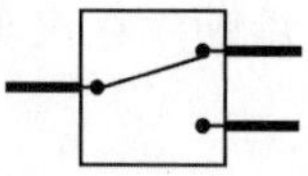	双掷开关
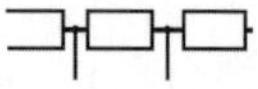	可调电阻		拆接件	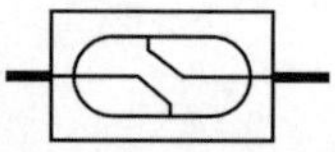	舌簧开关
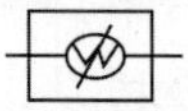	温度传感器		二极管		电容
	线圈传感器		发光二极管	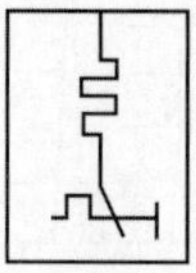	点烟器
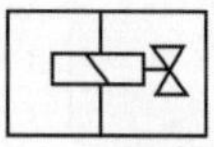	电磁阀	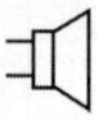	扬声器	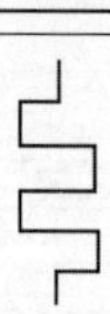	预热/加热器

2. 线束插接件

1) 线束插接件编号

线束插接件编号以线束为基础,见表1-1-3。

线束插接件编号及名称　　　　　　　表 1-1-3

编号	名　　称	编号	名　　称
BM	车身主线束	B	车身主线束插件
EN	发动机线束	E	发动机线束插接件
GX	变速器线束	X	变速器线束插接件
RF	顶篷线束	R	顶篷插接件
UT	翻转机构线束	U	翻转机构线束插接件
FF	车架前部线束	F	车架前部线束插接
TF	车架尾部线束	T	车架尾部线束插接件
Z	其他插接件		

2）线束插接件

对于线束与线束插接件，用菱形图表示公制插头，菱形图中数字编号表示针脚编号，箭头图形表示母制插孔。线束插接件外观及电路符号如图 1-1-12 所示。

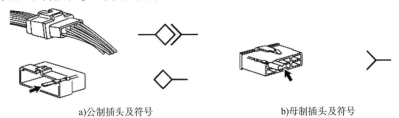

a）公制插头及符号　　　　　　　　b）母制插头及符号

图 1-1-12　线束插接件外观及电路符号

3. 配电盒

配电盒位置如图 1-1-13 所示。

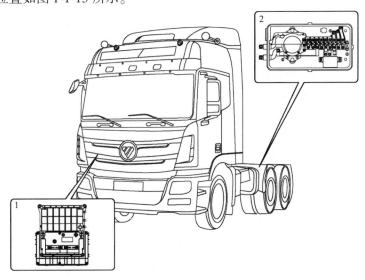

图 1-1-13　配电盒位置图

1-中央配电盒；2-底盘配电盒

(1)中央配电盒如图 1-1-14 所示。

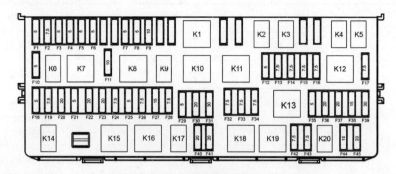

图 1-1-14　中央配电盒

中央配电盒继电器列表见表 1-1-4。

中央配电盒继电器列表　　　　　　　　　　　　　　表 1-1-4

编号	规格	名　称	编号	规格	名　称
K1	24V 15/20A	刮水器低速继电器	K11	24V 15/20A	远光灯继电器
K2	24V 15/20A	右角灯继电器	K12	24V 15/20A	示廓灯继电器
K3	24V 15/20A	左角灯继电器	K13	24V 15/20A	近光灯继电器
K4	24V 15/20A	电喇叭继电器	K14	24V 15/20A	压缩机继电器
K5	24V 15/20A	电/气喇叭转换继电器	K15	24V 15/20A	空调 IG 电源继电器
K6	24V 15/20A	ACC 继电器	K16	24V 15/20A	鼓风机继电器
K7	24V 15/20A	IG 电源继电器 1	K17	24V 15/20A	阅读灯继电器
K8	24V 15/20A	IG 电源继电器 2	K18	24V 15/20A	前雾灯继电器
K9	24V 15/20A	洗涤电机继电器	K19	24V 15/20A	后雾灯继电器
K10	24V 15/20A	刮水器高速继电器	K20	24V 15/20A	倒车灯继电器

中央配电盒熔断丝列表见表 1-1-5。

中央配电盒熔断丝列表　　　　　　　　　　　　　　表 1-1-5

编号	规格	名　称	编号	规格	名　称
F1	5A	收放机 ACC 熔断丝	F14	7.5A	左远光灯熔断丝
F2	7.5A	点烟器熔断丝	F15	7.5A	示廓灯熔断丝 1
F3	5A	仪表 15 熔断丝	F16	7.5A	示廓灯熔断丝 2
F4	5A	ABS(防抱死制动系统)15 熔断丝	F17	7.5A	喇叭熔断丝
F5	5A	远程启动熔断丝	F18	5A	压缩机熔断丝
F6	5A	ECM(发动机控制模块)15 熔断丝	F19	7.5A	点火开关熔断丝 1
F7	5A	取力器熔断丝	F20	20A	左门控制器熔断丝
F8	5A	差速锁熔断丝	F21	5A	仪表熔断丝
F9	10A	IG 熔断丝	F22	20A	右门控制器熔断丝
F10	5A	ACC 熔断丝	F23	20A	鼓风机熔断丝
F11	10A	NO_x 传感器熔断丝	F24	7.5A	诊断接口熔断丝
F12	5A	左/右角灯熔断丝	F25	5A	记录仪熔断丝
F13	7.5A	右远光灯熔断丝	F26	7.5A	点火开关熔断丝 2

续上表

编号	规格	名称	编号	规格	名称
F27	15A	ABS ECM 熔断丝	F37	20A	24V 电源插座熔断丝
F28	7.5A	音响系统常电熔断丝	F38	15A	刮水器熔断丝
F29	5A	常电熔断丝	F39	30A	电动举升熔断丝
F30	20A	BCU(车身控制模块)熔断丝	F40	20A	BCU 熔断丝
F31	30A	发动机 ECM 熔断丝	F41	20A	BCU 熔断丝
F32	7.5A	灯光熔断丝	F42	7.5A	右近光灯熔断丝
F33	7.5A	前雾灯熔断丝	F43	7.5A	左近光灯熔断丝
F34	7.5A	后雾灯熔断丝	F44	15A	粗滤加热熔断丝
F35	5A	倒车灯熔断丝	F45	20A	220V 电源插座熔断丝
F36	20A	24V 电源插座熔断丝			

（2）底盘配电盒如图 1-1-15 所示。

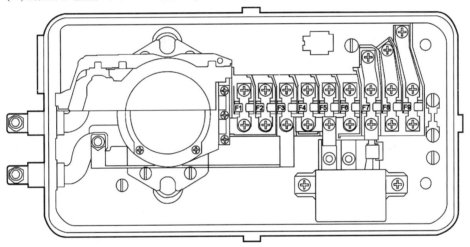

图 1-1-15　底盘配电盒

底盘配电盒熔断丝列表见表 1-1-6。

底盘配电盒熔断丝列表　　　　　　　　　　　　　　表 1-1-6

编号	规格	名称	编号	规格	名称
F/L1	60A	点火开关熔断丝	F/L6	110A	发动机熔断丝
F/L2	80A	ECU(电子控制单元)熔断丝	F/L7	125A	预热熔断丝
F/L3	110A	备用	F/L8	40A	ABS 熔断丝
F/L4	60A	整车熔断丝 1	F/L9	50A	备用
F/L5	60A	整车熔断丝 2			

引导问题 4　应该怎样识读汽车电气系统电路电路图？

如图 1-1-16 所示，下面以前照灯电路为例，讲解识读整车电路图时的注意事项（下文为图中序号解释）。

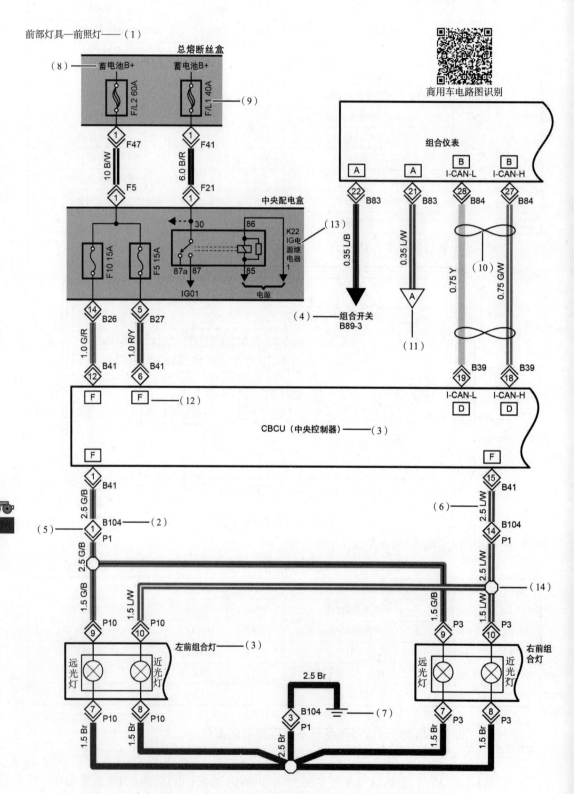

图 1-1-16　前照灯电路

（1）系统电路图名称。

（2）线束插接件编号。线束插接件编号以线束为基础。例如，车身主线束中的点火开关线束插接件编号为 B98，其中 B 为线束代码，98 为插接件序列号。详细线束插接件代码见表 1-1-7。

线束插接件代码　　　　　　　　　　　表 1-1-7

代码	线束名称	代码	线束名称
D	顶篷线束	C	左前门线束
E	右前门线束	F	前车架线束
G	后车架线束	J	前围线束
P	前横梁线束	B	车身主线束
H	驾驶室后围线束	Q	翻转机构线束
L, M	ABS 线束	N	变速器线束

（3）部件名称。

（4）连接其他系统的信息，并标注出去向的线束插接件端口号。

（5）线束插接件。

（6）线束导线的线色及线径。例如 6.0R/B，其中 6.0 表示该线条的截面积为 6.0mm^2，R/B 表示该导线的颜色为红/黑色，其中红色为底色，黑色为条纹色，如图 1-1-17 所示。线束颜色字母代码说明参见表 1-1-8。

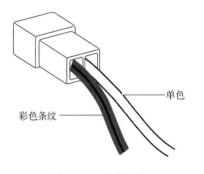

图 1-1-17　线束颜色

线束颜色字母代码　　　　　　　　　　　表 1-1-8

代码	导线颜色	代码	导线颜色
R	红色	Gr	灰色
B	黑色	Lg	浅绿色
Y	黄色	P	粉色
G	绿色	O	橙色
L	蓝色	V	紫色
Br	棕色	W	白色

（7）搭铁。图示符号表示该线搭铁。

（8）电源类型。是指供给于熔断丝上的电源类型，蓄电池 B＋表示蓄电池电源，ACC 表示点火开关处于"ACC"时输出的电源，IG1、IG2 表示点火开关处于"ON"时输出的两组电源。"ST"表示点火开关处于"START/HEAT"时输出的电源。

（9）熔断丝编号。由熔断丝代码及序列号组成，位于车架前端的熔断丝代码为 F/L，位于驾驶室内的熔断丝代码为 F。

（10）如果电路线与线之间使用"8"字形标识，表示此电路为双绞线，主要用于传感器的信号电路或数据通信电路，如图 1-1-18 所示。

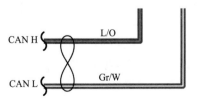

图 1-1-18　双绞线

（11）如果一个系统内容较多，线路需要用多页表示时，线路起点用 表示，线路到达点则用 表示；如果一张图中有一条以上的线路转入下页，则分别以 B、C 等字母表示，依此类推，如图 1-1-19 所示。

(12) 如果某一个电气零部件的插接件不止一个，则用 A、B、C 等字母区分该电气零部件的插接件。

(13) 显示继电器名称，详细参见配电盒。

(14) 导线节点，如图 1-1-20 所示。

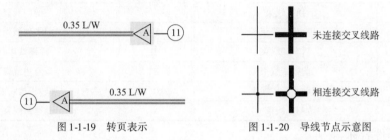

图 1-1-19　转页表示　　　　　图 1-1-20　导线节点示意图

二、任务实施

1. 质量要求

参照厂家的质量标准要求。

2. 组织方式

每 6 位同学一组，按照企业岗位操作标准进行操作。

(1) 根据线束图，在整车电气系统上找出对应的线束。

(2) 根据电路图找出相应的汽车零部件。

每组作业时间为 30min。

引导问题　任务评价

本任务的任务评分表见表 1-1-9。

任务评分表　　　　　　　　　　表 1-1-9

项目编号：_____

姓名：_____　　学号：_____

作业开始时间：___时___分　　作业结束时间：___时___分　　作业用时：_____

序号	项目	评分项目	评价标准	分值	学生自评	学生互评	教师评价
1	时间要求	按规定时间完成项目作业	酌情扣 0~5 分	5			
2	质量要求	维修手册选用恰当	酌情扣 0~5 分	5			
3		能正确认识电器元件符号	认识错误无分	10			
4		能正确认识继电器	不能完成无分	10			
5		能正确认识底盘配电盒	不能完成无分	20			
6		能正确认识中央配电盒	不能完成无分	20			
7		能正确认识各电气系统电路图并进行识读	不能排除无分	10			
8		及时清理工具和工作现场	酌情扣 0~5 分	5			

续上表

序号	项目	评分项目	评价标准	分值	学生自评	学生互评	教师评价
9	安全要求	遵守安全操作规程	酌情扣 0～5 分	5			
10	文明要求	按文明生产规则进行操作	酌情扣 0～5 分	5			
11	环保要求	更换旧件放入规定回收桶	酌情扣 0～5 分	5			
		本任务得分		100			
						日期：	

注：发生重大事故（人身和设备安全事故）、严重违反维修原则和有情节严重的野蛮操作等，采取一票否决制。

三 学习测试

1. 填空题

（1）汽车电气系统由_____、_____、_____、_____、_____、_____等组成。

（2）汽车上常用保险装置有_____、_____、_____。

（3）汽车电气系统的额定电压主要有_____和_____。

2. 判断题

（1）汽车汽油发动机蓄电池电压一般为24V。（　　）

（2）常开继电器平时触点是闭合的,继电器动作后触点断开。（　　）

（3）电路中没有电流流过用电设备时,用电设备也能正常工作。（　　）

3. 选择题

（1）（　　）用于线束与线束或导线与导线间的相互连接。

　　A. 继电器　　　　B. 熔断丝　　　　C. 线束插接件

（2）汽车电器中导线截面不得小于（　　）。

　　A. $0.3\,mm^2$　　　　B. $0.5\,mm^2$　　　　C. $0.8\,mm^2$

（3）熔断器熔断后用导线替代将产生怎样的后果？（　　）

　　A. 线路短路　　　B. 导线和用电器烧毁　　C. 没关系

4. 简答题

看图写出电器元件符号名称。

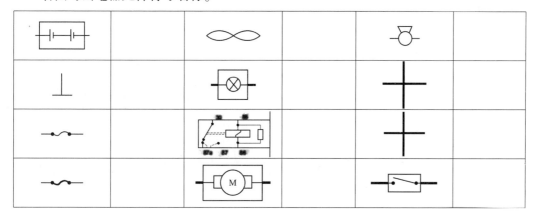

任务二　电气系统故障诊断与检修

　　一辆福田戴姆勒 EST 载货汽车车主将车开到维修站,反映该车使用了两年,现要求对车辆进行一次全面的维护和检查,排查汽车电气系统可能存在的隐患。作为维修人员,你该如何正确地进行整车电气系统的检查呢?

　　任务分析:需要进行整车电器检修,即对电源系、起动系、照明与信号系、仪表系、辅助电气设备等进行检查并维修。在学习过程中,学生以小组合作的形式,通过教师指导或借助汽车维修手册、车辆使用手册、网络信息等资料,列出检修各个系统所需要的工量具及设备,并进行交流展示。制订常用工量具及设备的正确使用方法,并借助相关工作设备完成发动机附件的拆装检查。学生在整个学习过程中要遵循 7S 管理规程。

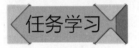

一　学习目标

通过本任务的学习,应当能:

1. 通过查阅汽车维修手册和教师讲解,熟悉汽车电气系统故障诊断的一般程序;
2. 在排查出电气系统故障时,正确选择需要的检修工具;
3. 在教师的指导下,查阅维修手册制订正确的检修方案;
4. 通过学生对方案的制作及交流展示,培养学生的团队合作和语言表达能力;
5. 根据任务的实施情况进行自我评价与总结,培养分析问题、解决问题及归纳总结的能力。

二　学习内容

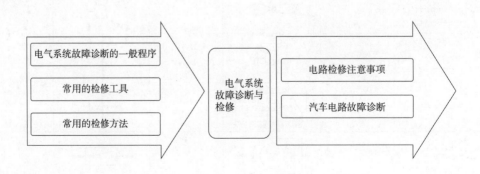

资讯储备

一、任务准备

引导问题 1 汽车电气系统出现故障时,应当如何去检查?

汽车电气系统是汽车的重要组成部分之一,其性能好坏直接影响汽车的动力性、经济性、可靠性、安全性、舒适性以及排放等性能。汽车电气系统是现代汽车的一个重要标志,其科技含量已成为衡量现代汽车档次的重要指标之一。

汽车电气设备包含多个用电系统,当某个用电系统发生故障时,其故障诊断的一般程序为:

(1)验证车主所反映的情况,并注意通电后的各种现象。动手拆检之前,尽量缩小故障产生的范围。

(2)分析电路原理图,清楚电路的工作原理,对问题所在作出推断。

(3)重点检查问题集中的线路,找到故障点。

(4)对故障点进行检修。

(5)验证电路是否恢复正常。

引导问题 2 检修汽车电气系统故障时有哪些常用的检修工具?

1. 万用表

汽车用万用表是汽车电气系统检测的常用工具,常用的功能有电压测试、电阻测试和电流测试等。万用表有指针式和数字式两种,其中数字式万用表能精确测试电子电路,准确度远远超过指针式万用表,普遍用于汽车电气系统诊断与检测,如图 1-2-1 所示。

1)电压测试

电压测试包括电源电压测试和信号电压测试两种。

(1)电源电压测试:是指对汽车电控元件电源线与搭铁线进行测试,欧曼载货汽车电源电压为 24V,如果没有电源电压,说明线路存在断路故障。

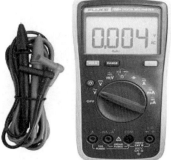

图 1-2-1 数字式万用表

(2)信号电压测试:是对传感器的信号电压进行检测。下面以冷却液温度传感器(THW)的检测为例进行说明。如图 1-2-2 所示,冷却液温度传感器的信号电压应该符合要求;如不符,说明传感器或其线路出现故障。

2)电阻测试

如图 1-2-3 所示,将红、黑表笔分别插进 V(Ω)和 COM 插孔中,再把转换开关旋转到电阻挡所需要的量程。将红、黑表笔分别接在被测设备两端,如果阻值不在正常的范围内,表示该用电设备有故障。

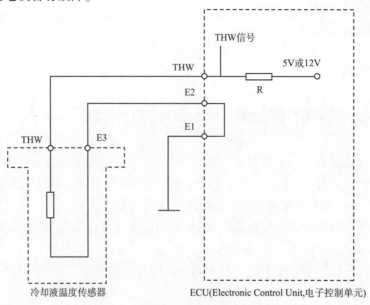

图1-2-2 冷却液温度传感器信号电压测试

3)电路电流测试

电路电流测试主要是针对电器负载的电流进行测试。在对电路工作参数及工作状况进行测量时,采用电流测试法是一种比较快捷的方法。当测试电流值达到要求时,表明电路电压及负载电阻值均符合要求,这就使得相对于之前测试了两个参数(电源电压和负载电阻)还不一定能确定的电路状况,只用测试一个参数(电流值)就可以确定了。

进行电流测试时,将万用表串联在电路中,如图1-2-4所示。

图1-2-3 用万用表测量电阻

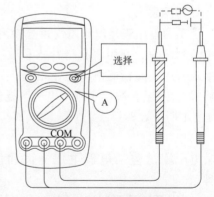

图1-2-4 电流测试电路

当测试电路电流小于规定电流值时,表明电路一定存在接触电阻;当测出电路的电流值大于规定值时,则表明负载电路工作失常或电路存在短路故障。

2.试灯

试灯是汽车电气维修中最常用的工具之一,如图1-2-5所示。

在一组线中找出其中的电源线,在通电的情况下,可以用万用表的电压挡检测,也可用试灯来检测。试灯的特点是方便、简洁,看到灯亮了就表示该线有电。

检测的方法是将一个表笔接机体(负极),另一个表笔接触被检测的电线,当试灯亮时,就表示被检测的线有电压,其缺点是无法确定电压值。

3. 跨接线

如图1-2-6所示,跨接线可以用来检查线路中的断路或接触不良故障,它由普通导线两端焊上鳄鱼夹制成。当怀疑某段线路出现断路或接触不良时,可以使用跨接线跨接所怀疑线路的两路,如果故障消失,说明该段线路有断路或接触不良的故障。

图1-2-5　试灯　　　　　　　　　图1-2-6　跨接线

4. 解码器

解码器是一种可以与汽车ECU直接进行交流信息的故障诊断仪,如图1-2-7所示。解码器通过汽车ECU的自诊断插座,在一定协议支持下与汽车ECU进行互相通信,交流各种信息,从而获取ECU工作的重要参数。

解码器一般具有以下功能:

(1) 读取故障码;
(2) 清除故障码;
(3) 查询控制单元型号;
(4) 设置基本数据;
(5) 执行元件动作测试;
(6) 读取动态数据流;
(7) 其他功能(如万用表或示波器功能等)。

5. 示波器

示波器是检测设备的一种,它可以把汽车电气设备的实时工作状态以波形的形式显示在屏幕上,检测人员通过观察波形就可以判断汽车故障,如图1-2-8所示。

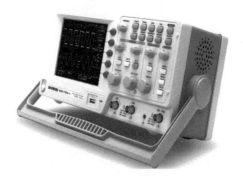

图1-2-7　解码器　　　　　　　　图1-2-8　示波器

引导问题 ③ 检修汽车电气系统故障时有哪些常用的检修方法?

检修汽车电气系统故障主要有如下方法:

(1)直观法。通过直观检查来发现明显的外部故障。如是否出现局部高温、冒烟、电火花、线路短接、插头松脱、元器件变形等异常情况,可以提高检修速度。

(2)短路法。用一根导线将某段导线或用电器短接后观察用电器的变化。

(3)替换法。将被怀疑部件用已知完好的部件替换,验证怀疑是否正确。

(4)模拟法。用于对各种传感器信号、指示机构工况的判断,使用此法必须熟悉汽车电路。

(5)诊断仪分析法。采用汽车诊断仪调取故障码,或者分析数据流等进行故障诊断。这种方法广泛应用于汽车电子控制机构的故障诊断过程中。

(6)检查保险法。如某电器突然停止工作,应先查该支路上的熔断装置是否断开,如熔断装置断开,须查明原因,检修后恢复熔断装置。

(7)试灯法。检查线束是否开路或短路、电器有无故障。

引导问题 ④ 汽车电气系统故障诊断与检修时有哪些注意事项?

进行汽车电气系统故障诊断与检修时,需要注意如下事项:

(1)拆卸蓄电池时,应最先拆下负极电缆;安装蓄电池时,应先装正极电缆。拆下或安装蓄电池电缆时,应确保点火开关或其他开关都已断开,否则,会导致电子元器件的损坏。

(2)靠近振动部件(如发动机)的线束部分应用卡子固定,将松弛部分拉紧,以免由于振动造成线束与其他部件接触。

(3)不要粗暴地对待电器,也不能随意乱扔。元器件无论好坏,都应轻拿轻放。

(4)与尖锐边缘磨碰的线束部分应用胶带缠起来,以免损坏。安装固定零件时,应确保线不要被夹住或被破坏。安装时,应确保接插头接插牢固。

(5)进行维护时,若温度超过80℃(如进行焊接时),应先拆下对温度敏感的零件(如ECU)。

(6)拆卸和安装元器件时,应切断电源。拔汽车上的导线插接器时,应关闭点火开关。

(7)更换烧坏的熔断器时,应使用相同规格的熔断器。使用比规定容量大的熔断器会导致电器损坏或引发火灾。

二 任务实施

1. 质量要求

参照厂家的质量标准要求。

2. 组织方式

每6位同学一组,按照企业岗位操作标准,规范地用数字式万用表对图示继电器进行检测。每组作业时间为30min。

> **引导问题 ❶** 完成本任务,需要使用的主要工、量具有哪些?

1. 技术要求与标准
(1) 严格按照安全操作规程,熟练、快速地检查汽车用数字式万用表是否能正常工作;
(2) 在使用万用表的过程中,要根据测量对象选择正确的挡位;
(3) 养成"采取安全防护措施维修作业"的习惯;
(4) 养成"将工具、检测件整齐地放置在工具车及零件盘中"的习惯。

2. 设备器材
完成本任务需要的工、量具如图1-2-9所示。

a) 常用继电器(若干个)　　　　b) 数字式万用表

图 1-2-9　任务所需工、量具

3. 场地设施
工学一体化实训区、实训操作台、消防设施等。

4. 设备设施
商用车两辆、工具车、垃圾桶等。

5. 安全防护
车轮挡块、室内"三件套"❶、车外保护垫等。

6. 耗材
干净抹布。

> **引导问题 ❷** 继电器怎么检测?怎样根据检测结果判断继电器的好坏?

1. 开路检测
采用万用表测电阻法进行开路检测。图1-2-10所示为继电器实物及电路图,用万用表 R×100Ω 挡测量:若线圈85脚与86脚之间的电阻为 50~120Ω(说明12V和24V继电器线圈阻值的区别),30脚与87a脚电阻小于2Ω,30脚与87脚电阻∞,则正常,否则有故障。

2. 加电测试
在85脚和86脚之间加24V电压,用万用表电阻挡测量:若30脚与87a脚电阻∞,30脚与87脚电阻小于2Ω,则正常,否则有故障。

---

❶　"三件套"是指座套、转向盘套和脚垫。

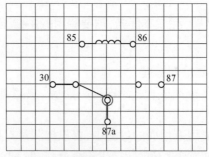

图 1-2-10　继电器实物及电路图

引导问题 3　任务评价

本任务的任务评分表见表 1-2-1。

任务评分表　　　　　　　　　　　表 1-2-1

项目编号：_____

姓名：_____　　　学号：_____
作业开始时间：___时___分　　　作业结束时间：___时___分　　　作业用时：_____

序号	项目	评分项目	评价标准	分值	学生自评	学生互评	教师评价
1	时间要求	按规定时间完成项目作业	酌情扣 0~5 分	5			
2	质量要求	选用工具恰当	酌情扣 0~5 分	5			
3		万用表使用规范	万用表使用不规范酌情扣 1~10 分	10			
4		能正确进行继电器开路测试	开路测试不全面，酌情扣 1~20 分	20			
5		能正确进行继电器加电测试	加电测试不全面，酌情扣 1~20 分	20			
6		能正确判断电器状态	状态判断错误不得分	20			
7		及时清理工具和工作现场	酌情扣 0~5 分	5			
8	安全要求	遵守安全操作规程	酌情扣 0~5 分	5			
9	文明要求	按文明生产规则进行操作	酌情扣 0~5 分	5			
10	环保要求	更换旧件放入规定回收桶	酌情扣 0~5 分	5			
		本任务得分		100			
							日期：

注：发生重大事故（人身和设备安全事故）、严重违反维修原则和有情节严重的野蛮操作等，采取一票否决制。

三　学习测试

1. 填空题

（1）汽车电气系统的特点有_____、_____、_____ 和 _____ 等。
（2）汽车上使用小电流控制大电流的装置是_____。
（3）汽车用万用表常用的类型有_____ 和 _____ 两种。

2. 判断题

(1)国产汽车一般使用正极搭铁。( )

(2)汽车采用低压交流电,现代汽车的标称电压有 12V 和 24V 两种。( )

(3)熔断器、易熔线和断路保护器都是汽车上的熔断装置。( )

(4)数字式万用表能精确测试电子电路,准确度远远超过指针式万用表,普遍用于汽车电气系统的诊断与检测。( )

3. 选择题

(1)汽车线路中熔断器的作用是防止在电路中发生( )。

  A. 断路   B. 短路   C. 过电压

(2)以下不属于汽车电气系统组成部分的是( )。

  A. 电源系统   B. 起动系统   C. 制动系统   D. 仪表和报警系统

(3)汽车用万用表不能实现的功能是( )。

  A. 测电流   B. 测功率   C. 测电阻   D. 测电压

4. 简答题

(1)简述汽车电气系统的组成及特点。

(2)简述汽车用万用表的功能。

(3)熔断丝为什么能起"保险"作用?熔断丝烧坏了,能否用铜丝代替?

项目二

电源系统故障诊断与排除

 **项目描述**

　　电源系统是汽车的重要组成部分,在汽车上发挥着非常重要的作用。因此,认识与学习电源系统的组成及工作原理是学习电源系统故障诊断与排除的关键。本项目主要介绍电源系统组成、发电机的分类和工作原理、发电机不发电的故障诊断与排除过程,以及整车无电源供应的故障诊断与排除思路和具体过程等。本项目包含以下 2 个任务:

　　任务一,发电机不发电的故障诊断与排除;

　　任务二,整车无电源供应的故障诊断与排除。

　　通过以上 2 个任务的学习,你能够明白发电机的工作原理,能够说出整车电源供应的原理及相关零部件,能够正确进行电源系统故障诊断与排除作业。

 项目要求

1. 时间要求:建议 12 学时。
2. 能力要求:在规定时间内完成发电机不发电和整车无电源供应的故障诊断与排除任务。
3. 质量要求:参照厂家的生产规范及质量要求。
4. 7S 作业:自觉按照企业 7S 生产规则进行项目作业。
5. 文明要求:自觉按照文明生产规则进行项目作业。
6. 环保要求:努力按照环境保护要求进行项目作业。

任务一　发电机不发电的故障诊断与排除

 **任务导入**

　　一辆福田戴姆勒 EST 载货汽车在行驶中,驾驶员发现用电器工作不正常,充电指示

灯常亮,初步确定为发电机不发电故障,需要对电源系统进行全面检查。在学习过程中,学生以小组合作的形式,通过教师指导或借助汽车维修手册、车辆使用手册、网络信息等资料,制订电源系统的检查方案并进行交流展示,能够根据制订的方案认知发电机各零部件名称及发电原理,并借助相关工作设备完成发电机的拆装检查和电源系统检测。学生在整个学习过程中要遵循7S 管理规程。

任务分析:发电机性能是否良好会影响汽车电气设备的正常工作。针对发电机不发电的故障进行分析,可能的原因有:接线短路、断路、接头松动;转子、定子线圈断路、短路或搭铁;整流管损坏;桩头纸绝缘损坏,导线断开;调节器调整电压过低或触点烧熔。

任务学习

一 学习目标

通过本任务的学习,应当能:

(1)通过查阅福田戴姆勒 EST 载货汽车维修手册和教师讲解,描述电源系统各部分的功用、组成、工作原理等;

(2)在教师的指导下,查阅维修手册制订电源系统的检查方案;

(3)通过学生对方案的制作及交流展示,培养学生的团队合作和语言表达能力;

(4)能够借助相关的工具设备完成电源系统的故障检修;

(5)根据任务的实施情况进行自我评价与总结,培养分析问题、解决问题及归纳总结的能力。

二 学习内容

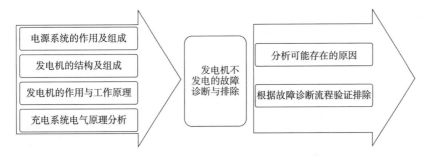

资讯储备

一 任务准备

引导问题 1 汽车电源系统的作用、组成及工作原理是什么?

1. 电源系统的作用

现代汽车上用电设备的数量较多,耗电量较大,因此,电源的供电能力和工作性能对车辆的运行及用电设备的工作状况有着非常重要的影响。目前国内外各种类型的汽车均以蓄电池和发电机两个供电装置作为电源，组成汽车的电源系统向用电设备供电。

2. 电源系统的组成

电源系统由蓄电池、发电机和调节器等组成，如图2-1-1所示。

图2-1-1 汽车电源系统的组成

1）蓄电池

蓄电池为可逆的直流电源。在汽车上使用最广泛的是起动用铅酸蓄电池，它与发电机并联，向用电设备供电。蓄电池的发电情况有以下几种：当发动机起动时，向起动机和点火系供电；在发电机不发电或电压较低的情况下向用电设备供电；当用电设备同时接入较多、发电机超载时，协助发电机供电；当蓄电池电量不足，而发电机负载又较少时，它可将发电机的电能转变为化学能储存起来。

2）发电机

在汽车上，发电机既是用电设备的电源，又是蓄电池的充电装置。发电机可分为直流发电机和交流发电机。直流发电机是利用机械换向器整流；交流发电机是利用硅二极管整流，故又称硅整流发电机。

3）调节器

汽车电源系统中，蓄电池、发电机与汽车用电设备都是并联的。汽车起动时，蓄电池向起动机供电。在发动机正常工作时，发电机向用电设备供电并向蓄电池充电。充电指示灯用来指示蓄电池的充放电状况。

为了满足用电器和蓄电池的要求，对发电机的供电电压和电流变化范围也有一定的限制。直流发电机所匹配的调节器一般都是由电压调节器、电流限制器、截断继电器3部分组成。交流发电机调节器都可大大简化。由于硅二极管具有单向导电的特性，当发电机电压高于蓄电池电压时，二极管有阻止反向电流的作用，所以交流发电机不再需要截流继电器。

由于交流发电机具有限制输出电流的能力，因此也不再需要限流器。但它的电压仍是随转速变化而变化的，所以为了得到恒定的直流电压，还必须装有电压解调器。交流发电机使用的电压调节器多为电子电压调节方式，由于其体积小、功能强、可靠性高、结构简单以及成本低，故应用相当广泛。现代汽车上大都采用电子式电压调节方式，将这类调节器安装在发电机内或安装在发电机壳体上,构成整体式交流发电机。

3. 电源系统工作原理

1) 车辆静态

车辆在静态时,由蓄电池给车辆电器提供直流电;起动时由蓄电池向发电机三相线圈供电,形成磁场,向起动机及吸铁开关供电,带动飞轮旋转并在其快速旋转前分离行星齿轮和飞轮,如图 2-1-2 所示。

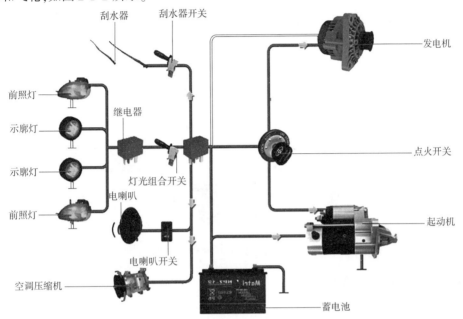

图 2-1-2　蓄电池供电

2) 发动机正常运转

发动机正常运转后,发电机输出交流电,经过电压调节器变压、整流,向车辆电器提供直流电,并在蓄电池蓄电量不足时,向蓄电池充电,如图 2-1-3 所示。

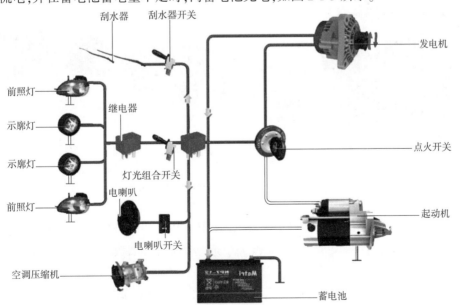

图 2-1-3　发电机供电

3）车辆用电设备全负荷运行

当车辆用电设备全负荷运行时，发电机和蓄电池同时向车辆电器提供直流电，如图 2-1-4 所示。

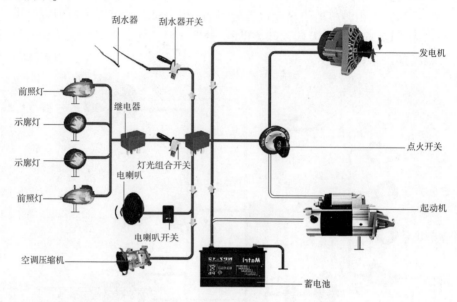

图 2-1-4　蓄电池与发电机同时供电

引导问题 2　发电机的组成有哪些？

发电机的结构如图 2-1-5 所示。

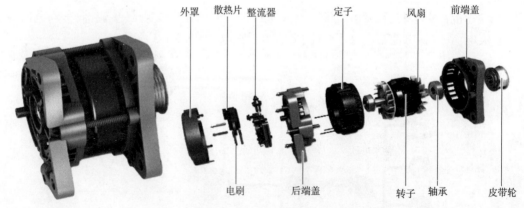

图 2-1-5　发电机结构示意图

1. 转子

转子的功用是产生磁场。如图 2-1-6 所示，转子由爪极、励磁绕组、滑环、转子轴等组成。转子轴上压装着两块爪极，爪极被加工成鸟嘴形状，爪极空腔内装有励磁绕组和磁轭。

滑环由两个彼此绝缘的铜环组成，压装在转子轴上并与轴绝缘，两个滑环分别与励磁绕组的两端相连。当向两滑环通入直流电时，励磁绕组中就有电流通过，并产生轴向磁通,使爪极一块被磁化为 N 极,另一块被磁化为 S 极,从而形成 6 对(或 8 对)相互交错的磁极。

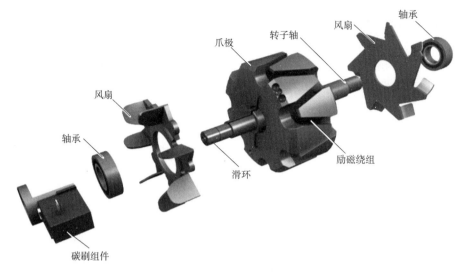

图 2-1-6　转子结构示意图

交流发电机的磁路为:磁轭→N 极→转子与定子之间的气隙→定子→定子与转子间的气隙→S 极→磁轭。

2. 定子

定子的功用是产生交流电。定子安装在转子外,和发电机的前后端盖固定在一起,当转子在其内部转动时,引起定子绕组中磁通的变化,定子绕组中就产生交变的感应电动势。

如图 2-1-7 所示,定子由定子铁芯和定子绕组(线圈)组成,其中,定子铁芯由内圈带槽、互相绝缘的硅钢片叠成;定子绕组有三组线圈,对称的嵌放在定子铁芯的槽中。

三相绕组的连接有星形接法和三角形接法两种,这两种方式都能产生三相交流电。

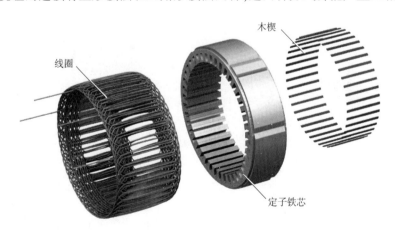

图 2-1-7　定子结构示意图

3. 整流器

整流器的功用是将定子绕组的三相交流电变为直流电。整流器由整流板和整流二极管组成,6 管交流发电机的整流器是由 6 只硅整流二极管分别压装(或焊装)在相互绝缘的两块板上组成的,其中一块为正极板(带有输出端螺栓),另一块为负极板,负极板和发电机外壳直接相连(搭铁),也可以将发电机的后盖直接作为负极板。6只整流二极管分为正极管和负极管两种。引出电极为正极的称为正极管,3只正极管装在同一块板上,称为正极板;引出电极为负极的称为负极管,3只负极管安装在负极板上,也可直接安装在后盖上。

4. 端盖和电刷组件

端盖一般分两部分(前端盖和后端盖),起支撑转子、定子、整流器和电刷组件的作用。端盖一般用铝合金铸造,一是可有效防止漏磁,二是铝合金散热性能好。后端盖上装有电刷组件。电刷组件由电刷、电刷架和电刷弹簧组成。其中,电刷的作用是将电源通过滑环引入励磁绕组。两个电刷分别装在电刷架的孔内,借助弹簧压力与滑环保持接触。电刷和滑环的接触应良好,否则,会因为磁场电流过小,导致发电机发电不足。

引导问题 3 车载发电机的作用与原理是什么?

1. 车载发电机的作用

如图2-1-8所示,车载发电机的作用主要是发电、整流和调节电压。

(1)发电。发电机工作是为车辆的用电设备提供电源,并且对蓄电池进行充电。

(2)整流。由于车载发电机采用交流发电机,而车辆是采用直流电系统,因此,需要将发电机发出的交流电整流成直流电。

(3)调节电压。发电机是由发动机所驱动,随着发动机转速上升,所发出的电压和电流会增大。

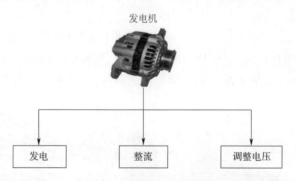

图2-1-8　发电机作用示意图

2. 交流发电机发电原理

(1)当励磁绕组通以直流电时,转子上的磁极会被磁化,磁力线从转子的N极出发,穿过转子和定子之间的细微气隙,进入定子铁芯,最后回到相邻的S极,通过磁轭构成一个完整的回路。当转子旋转时,磁力线切割定子线圈,在线圈内产生交变电动势。交流发电机的发电原理如图2-1-9所示。

(2)在交流发电机定子的三相绕组中,感应产生的是交流电,且是通过6只二极管组成的三相桥式整流电路整流为直流电的。由于二极管具有单向导通性,故给二极管加上正向电压时二极管导通,给二极管加上反向电压时二极管截止。将定子的三相绕组和6只整流二极管按电路图连接,发电机的输出端B、E上便会输出一个脉动直流电压。

交流发电机整流原理如图2-1-10所示。

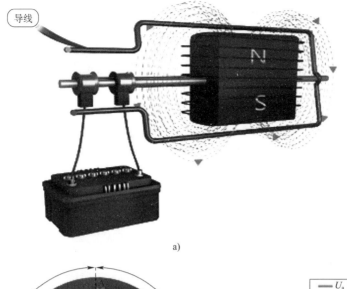

a)

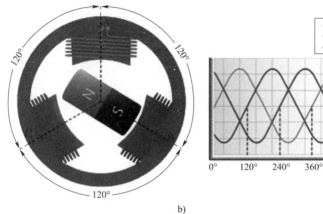

b)

图 2-1-9 交流发电机发电原理

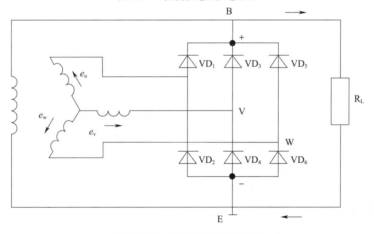

图 2-1-10 交流发电机整流原理

引导问题 ❹ 怎样根据电气原理图分析充电系统工作过程？

以福田戴姆勒 EST 载货汽车为例，其充电系统电气原理图如下。

（1）电源总开关闭合，发电机对蓄电池进行充电，电流流向为发电机流向蓄电池（红色）。

福田戴姆勒 EST 载货汽车　　　　发电机对蓄电池充电
充电系统电气原理图

（2）充电系统异常，仪表报警，充电指示灯常亮。
（3）系统开始工作，蓄电池和发电机对车辆用电设备进行供电。

充电异常，起动仪表报警　　　蓄电池和发电机对车辆
　　　　　　　　　　　　　　用电设备进行供电

任务实施

1. 质量要求
参照厂家的质量标准要求。

2. 组织方式
每 6 位同学一组，按照企业岗位操作标准，规范地对电源系统进行检修作业。每组作业时间为 90min。

引导问题 1 完成本任务，需要使用的主要工、量具有哪些？

1. 技术要求与标准
（1）严格按照安全操作规程，熟练快速地检查汽车电源系统（充电系统）；
（2）在使用万用表的过程中，要根据测量对象选择正确的挡位；
（3）习惯性使用"三件套"、发动机舱防护罩等汽车防护物品，养成良好的职业习惯；
（4）养成"采取安全防护措施维修作业"的习惯；
（5）养成工具、零部件、油液"三不落地"的职业习惯，工具及拆下的零部件等都应整齐地放置在工具车及零件盘中。

2. 设备器材
完成本任务所需的工、量具如图 2-1-11 所示。

3. 场地设施
工学一体化实训区、废气排放装置、消防设施等。

4. 设备设施
商用车两辆、工具车、垃圾桶等。

a）常用工具（1套）　　b）万用表

图 2-1-11　任务所需工、量具

5. 安全防护

车轮挡块、室内"三件套"、车外保护垫等。

6. 耗材

干净抹布。

> **引导问题 ❷**　发电机不发电的故障原因有哪些？其诊断思路和排除流程是怎样的？

1. 发电机不发电的原因

发电机不发电可能的故障原因及处理方法见表2-1-1。

发电机不发电可能的故障原因及处理方法　　　表2-1-1

故障现象	可能的故障原因	处 理 方 法
发电机不发电	接线断路,短路,接头松动	检查发电机及电流表接线,修复
	转子、定子线圈断路、短路或搭铁	修复或更换总成
	整流管损坏	更换总成
	桩头纸绝缘损坏,导线断开	修复
	调节器触点烧熔	修复或更换总成
	调节器调整电压过低	修复

2. 诊断流程

根据发电机不发电的故障原因分析,按照故障诊断流程进行诊断排除,如图2-1-12所示。

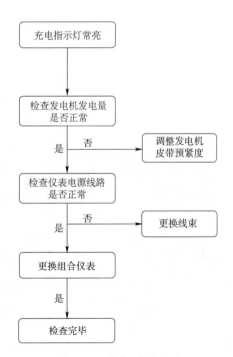

图2-1-12　故障诊断流程图

引导问题 ③ 拆装发电机有哪些准备工作？其拆卸步骤是怎样的？

1. 准备步骤

（1）关闭电源总开关；

（2）打开前翻转盖板；

（3）翻转驾驶室。

2. 拆卸交流发电机

（1）调整调节螺母，使皮带张紧轮卸力，取下发电机皮带，如图2-1-13所示。

（2）如图2-1-14所示，断开交流发电机线束接插件。

图2-1-13　拆卸发电机皮带　　　　　　　图2-1-14　断开交流发电机线束接插件

（3）如图2-1-15所示，拆卸发电机2颗固定螺栓，取下交流发电机。

引导问题 ④ 怎样检查发电机（单体）？

（1）检查发电机驱动皮带、导线的连接和运转时有无噪声。

（2）清洗外部。清洗完毕后，用手转动发电机的转子，观察其是否灵活以及是否有不正常响声，以判断轴承是否有故障。

（3）测量交流发电机的输出接柱B与发电机壳体之间的正、反向阻值（搭铁端），如图2-1-16所示。与标准值进行比较，若不符合标准说明整流器有故障。

图2-1-15　拆卸固定螺栓　　　　　图2-1-16　测量发电机的输出接柱B与壳体之间的阻值

（4）测量发电机正电刷接线柱和负电刷之间的阻值，并与标准值进行比较，若不符合标准说明电刷和励磁绕组有故障。

引导问题 5 发电机相关试验有哪些？怎样进行？

1. 空载试验

（1）将发电机安装在试验台的夹具上，选好套筒及橡胶传动接头，调整夹具位置，使被测发电机与试验台的调电机主轴同心。

（2）检查接线是否正确，无误后方可起动试验台上的调速电动机。

（3）起动试验台上的调速电动机，由蓄电池（或试验台上的电源）向发电机提供励磁电流。逐步提高发电机的转速，当转速上升到 500～800r/min 时，不再由外部电源给发电机提供励磁电流。此时，发电机应能开始自励发电。

（4）继续提高转速，同时观察电压表的读数。当电压达到额定电压时，记下此时的发电机转速。断开调速电机开关，空载试验完毕。

（5）分析空载试验数据。与标准值进行比较，若转速高于空载转速，则说明发电机有故障，应将发电机分解检测。如果不能确定发电机有故障，需继续进行负载试验。

2. 负载试验

（1）将变阻器调节到阻值最大位置。

（2）起动调速电机，使发电机电压达到额定值。

（3）保持电压不变，同时提高发电机转速和输出电流，使转速达到额定值。记下此时的输出电流大小。断开调速电机开关，结束负载试验。

（4）分析负载试验数据。与标准值进行比较，若输出电流能达到额定电流，则说明发电机完好，否则，表明交流发电机有故障，应将发电机分解检测。

引导问题 6 怎样安装交流发电机？有哪些注意事项？

1. 安装交流发电机

（1）按照维修手册顺序安装交流发电机，拧紧 2 颗发电机固定螺栓，如图 2-1-17 所示，拧紧力矩应为 60N·m。

（2）连接发电机线束接插件，如图 2-1-18 所示。需特别注意的是，连接线束接插件时必须充分冷却、防尘、防溅、防油。

图 2-1-17　拧紧发电机固定螺栓

图 2-1-18　连接发电机线束接插件

（3）安装发电机皮带。如图 2-1-19 所示，调整调节螺母，使皮带张紧轮慢慢回位，使皮带张紧。需特别注意的是，不要使张紧轮突然回位，这样容易损坏皮带张紧轮及皮带。

图 2-1-19　安装皮带和紧固皮带张紧轮

2. 整理场地及工量具

交流发电机安装完毕后，及时整理场地及工、量具。

引导问题 7　任务评价

本任务的任务评分表见表 2-1-2。

任务评分表　　　　　　　　　　　　　　　　　　表 2-1-2

项目编号：

姓名：_____　　学号：_____

作业开始时间：___时___分　　作业结束时间：___时___分　　作业用时：_____

序号	项目	评分项目	评价标准	分值	学生自评	学生互评	教师评价
1	时间要求	按规定时间完成项目作业	酌情扣 0~5 分	5			
2		选用工具恰当	酌情扣 0~5 分	5			
3		能正确认识充电系统故障，进行线路检测	操作错误无分	10			
4		能正确认识、拆装发电机总成	不能完成无分	20			
5	质量要求	能正确认识、解体发电机	不能完成无分	20			
6		能正确认识、拆装发电机皮带	不能完成无分	10			
7		能正确认识发电机不发电的故障现象，进行故障分析	不能排除无分	10			
8		及时清理工具和工作现场	酌情扣 0~5 分	5			
9	安全要求	遵守安全操作规程	酌情扣 0~5 分	5			
10	文明要求	按文明生产规则进行操作	酌情扣 0~5 分	5			
11	环保要求	更换旧件放入规定回收桶	酌情扣 0~5 分	5			
		本任务得分		100			
						日期：	

注：发生重大事故（人身和设备安全事故）、严重违反维修原则和有情节严重的野蛮操作等，采取一票否决制。

三 学习测试

1. 填空题
(1) 电源系统由_____、_____、_____和交流发电机等组成。
(2) 转子的功用是产生_____。
(3) 定子的功用是产生_____。

2. 判断题
(1) 汽车发电机在发动机的驱动下将机械能转变为电能。　　　　(　　)
(2) 滑环由两个彼此相连的铜环组成。　　　　　　　　　　　　(　　)
(3) 发电机的定子槽内置有三相绕组,其是用高强度漆包线绕制呈三角形连接。
　　　　　　　　　　　　　　　　　　　　　　　　　　　　　(　　)

3. 选择题
(1) 交流发电机的标准发电电压为(　　)。
　　A. 12 V　　　　B. 14 V　　　　C. 24 V　　　　D. 48 V
(2) 当转子旋转时,磁力线切割(　　)线圈,在线圈内产生交变电动势。
　　A. 转子　　　　B. 定子　　　　C. 整流器　　　D. 电刷
(3) 电压调节器的作用是保持发电机在转速和负荷变化时输出(　　)稳定。
　　A. 电动势　　　B. 电流　　　　C. 交流电压　　D. 直流电压

4. 简答题
(1) 电源系统主要由哪几部分组成?

(2) 简述电压调节器的作用。

(3) 简述交流发电机的发电原理。

(4) 简述交流发电机的作用。

任务二　整车无电源供应的故障诊断与排除

任务导入

一辆福田戴姆勒 EST 载货汽车,驾驶员打开点火开关,仪表无反应,灯光、喇叭等用电设备不能正常工作,打点火开关至起动挡,也无反应。初步确定为整车无电源供应故障,需要对电源系统进行全面检查。在学习过程中,学生以小组合作的形式,通过教师指导或借助汽车维修手册、车辆使用手册、网络信息等资料,制订电源系统的检查方案并进行交流展示,并能够根据制订的方案认知发电机各零部件名称及发电原理,借助相关工作设备完成电源系统的基本检查和初步检测。学生在整个学习过程中要遵循 7S 管理规程。

任务分析:电源系统性能是否良好直接影响汽车电气设备的正常工作。针对整车无电源供应的故障进行分析,可能的原因有:相关接线短路、断路、接头松动;主要线路熔断丝损坏;点火开关损坏;电源总开关线圈搭铁断开;电源总开关至点火开关继电器线路断路等。

任务学习

一、学习目标

通过本任务的学习,应当能:

1. 通过查阅福田戴姆勒 EST 载货汽车维修手册和教师讲解,描述蓄电池的作用、组成、分类及工作原理等;
2. 通过查阅福田戴姆勒 EST 载货汽车维修手册和教师讲解,描述分析电源主供电电路、发电机励磁电路及充电指示灯控制电路;
3. 在教师的指导下,查阅维修手册制订电源系统的检查方案;
4. 通过学生对方案的制作及交流展示,培养学生的团队合作和语言表达能力;
5. 能够借助相关的工具设备完成电源系统整车无电源供应的故障检修;
6. 根据任务的实施情况进行自我评价与总结,培养分析问题、解决问题及归纳总结的能力。

二、学习内容

一 任务准备

引导问题 ① 汽车用蓄电池的作用、类型、结构及工作原理是什么?

1. 蓄电池的作用

蓄电池是一种将电能以化学能的形式储存,并可将化学能转化为电能的装置。蓄电池是汽车上的两个电源之一,它是一种可逆直流电源,其作用主要有 3 种:供电、储电和稳压。

1)供电

在发电机不发电时或电压较低时,由蓄电池向用电设备供电(如:起动发动机时,向起动系统、点火系统、收音机、点烟器及常用灯光等供电),如图 2-2-1 所示。

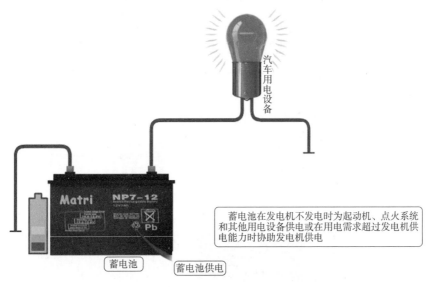

图 2-2-1 蓄电池供电

2)储电

当发动机高速运转,发电机电压高于蓄电池的充电电压时,蓄电池将发电机发出的多余电能存储起来(充电),如图 2-2-2 所示。

3)稳压

蓄电池起到整车电气系统电压稳定器的作用。它可以吸收电路中的瞬时电压,缓和电气系统的冲击电压,保持汽车电气系统电压的稳定,保护汽车上的电子元件,如图 2-2-3 所示。

2. 蓄电池的类型

目前汽车上常用的蓄电池主要有 3 种:普通蓄电池、干荷蓄电池和免维护蓄电池,如图 2-2-4 所示。

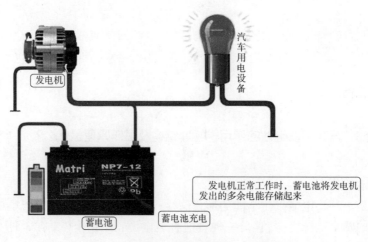

图 2-2-2　蓄电池储电

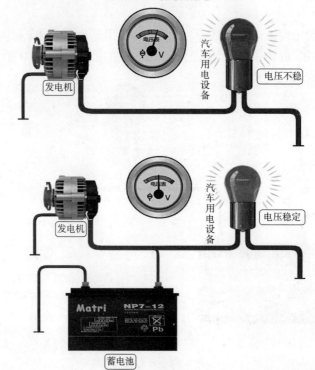

图 2-2-3　蓄电池稳压

a)普通蓄电池

b)干荷蓄电池

c)免维护蓄电池

图 2-2-4　蓄电池常见类型

1) 普通蓄电池

普通蓄电池的极板由铅和铅的氧化物构成,电解液是硫酸的水溶液。在初次使用时需加注电解液并充电。普通蓄电池的主要优点是电压稳定、价格便宜;缺点是比能量(每千克蓄电池存储的电能)低、使用寿命短、日常维护繁杂。

2) 干荷蓄电池

干荷蓄电池全称是干式荷电铅酸蓄电池,初次使用时无须充电,加入电解液即可。干荷蓄电池的主要优点是负极板有较高的储电能力,在完全干燥的情况下能在两年内保存所得到的电量。使用时加入电解液 20~30min 即可使用,但是维护比较麻烦。

3) 免维护蓄电池

由于自身结构上的优势,免维护蓄电池电解液的消耗量非常小,使用时无须加注和补充电解液,使用寿命一般为普通蓄电池的 2 倍。它还具有耐振、耐高温、体积小、自放电小、维护方便的特点,但缺点是价格略高、使用寿命相对较短。

3. 蓄电池结构

汽车蓄电池一般由 3 个或 6 个单格电池串联而成,每单格电池的额定电压为 2V。

1) 普通蓄电池的结构

普通蓄电池主要由正极板、负极板、隔板、电解液、外壳、接线柱等组成,如图 2-2-5 所示。

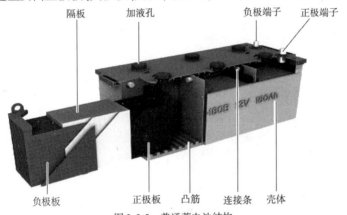

图 2-2-5 普通蓄电池结构

极板(正、负极板)是蓄电池的核心部分,主要由栅架和活性物质组成。从外观上来说,正极板偏褐红色,负极板偏灰色。蓄电池充、放电的化学反应主要是依靠极板上的活性物质与电解液进行完成。

隔板安装在正、负极之间,其作用是使正、负极板尽量靠近而又不至于接触短路,以缩小蓄电池的体积。隔板耐酸、具有多孔性,以利于电解液的渗透。常用的隔板材料有木质、微孔橡胶和微孔塑料等。

电解液在蓄电池的化学反应中,起到离子间导电的作用,使极板活性物质与电解液反应,完成蓄电池的充放电过程。电解液由专用的纯硫酸和蒸馏水按一定比例配制而成,其相对密度为 1.24~1.28g/mL。

外壳多采用硬橡胶或聚丙烯塑料制成,用来盛放电解液和极板组。底部有凸起的筋条支撑极板组,凸筋之间的空间用来容纳极板脱落的活性物质,以防极板短路。

2) 免维护蓄电池的结构

如图 2-2-6 所示,免维护蓄电池的主要组成部分与普通蓄电池类似。但极板的栅架

图 2-2-6 免维护蓄电池结构

材料不同,普通蓄电池用铅锑合金制造,免维护蓄电池的正极板栅架一般采用铅钙合金或低锑合金制造,而负极板栅架均用铅钙合金制造。大多数免维护蓄电池在盖上设有一个孔形液体(温度补偿型)密度计,它会根据电解液相对密度的变化而改变颜色。极板组多采用紧装结构来防止氧气和氢气垂直上溢,减少水分损失和活性物质脱落。各单格极板组之间采用穿壁式接法,以缩短连接条的长度,减少内阻,提高蓄电池起动性能;其内部设有温度补偿式密度计,以便于检查电解液相对密度,了解蓄电池电量。

4. 蓄电池的工作原理

汽车蓄电池是一种存储电能的装置,一旦连接外部负载或接通充电电路,便开始其能量转换过程,其工作原理就是化学能与电能之间的相互转化。蓄电池在工作过程中有放电和充电两个过程,并且蓄电池的充放电过程是可逆的。

在放电过程中,正、负极板上的含铅物质在电解液(成分是纯硫酸加蒸馏水)的作用下与电解液发生化学反应,蓄电池将化学能转化为电能而向外供电,如图 2-2-7 所示。

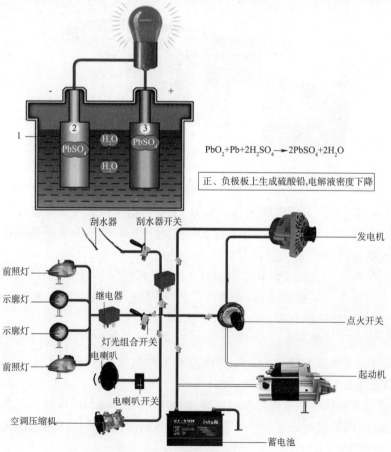

图 2-2-7 蓄电池放电过程原理及电路图
1-电解液;2-负极板;3-正极板

$$PbO_2+Pb+2H_2SO_4 \longrightarrow 2PbSO_4+2H_2O$$

正、负极板上生成硫酸铅,电解液密度下降

蓄电池与外界直流电源相连而将电能转化为化学能存储起来的过程称为充电过程。在发动机正常工作时,发电机发出的多余电能由蓄电池进行储存。在充电过程中,正、负极板上的硫酸铅在电解液的作用下发生反应,将电能转化为化学能存储在蓄电池中,同时电解液的相对密度增大,如图 2-2-8 所示。

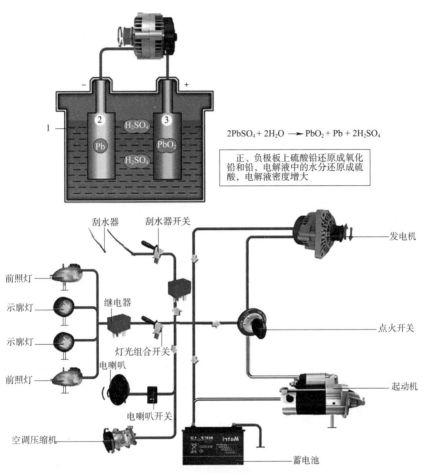

$2PbSO_4 + 2H_2O \longrightarrow PbO_2 + Pb + 2H_2SO_4$

正、负极板上硫酸铅还原成氧化铅和铅,电解液中的水分还原成硫酸,电解液密度增大

图 2-2-8 蓄电池充电过程原理及电路图
1-电解液;2-负极板;3-正极板

引导问题 2 汽车电源电路有哪些?分别是怎样控制的?

汽车电源系统一般由蓄电池、发电机、调节器、电源状态指示装置及继电器等组成。其作用是向全车用电设备提供低压直流电能。

1. 电源系统电路组成

汽车电源系统电路主要由 3 部分组成:电源主供电电路、发电机励磁电路及充电指示灯控制电路。电源主供电电路包括蓄电池和发电机正常发电后经输出端子对全车电气设备供电的电路;发电机励磁电路是维持发电机磁场绕组产生电磁场的供电电路,包括他励和自励两种励磁方式。充电指示灯控制电路包括采用发电机中性点 N 输出电压控制、利用二极管直接控制及发电机磁场二极管进行控制 3 种方式。

2. 汽车电源主供电电路

(1) 在起动发动机期间,蓄电池向起动系、燃油供给系统等其他用电设备供电,同时还向交流发电机提供励磁电流。

(2) 当发动机中高速运转(发电机端电压高于蓄电池电压,而蓄电池又存电不足)时,由发电机向全车用电设备供电,其电流的走向是:发电机输出端子"+"→点火开关→用电设备→搭铁→发电机输出端子"-"。

(3) 当发电机停转或怠速运转(发电机端电压低于蓄电池电压)时,由蓄电池向用电设备供电。

(4) 当出现用电需求大于电源系统输出(即发电机超载)时,由蓄电池协助发电机供电。

3. 充电指示灯控制电路

(1) 控制充电指示灯的常用方法有3种:

①利用交流发电机中性点电压,通过继电器或电子控制器进行控制。

②利用二极管进行控制。

③利用发电机磁场二极管进行控制。

带有集成电路调节器的整体式交流发电机与外部(蓄电池、线束)连接端子通常用 B+、IG、L、S 和 E 等符号表示,这些符号通常在发电机端盖上标出,其代表含义如下:

B+(或+B、BATT)为发电机输出端子,用一根粗导线连接至蓄电池正极或起动机上。

IG 通过线束连接至点火开关,在有的发电机上无此端子。

L 为充电指示灯连接端子,通过线束接充电指示灯或电源指示继电器。

S(或 R)为调节器的电压检测端子,通过导线直接连接蓄电池的正极。

E(或-)为发电机和调节器的搭铁端子。

(2) 利用中性点电压通过继电器控制充电指示灯。利用发电机三相绕组的中性点电压控制指示灯亮、灭,指示发电机的工作情况。中性点电压控制充电指示灯电路如图 2-2-9 所示。

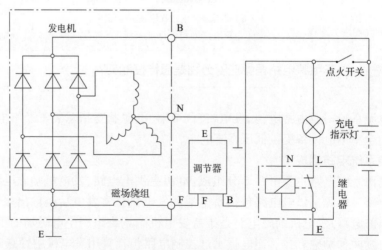

图 2-2-9 中性点电压控制充电指示灯电路

①未起动发动机时,发电机不发电,中性点未输出电压,蓄电池电压经蓄电池"+"→

点火开关→充电指示灯→继电器 L 接线柱→继电器触点→搭铁→蓄电池"－"构成回路。指示灯亮,指示发电机不发电。

②发电机正常运转后,发电机发电,中性点输出电压,经发电机中性点接线柱 N→继电器 N 接线柱→继电器线圈→搭铁构成回路。线圈通电产生吸力,将继电器触点断开,充电指示灯无搭铁回路,灯熄灭,指示发电机工作正常。

(3)利用二极管进行控制。利用二极管控制指示灯的亮、灭,指示发电机的工作情况。

接通点火开关,电流经蓄电池"＋"→点火开关→充电指示灯→调节器"B"→调节器"F"→励磁绕组→搭铁→蓄电池"－"构成回路,充电指示灯亮,指示发电机不发电。

发动机起动后,发电机电压高于蓄电池电压时,二极管导通,充电指示灯被二极管短路,不亮。二极管控制充电指示灯电路如图 2-2-10 所示。

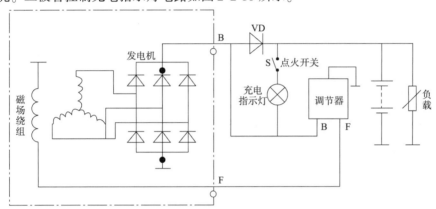

图 2-2-10　二极管控制充电指示灯电路

(4)利用发电机磁场二极管控制充电指示灯。如图 2-2-11 所示,该电压控制充电指示灯的特点是:具有 3 只磁场二极管(发电机为 9 管或 11 管)的发电机中性点 N 端不引出外线,而且配用电子调节器。利用发电机中 3 只小功率磁场二极管输出电压与蓄电池的电压差来控制充电指示灯,使充电指示灯熄灭,表示发电机发电,并同时进行励磁。

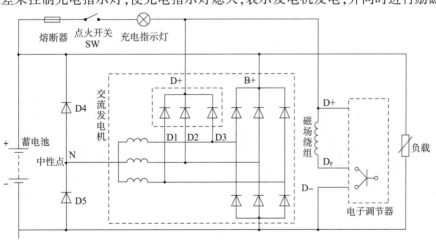

图 2-2-11　二极管控制充电指示灯电路

接通点火开关,发电机未运转或系统故障时,电流流向为蓄电池"＋"→熔断器→点火开关→充电指示灯→电子调节器 D＋端、发电机磁场绕组→电子调节器 DF 端→调节器内一级开关三极管→调节器 D – 端→搭铁→蓄电池"–",这时充电指示灯在蓄电池电压的作用下点亮,表示发电机不发电。同时,发电机磁场绕组的励磁电流经调节器后构成回路,开始给磁场组励磁。

当发电机运转并达到一定的转速时,发电机的电枢 B + 端向蓄电池充电,并且向汽车上其他用电设备供电。这时 3 只小功率励磁二极管(D1、D2、D3)也输出电压,加在充电指示灯右端,与充电指示灯左端的蓄电池电压形成等电压,充电指示灯熄灭,表示发电机发电。与此同时,二极管(D1、D2、D3)也给磁场绕组提供励磁电流,即磁场绕组的励磁方式由原来的他励变为自励。

二 任务实施

1. 质量要求
参照厂家的质量标准要求。

2. 组织方式
每 6 位同学一组,按照企业岗位操作标准,规范地对电源系统进行检修作业。每组作业时间为 90min。

引导问题 1 完成本任务,需要使用的主要工、量具有哪些?

1. 技术要求与标准
(1)严格按照安全操作规程,熟练、快速地检查汽车电源系统;
(2)在使用万用表的过程中,要根据测量对象选择正确的挡位;
(3)习惯性使用"三件套"、发动机舱防护罩等汽车防护物品,养成良好的职业习惯;
(4)养成"采取安全防护措施维修作业"的习惯;
(5)养成工具、零部件、油液"三不落地"的职业习惯,工具及拆下的零部件等都应整齐地放置在工具车及零件盘中。

2. 设备器材
完成本任务所需工、量具如图 2-2-12 所示。

a)常用工具(一套)　　b)万用表　　c)商用车诊断设备

图 2-2-12　任务所需工、量具

3. 场地设施
工学一体化实训区、废气排放装置、消防设施等。

4. 设备设施

商用车两辆、工具车、垃圾桶等。

5. 安全防护

车轮挡块、室内"三件套"、车外保护垫等。

6. 耗材

干净抹布。

引导问题 2 整车无电源供应的故障原因有哪些？有什么诊断思路和排除流程？

（1）整车无电源供应的故障现象、可能原因及处理方法见表 2-2-1。

整车无电源供应的故障现象、可能原因及处理方法　　　表 2-2-1

故障现象	可能原因	处理方法
整车无电源供应	接线断路，短路，接头松动	检查电源及连接线，修复
	主要保险丝损坏	更换
	电源总开关损坏	更换总成
	点火开关插头脱落	修复或更换总成
	调节器触点烧熔	修复或更换总成
	调节器调整电压过低	修复

（2）根据整车无电源供应的故障原因分析，按照故障诊断流程进行诊断排除，如图 2-2-13 所示。

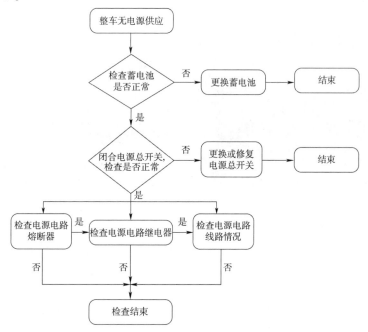

图 2-2-13　故障诊断流程图

引导问题 ③ 整车无电源供应的故障检修步骤是怎样的（以蓄电池损坏为例）？

1. 确认故障现象

(1) 打开电源总开关。

(2) 打开点火钥匙到"ON"挡，仪表和喇叭等用电设备均无反应。

(3) 打开点火钥匙到"起动"挡，起动机不转动，整车无反应。

2. 前期准备

关闭点火开关、灯光、空调等所有的用电设备。拉紧驻车制动器操纵杆，将操纵杆置于 N 挡或 P 挡。

3. 车上蓄电池的检测

1) 蓄电池外观的检测

(1) 检查蓄电池外壳是否破裂或有电解液渗漏现象。如有此问题，则需更换蓄电池。

(2) 检查蓄电池是否有腐蚀物，如有则用铜丝刷子清洁，直到裸露出金属。

(3) 如图 2-2-14 所示，检查蓄电池电缆接头与极柱和连接导线有无松动。如有，应紧固或更换电缆接头。

(4) 选用干净的抹布，对蓄电池进行清洁。

2) 检查蓄电池起动电压

(1) 将万用表连接到蓄电池的正、负极柱上。

(2) 起动发动机并观察万用表读数。

(3) 如图 2-2-15 所示，读取测量值，若测量值低于蓄电池瞬间起动电压的标准值（标准电压值为 24V），应对蓄电池进行充电或更换。

(4) 关闭万用表，并将其放在工具台上。

图 2-2-14　检测蓄电池外观

图 2-2-15　检测蓄电池起动电压

检查蓄电池起动电压时应注意，表笔要接触蓄电池的极柱上方，不能与正、负极电缆接头相连。起动时间不超过 10s，再次起动测试时，要间隔 15s 以上。

4. 蓄电池的更换

1) 拆卸蓄电池

(1) 选用合适的套筒、接杆和棘轮扳手，拧松蓄电池负极电缆固定螺栓并断开蓄电池负极电缆。如图 2-2-16 所示，以同样方法拆卸蓄电池正极电缆。

(2) 如图 2-2-17 所示，选用合适的工具，拆卸蓄电池导板和螺栓。

(3) 取出蓄电池, 并摆放到零件台上。

图 2-2-16 拆卸蓄电池电缆

图 2-2-17 拆卸蓄电池导板

拆卸蓄电池正负极电缆接头时, 必须先拆负极接线柱。取下蓄电池时, 要防止跌落, 严禁在地上拖拽、翻转。

2) 蓄电池检测

(1) 用干净的抹布清除极柱上的脏污。

(2) 将检测仪的红色接线钳连接到蓄电池的正极极柱上, 将黑色接线钳连接到蓄电池的负极极柱上。

(3) 如图 2-2-18 所示, 进入检测仪的检测系统, 选用铅酸蓄电池, 根据蓄电池上的铭牌选择标准的 EN, 正确输入蓄电池型号。

(4) 等待测试结果, 打印蓄电池检测报告。

(5) 查看检测报告, 并根据监测报告, 对蓄电池进行必要的维护。

(6) 检测完成, 仪器复位。

图 2-2-18 蓄电池性能检查

5. 安装蓄电池

(1) 检查蓄电池底座有无裂纹和破损, 如有应更换。

(2) 检查蓄电池支撑座有无腐蚀或变形, 如有应清洁或修复。

(3) 检查蓄电池型号是否正确。

(4) 将新的蓄电池安装到蓄电池支架上。

(5) 正确安装蓄电池导板。如图 2-2-19 所示, 选用合适的工具, 旋紧固定螺栓并紧固, 其标准力矩应为 20N·m。

(6) 安装蓄电池正极电缆。选用合适的工具, 旋紧固定螺栓并紧固, 其标准力矩应为 6N·m。

(7) 安装蓄电池负极电缆。选用合适的工具, 旋紧固定螺栓并紧固, 其标准力矩应为 6N·m。

图 2-2-19 安装蓄电池

安装蓄电池时应注意, 蓄电池重新连接后, 应对时钟和音响进行重现设定, 若遇到特殊车辆, 则需要针对个别辅助系统进行定制学习。

6. 复检

将点火开关旋至"START"档,检查仪表及各用电设备运行情况,以及发动机是否能正常起动。

引导问题 ❹ 任务评价

本任务的任务评分表见表2-2-2。

任务评分表 表2-2-2

项目编号:_____

姓名:_____ 学号:_____

作业开始时间:___时___分 作业结束时间:___时___分 作业用时:_____

序号	项目	评分项目	评价标准	分值	学生自评	学生互评	教师评价
1	时间要求	按规定时间完成项目作业	酌情扣0~5分	5			
2	质量要求	选用工具恰当	酌情扣0~5分	5			
3		能正确认识电源系统蓄电池	不能完成无分	10			
4		能正确认识、分析电源系统主供电电路原理	不能完成无分	10			
5		能正确认识、检测各电源电路熔断丝、继电器	不能完成无分	20			
6		能正确认识、检测和更换蓄电池	不能完成无分	10			
7		能正确认识整车无电源供应的故障现象,进行故障分析,并能查找故障点	不能排除无分	20			
8		及时清理工具和工作现场	酌情扣0~5分	5			
9	安全要求	遵守安全操作规程	酌情扣0~5分	5			
10	文明要求	按文明生产规则进行操作	酌情扣0~5分	5			
11	环保要求	更换旧件放入规定回收桶	酌情扣0~5分	5			
		本任务得分		100			
						日期:	

注:发生重大事故(人身和设备安全事故)、严重违反维修原则和有情节严重的野蛮操作等,采取一票否决制。

三 学习测试

1. 填空题

(1)汽车上常用的蓄电池主要有3种:_____、_____ 和 _____。

(2)蓄电池是汽车上的2个电源之一,它是一种_____电源,其功能主要有3种:_____、_____ 和 _____。

2. 判断题

(1)蓄电池是一种将电能以化学能的形式储存,并可将化学能转化为电能的装置。

(   )

(2)检测蓄电池前,应确保所有的用电设备已关闭。　　　　　　　(　)

(3)检查蓄电池起动电压时,表笔要接触蓄电池的电缆线上方。　(　)

3. 选择题

(1)蓄电池若有腐蚀物,应用(　　)清洁,直到裸露出金属。

　　A. 抹布　　　　　B. 塑料刷子　　　C. 铁丝刷子　　　D. 铜丝刷子

(2)测量蓄电池起动电压时,起动时间不超过(　　)s,再次起动测试时,要间隔15s以上。

　　A. 5　　　　　　B. 10　　　　　　C. 15　　　　　　D. 20

(3)检查起动电压时,蓄电池电压应为(　　)。

　　A. 8～9V　　　　B. 10～12V　　　C. 13～14V　　　D. 14～15V

4. 简答题

(1)整车无电源供应的故障原因有哪些?

(2)简述应怎样进行电源系统的蓄电池检测。

项目三

起动系统工作异常故障诊断与排除

为了使静止的发动机进入工作状态,必须先用外力转动发动机的曲轴,使汽缸吸入可燃混合气,并将其压缩、点燃,混合气燃烧、膨胀产生强大的动力,推动活塞向下运动并带动曲轴旋转,使发动机自动进入工作循环。发动机的曲轴在外力作用下开始转动,到发动机自动的怠速运转的全过程,称为发动机的起动。通过对项目的学习,你能够明白起动机结构、工作原理,能够按正确步骤对起动系统电路进行检测与故障排除。本项目包含以下任务:

任务,起动机不工作的故障诊断与排除。

1. 时间要求:建议 16 学时。
2. 能力要求:在规定时间内完成起动机不工作的故障诊断与排除。
3. 质量要求:参照厂家的生产规范及质量要求。
4. 7S 作业:自觉按照企业 7S 生产规则进行项目作业。
5. 文明要求:自觉按照文明生产规则进行项目作业。
6. 环保要求:努力按照环境保护要求进行项目作业。

任务 起动机不工作的故障诊断与排除

任务导入

王先生反映他的福田欧曼载货汽车在高速公路服务区停靠后无法起动。在起动发动机时,拧动车钥匙,起动声音不明显,有时起动声音断断续续,有时甚至听不到起动声音。在起动机不转动时,其电磁开关有吸动的"嗒、嗒"声。你作为服务站的维修人员,负责检查判断该车起动系统故障,并要对相关部件检查,根据维修手册相关要求,在规定时间(参照维修资料)内完成起动系统的位查与零部件的更换,完成后,交付班组长验收。

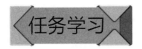

一 学习目标

通过本任务的学习,应当能:

1. 准确说出起动机的功用、组成、工作原理;
2. 通过查阅维修手册,掌握起动系统的检查项目及方法,并能够就车正确指认起动系统组件;
3. 在教师的指导下,查阅维修手册制订起动系统的检查方案;
4. 通过学生对方案的制作及交流展示,培养学生的团队合作和语言表达能力;
5. 借助相关的工具设备完成起动系统电路检测、起动机总成检测;
6. 根据任务的实施情况进行自我评价与总结,培养分析问题、解决问题及归纳总结的能力。

二 学习内容

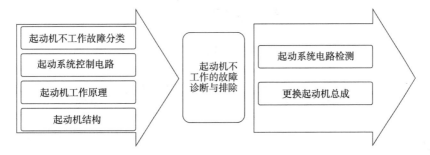

一 任务准备

引导问题 1 起动机的结构及工作原理是怎样的?

一、起动系统的组成

起动系统由蓄电池、起动机和起动控制电路等组成,如图3-0-1所示。起动控制电路包括起动按钮或开关、起动继电器等。

二、起动机的结构及工作原理

起动机一般由串励直流电动机、传动机构和控制机构三大部分组成,其结构如图3-0-2所示。

图 3-0-1 起动系统

图 3-0-2 起动机的结构
1-控制装置;2-传动机构;3-串励直流电动机

1. 串励直流电动机

串励直流电动机的结构如图 3-0-3 所示。

起动机工作原理

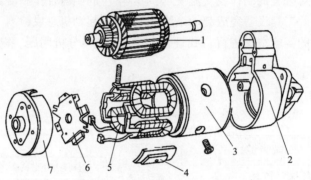

图 3-0-3 串励直流电动机结构
1-电枢;2-后端盖;3-外壳;4-铁芯;5-励磁绕组;6-电刷架;7-前端盖

1) 电枢

串励直流电动机的转动部分称为电枢,又称转子。转子由外圆带槽的硅钢片叠成的铁芯、电枢绕组线圈、电枢轴和换向器组成,如图 3-0-4 所示。它的作用是产生电磁转矩。

电枢铁芯由硅钢片叠压而成,内以花键固定在电枢轴上。铁芯槽内嵌电枢绕组,为了获得较大的电磁转矩,流经电枢绕组的电流很大(一般汽油发动机为 200～600A,柴油发动机可达 1000A),因此,电枢绕组都用较粗的矩形裸铜线绕制。

换向器的作用是将电流引入电枢绕组并使不同磁极下导线中的电流方向保持不变。如图 3-0-5 所示,换向器由截面呈燕尾形的铜片围合而成。燕尾形铜片称为换向片,换向片与换向片之间以及换向片与轴承之间用云母绝缘。

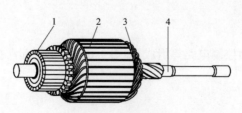

图 3-0-4 电枢结构
1-换向器;2-铁芯;3-电枢绕组;4-电枢轴

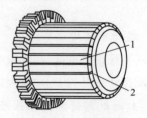

图 3-0-5 换向器
1-铜片;2-云母片

2）磁极

磁极的作用是建立电动机的磁场，由定子绕组、接线柱等部分组成（图3-0-6）。外壳内壁装有4个磁极，在其上面装有磁场线圈，相对的是同极，相邻的是异极。磁场线圈用扁而粗的铜线（或小铜线并联的方法）绕成。磁场线圈采用串联或并联方式连接，如图3-0-7所示，一端与外壳上的绝缘接柱（即磁场接柱）相连，另一端与正电刷相连。

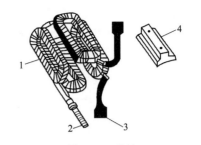

图3-0-6 磁极
1-定子绕组；2-接线柱；3-绝缘电刷；4-定子铁芯

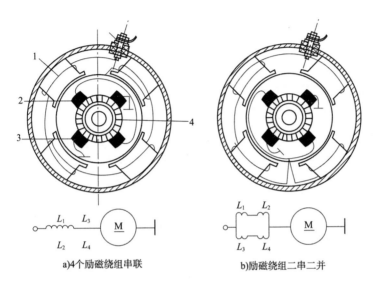

a）4个励磁绕组串联　　b）励磁绕组二串二并

图3-0-7 励磁绕组的连接
1-励磁绕组；2-绝缘电刷；3-搭铁电刷；4-换向器

3）电刷组件

电刷组件由电刷、电刷架和电刷弹簧组成，如图3-0-8所示。电刷用铜粉和碳粉（或石墨）压制而成，一般有4个，相对的电刷为同极。2个负电刷搭铁，2个正电刷接磁场线圈，它们在压簧的作用下与换向器紧密接触。

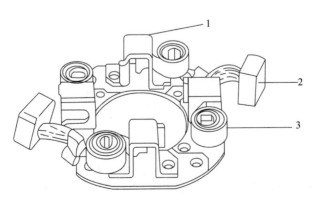

图3-0-8 电刷组件
1-电刷架；2-电刷；3-电刷弹簧

4）直流电动机工作原理

直流电动机的工作原理如图3-0-9所示。该电动机把电刷A、B接到直流电源上，电刷A接通ab端换向器，电刷B接通cd端换向器。

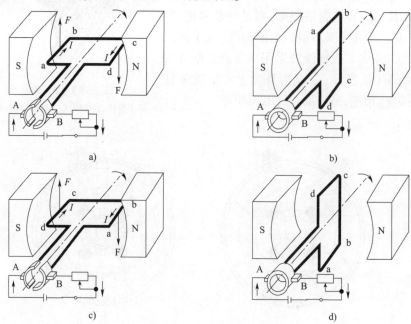

图3-0-9 直流电动机工作原理

此时，电枢线圈中将有电流流过，电流流过的方向为a→b→c→d。通电线圈在磁场中受到磁场力的作用，导体ab受力方向向上，导体cd受力方向向右，电磁力形成顺时针方向的电磁转矩，电机转子顺时针方向旋转。旋转角度超过90°后，电刷A接通cd端换向器，电刷B接通ab端换向器，此时电枢线圈中电流流过的方向为d→c→b→a。导体ab受力方向向下，导体cd受力方向从下向上，电枢线圈在该电磁力形成的电磁转矩作用下继续顺时针方向旋转。

2. 传动机构

超速保护装置式起动机驱动齿轮与电枢轴之间的离合结构，称为单向离合器。常用的单向离合器有滚柱式、弹簧式、摩擦片式等多种形式。摩擦片式单向离合器的结构如图3-0-10所示。

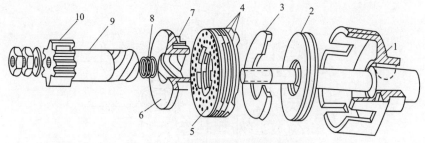

图3-0-10 摩擦片式单向离合器的结构
1-外接合毂；2-弹性圈；3-压环；4-主动摩擦片；5-从动摩擦片；6-内接合毂；7-小弹簧；8-减振弹簧；9-齿轮柄；10-驱动齿轮

摩擦片式单向离合器可以传递较大的转矩，常用于大功率起动机上。接通起动开关起动发动机时，起动机的电磁转矩通过电枢轴传递给花键套筒，由于内接合鼓与花键套筒之间存在转速差,内接合鼓沿花键套筒左移,将从动片与主动片压紧使外接合鼓与内接合鼓连成一体,即驱动齿轮与电枢轴连成一体,起动机的转矩通过驱动齿轮和飞轮传递给发动机的曲轴,使发动机起动。

发动机起动后,飞轮带着驱动齿轮和外接合鼓高速旋转,外接合鼓的转速超过电枢轴和花键套筒的转速,内接合鼓沿花键右移,从动片与主动片分开,使驱动齿轮与电枢轴脱开,防止电机超速。

3. 控制机构

起动机的控制机构也称电磁开关。如图 3-0-11 所示,控制机构的原理是控制起动机主电路的通、断和驱动齿轮的啮合与退回。

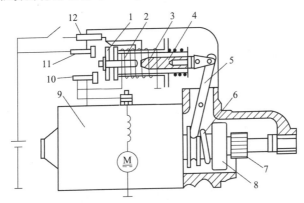

图 3-0-11 控制机构的电路原理

1-接触盘;2-吸引线圈;3-保持线圈;4-活动铁芯;5-拨叉;6-复位弹簧;7-驱动齿轮;8-滚柱式单向离合器;9-串励直流电动机;10、11-主接线柱;12-起动机接线柱

作为操纵元件的活动铁芯由驾驶员用开关通过电磁线圈进行控制。多数起动机的电磁线圈由保持线圈 3 和吸引线圈 2 两部分组成,两线圈的绕向相同,吸引线圈和电动机电枢绕组串联,保持线圈的一端搭铁,另一端与吸引线圈接在同一接线柱 12 上。主接线柱 10、11 和接触盘 1 组成主开关;活动铁芯 4 的后端与拨叉 5 的上端相连,推杆端部的接触盘用以接触起动机的主电路。拨叉通过销钉支撑在起动机上,拨叉下端插入单向离合器的衬套中。

起动发动机时,接通总开关,按下起动按钮,吸引线圈和保持线圈的电路被接通,其电流通路为:蓄电池正极→起动开关→起动机接线柱→吸引线圈→主接线柱→电动机保持线圈→搭铁→蓄电池负极。发动机起动后,在松开起动按钮的瞬间,吸引线圈和保持线圈是串联关系,两线圈所产生的磁通量方向相反,互相抵消,于是活动铁芯在复位弹簧的作用下迅速回位,使驱动齿轮退出啮合。接触盘在其右端小弹簧的作用下脱离接触,主开关断开,从而切断起动机的主电路,起动机停止运转。

> **引导问题 ❷** 你知道欧曼载货汽车起动系统控制电路吗?

当点火开关打到"START"挡时,点火开关 AM2 和 ST2 接通。当车辆处于正常待起动状态时,ECM 正常工作,F25(9) 获得高电位,RR-K4 起动保护继电器线圈通电产生吸力,RR-K4(3~5) 端子接通,蓄电池电流经底盘配电盒 F/L1 熔断丝向中央配电盒 F26 熔断丝通电,输入点火开关 AM2,经 ST2 流向 RR-K4 起动保护继电器,经起动机模块 F68 端子和继电器线圈后搭铁,使起动机继电器线圈通电吸合 30-87 端子,蓄电池电流经电源总开关流入起动机继电器 30 端子经 87 端子进入起动机电磁开关,接触盘接通起动电路,蓄电池电流经电源总开关输入起动机磁极、电枢部分,起动电机运转。

起动系统控制电路 1

起动系统控制电路 2

引导问题 3 你能进行起动机不工作故障分类、分析吗?

根据起动系统控制电路可知,起动机不工作故障分为两类:一类为起动机总成内部故障,也就是起动机损坏;另一类为起动机控制故障,即控制电路未向起动机提供工作所需的电压。要确定起动机不工作故障原因,需根据电路图进行详细的检测。

 任务实施

引导问题 1 完成本任务,需要使用的主要工、量具有哪些?

(1)防护装备:工作服、工作鞋;
(3)万用表;
(2)车辆;
(4)手工工具:组合工具;
(5)辅助材料:干净的抹布、汽车维修手册。

起动机的检查

引导问题 2 检查起动系统的步骤是什么?

(1)检查蓄电池接头有无松动和蓄电池电压,如图 3-0-12 所示。
(2)检查起动继电器,如图 3-0-13 所示。

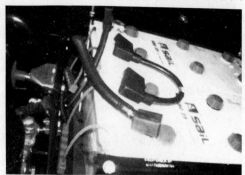
图 3-0-12 检查蓄电池

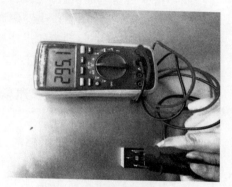
图 3-0-13 检查起动继电器

（3）检查点火开关，如图3-0-14所示。
（4）检查起动控制电路相关线束，如图3-0-15所示。

图3-0-14　检查点火开关

图3-0-15　检查起动控制电路相关线束

引导问题 3　怎样在车上更换起动机总成？

（1）全车断电，拆卸蓄电池负极电缆，如图3-0-16所示。
（2）拆下起动机电磁开关接线电缆，如图3-0-17所示。

图3-0-16　拆卸蓄电池负极电缆

图3-0-17　拆卸起动机电磁开关接线电缆

（3）松开起动机螺栓，取下起动机总成，如图3-0-18所示。
（4）安装新的起动机总成，按规定力矩紧固螺栓，如图3-0-19所示。

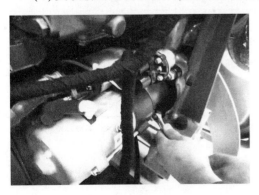

图3-0-18　取下起动机总成

图3-0-19　安装起动机总成

（5）连接线束接头，如图 3-0-20 所示。

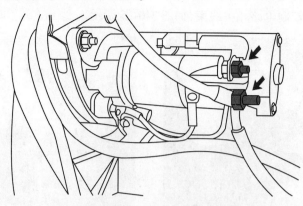

图 3-0-20　连接线束接头

（6）装上蓄电池负极电缆，进行起动试验。如正常启动则任务完成。

引导问题 ④　任务评价

本任务的任务评分表见表 3-0-1。

任务评分表　　　　　　　　　表 3-0-1

项目编号：

姓名：			学号：					
作业开始时间：　时　分			作业结束时间：　时　分			作业用时：		
序号	项目	评分项目	评价标准	分值	学生自评	学生互评	教师评价
1	时间要求	按规定时间完成项目作业	酌情扣 0~5 分	5			
2	质量要求	选用工具恰当	酌情扣 0~5 分	5			
3		能正确找出起动系统部件	操作错误无分	10			
4		能正确识读起动电路	不能写出电路无分	10			
5		能正确检查起动系统	操作错误无分	30			
6		能正确更换起动机	操作错误无分	20			
7		及时清理工具和工作现场	酌情扣 0~5 分	5			
8	安全要求	遵守安全操作规程	酌情扣 0~5 分	5			
9	文明要求	按文明生产规则进行操作	酌情扣 0~5 分	5			
10	环保要求	更换旧件放入规定回收桶	酌情扣 0~5 分	5			
		本任务得分		100			
						日期：	

注：发生重大事故（人身和设备安全事故）、严重违反维修原则和有情节严重的野蛮操作等，采取一票否决制。

三　学习测试

1. 填空题

（1）起动机一般由　　　　　、　　　　　和　　　　　3 部分组成。

(2)直流串励式电动机主要由_____、_____、_____、_____组成,它是将_____能转化为_____能的装置。

(3)起动机传动机构的作用是在起动时,使起动机的_____啮入_____,将_____传给_____;在发动机起动后产生_____作用,以防止电枢飞散,最终使_____和_____分离。

(4)起动机操纵机构的作用是_____或_____起动机与蓄电池之间的主电路,驱动拨叉使_____与_____啮合。

2. 判断题

(1)起动机电缆线长度应尽可能短些。（　　）
(2)直流电动机换向器和电刷的作用是使直流电动机维持定向旋转。（　　）
(3)起动中驱动齿轮与飞轮齿圈的啮合与分离是由拨叉动作完成的。（　　）
(4)起动机工作时,应先接通主电路,然后再使小齿轮与飞轮齿圈啮合。（　　）
(5)在整个起动过程中,电磁控制装置的吸引线圈和保持线圈一直通电。（　　）

3. 选择题

(1)发动机起动后应保证起动机（　　）。
　　A. 先断电后分离　　B. 先分离后断电　　C. 分离和断电同时
(2)造成起动机空转的原因之一是（　　）。
　　A. 蓄电池亏电　　B. 单向离合器打滑　　C. 换向器脏污
(3)直流电动机电枢的转动方向可以用（　　）判断。
　　A. 右手定则　　B. 左手定则　　C. 楞次定律

项目四

照明装置与信号装置故障诊断与排除

为了保证汽车行驶的安全性,减少交通事故和机械事故的发生,汽车上都装有多种照明设备和灯光信号装置。照明系统的主要作用是在夜间行车时帮助驾驶员和乘员获得外界信息;信号系统的主要作用是向外界提供行车信息,以提高行车安全、减少交通事故的发生。

在日常行车过程中,时常会遇到前照灯不亮、转向灯不能闪烁或者喇叭不响等故障。本项目主要通过照明与信号系统相关知识的学习,了解照明与信号系统的功用、基本组成及工作原理,掌握照明与信号系统的检修方法及工艺流程。本项目包含以下4个任务:

任务一,前照灯工作异常的故障诊断与排除;
任务二,前雾灯不亮的故障诊断与排除;
任务三,转向灯不亮的故障诊断与排除;
任务四,喇叭工作异常的故障诊断与排除。

通过以上4个任务的学习,你能够了解照明与信号系统的功用、基本组成及工作原理,掌握照明与信号系统的检修方法及工艺流程。

1. 时间要求:建议16学时。
2. 能力要求:在规定时间内完成车辆灯具、电喇叭的拆装与更换任务。
3. 质量要求:参照厂家的生产规范及质量要求。
4. 7S作业:自觉按照企业7S生产规则进行项目作业。
5. 文明要求:自觉按照文明生产规则进行项目作业。
6. 环保要求:努力按照环境保护要求进行项目作业。

任务一　前照灯工作异常的故障诊断与排除

驾驶员夜间在高速公路上驾驶一辆福田戴姆勒 EST 载货汽车行驶时,发现近光灯不亮,需要进行维修。经检查,发现灯泡损坏,需要更换,你知道如何规范地更换前照灯吗?

一　学习目标

通过本任务的学习,应当能:
1. 就车正确指认汽车前照灯位置;
2. 规范地拆装前照灯灯光开关以及灯泡;
3. 在教师的指导下,查阅维修手册,制订前照灯电路故障的检查方案;
4. 通过学生对方案的制作及交流展示,培养学生的团队合作和语言表达能力;
5. 根据任务的实施情况进行自我评价与总结,培养分析问题、解决问题及归纳总结的能力。

二　学习内容

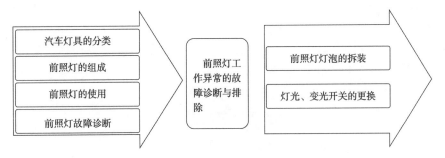

一、任务准备

引导问题 ① 你知道商用车上有哪些灯具吗？能不能区分出哪些是用于照明的，哪些是用于发出信号的？

根据功能不同，商用车上的灯具可以分为照明灯具和信号灯具两大类。照明灯具主要用于夜间或不良路况的照明，信号灯具主要用于向道路上的其他车辆和行人发出信号，以起到提醒、警示的作用。

1. 照明系统的功用

汽车照明系统的主要作用是在夜间行车时帮助驾驶员和乘员获得外界信息，改善车内照明条件，同时向外界提供行车信息，以保证行车安全，如图4-1-1所示。

图4-1-1 照明系统的功用

2. 照明系统的分类和组成

汽车照明系统可分为外部照明装置和内部照明装置两部分，主要包括行车照明、车厢照明、仪表照明以及检修照明装置等，其中主要的照明部件有：前照灯、雾灯、牌照灯、仪表灯、昼行灯、顶灯以及工作灯（图4-1-2）等。

图4-1-2 照明系统的组成
1-前照灯；2-雾灯；3-牌照灯

灯光的识别

前照灯安装在汽车头部两侧，用来照明车辆前方道路，发出的光一般为黄色或白色。雾灯安装位置比前照灯略低，射出的光线倾斜度较大，发出的光为黄色或橙色。

牌照灯用于夜间行车时的牌照照明,安装在牌照的上方或侧面,发出的光为白色。

3. 信号系统的功用

信号系统的主要作用是向外界提供行车信息,以提升行车安全性,减少交通事故的发生(图4-1-3)。

图4-1-3　信号系统的组成
1-转向灯;2-制动灯;3-喇叭

(1)转向灯位于车辆的四角及侧向,当车辆转弯或变换车道时,转向灯闪烁示意车辆的行驶方向。

(2)制动灯就是我们平时所说的刹车灯,装在汽车后面,一般为红色。

(3)汽车行驶过程中按下喇叭能起到警告行人和车辆的作用。

4. 信号系统的组成

汽车信号系统的主要设备有转向灯、制动灯、危险报警闪光灯、指示灯及喇叭等,如图4-1-4所示。

图4-1-4　信号系统的组成
1-转向灯;2-示廓灯;3-制动灯

5. 灯光操作杆

灯光操作杆如图4-1-5所示,通常在转向盘左侧下方,其长度与转向盘半径相当,便于在手握转向盘时进行操作,可控制远近光切换,左、右转向灯和灯光开启和前后雾灯的开启与关闭。在操作杆上,有两个转动开关,靠外侧的是灯光开启开关,有3个挡,分别为关(示廓灯)、示廓灯、前照灯(远、近光灯);内侧的转动开关可控制前后雾灯的开启和关闭。远、近光灯切换为 2 个挡位,通常放在近光位置,以转向盘为参照,打开前照灯开关后向下推动,为开启远光灯;向上提动开启近光灯。

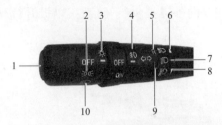

图 4-1-5　灯光操作杆

1-喇叭;2-示廓灯;3-开关旋钮;4-前雾灯;5-右转向灯;6-超车灯;7-近光灯;8-远光灯;9-左转向灯;10-前照灯

引导问题 ❷　你知道前照灯的组成吗?

前照灯位于汽车头部的两侧,主要用于夜间、隧道内行车道路的照明,是照明汽车前方道路的主要工具,也是信号提示工具。前照灯主要由反射镜、配光镜及灯泡组成,如图 4-1-6 所示。

灯光组合开关的更换及检查

图 4-1-6　前照灯的功用

前照灯主要由反射镜、配光镜、灯泡等组成,如图 4-1-7 所示。

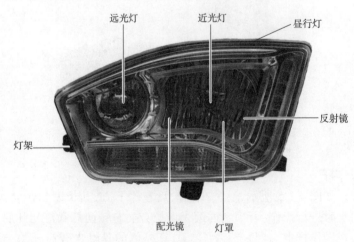

图 4-1-7　前照灯的组成

1) 反射镜

反射镜又称反光镜，其作用是最大限度地将灯泡发出的光线聚合成强光束，以增强照射距离。它一般呈抛物面状，内表面镀铬、铝或银，然后抛光，目前多采用真空镀铝。灯丝位于反射镜的焦点处，其大部分光线经反射后，成为平行光束射向远方，照射距离可达 150~400m，如图 4-1-8 所示。

2) 配光镜

配光镜又称散光玻璃，装于反射镜之前，可将反射光束扩散分配，使路段的照明更加均匀。配光镜是由透明玻璃压制而成的棱镜和透镜的组合体，如图 4-1-9 所示。

 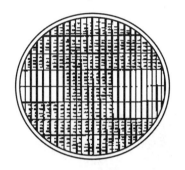

图 4-1-8　反射镜　　　　　图 4-1-9　配光镜

3) 灯泡

汽车前照灯的灯泡主要有 4 种，即白炽灯泡（已基本淘汰）、卤钨灯泡、高压放电氙灯和 LED 灯。

(1) 白炽灯泡。白炽灯泡的灯丝用钨丝制成（钨的熔点高、发光强）。玻璃泡内充以约 86% 的氩和约 14% 的氮的混合惰性气体。为了缩小灯丝的尺寸，常把灯丝制成紧密的螺旋状，这对聚合平行光束是有利的，如图 4-1-10 所示。由于白炽灯的发光效率低，已经逐步被其他光源取代。

(2) 卤钨灯泡。所谓卤钨灯泡，就是在灯泡的充气中掺入某卤族元素，如氟、氯、溴、碘等，它是利用卤钨再生循环反应的原理制成的。卤钨灯泡充入惰性气体的压力较高，在相同功率下，卤钨灯的亮度为白炽灯的 1.5 倍，寿命长 2~3 倍，如图 4-1-11 所示。

图 4-1-10　白炽灯泡　　　　　图 4-1-11　卤钨灯泡

(3) 高压放电氙灯。高压放电氙灯的组件系统由弧光灯组件、电子控制器、升压器 3 部分组成。其灯泡发出的光色和日光灯非常相似，亮度是卤钨灯泡的 3 倍左右，使用寿命是卤钨灯泡的 5 倍。灯泡里没有灯丝,取而代之的是装在石英管内的 2 个电极,管内充有氮气及微量金属元素(或金属卤化物)。在电极加上数万伏的引弧电压后,气体开始电离而导电,气体原子即处于激发状态,使电子发生能级跃迁而开始发光,电极间蒸发少量水银蒸气,光源立即引起水银蒸气弧光放电,待温度上升后再转入卤化物弧光灯工作。高压放电氙灯如图 4-1-12 所示。

(4)LED 灯。LED 是英文 Light Emitting Diode(发光二极管)的缩写,是一种能够将电能转化为可见光的固态的半导体器件,它可以直接把电转化为光。LED 灯是继白炽灯、卤钨灯、高压放电氙灯之后的第四代光源,具有结构简单、无延迟、节能效果显著、质量轻、安全性能好、抗震、无污染、免维护和寿命长等特征。LED 灯如图 4-1-13 所示。

图 4-1-12　高压放电氙灯　　　　图 4-1-13　LED 灯

引导问题 ❸　你知道前照灯有哪些防炫目措施吗?

前照灯防炫目主要是防止会车时,有强烈的光线照射驾驶员,影响驾驶员的注意力。为了减少对驾驶员夜间行车带来的不利影响,一般可以采取下列几种措施:

(1)采用双丝灯泡。如图 4-1-14 所示,前照灯一般采取双丝灯泡,一个灯丝为远光灯丝,位于反射镜的焦点位置,射出的光线较亮,而且射程较远;另一个灯丝为近光灯丝,位于反射镜的焦点上方或前方,射出的光线较弱,而且射程较近。夜间行驶时,如无迎面来车,可通过灯光开关使远光灯丝点亮,将光束平行射向远方,照亮较远的路面;当两车相会时,通过灯光开关使近光灯丝点亮,光束向下倾斜,照亮较近的路面,从而减轻迎面来车灯光的炫目效果。

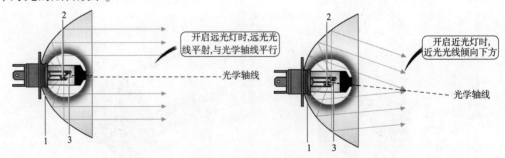

图 4-1-14　采用双丝灯泡
1-反射镜;2-远光灯丝;3-近光灯丝

(2)利用法规强制约束。《中华人民共和国道路交通安全法》规定:夜间会车必须使用近光灯。使用近光灯后的效果如图 4-1-15 所示。

图 4-1-15　夜间会车使用近光灯

（3）加装配光屏。配光屏分为对称式配光和非对称式配光。双丝灯泡就是对称式配光的一种,其近光灯丝在工作时,射到反射镜上的部分光线由反射镜反射后倾斜射向路面,而射到反射镜上的另一部分光线反射后倾向上方,但射向路面的光线占大部分,从而减轻迎面来车灯光的炫目效果。此外,我国以及一些欧洲国家一般采用非对称式配光,远光灯丝位于反射镜焦点位置,近光灯丝则位于焦点前方且稍高于光学轴线,下方装有配光屏。配光屏安装时偏转一定的角度,使近光的光形有一条明显的明暗截止线,这样就不会引起炫目,如图 4-1-16 所示。

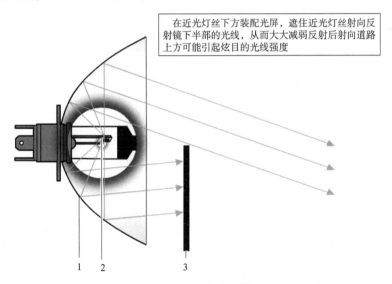

图 4-1-16　加装配光镜
1-反射镜;2-近光灯丝;3-配光屏

引导问题 ④　你会识读欧曼载货汽车前照灯电路吗?

当点火开关在"ON"挡时,打开左侧组合开关近光灯挡位,左侧组合开关的 3 号端子和 11 号端子接通,此时 BCU 的 17 号端子经过左侧组合开关 3 号端子至 11 号端子与搭铁连接,通过 BCU 控制,近光灯继电器 K13 的 86 号端子带电,继电器线圈通电,30 号端子与 87 号端子短接。此时,电流流向为:蓄电池正极→熔断丝(FL/5)→近光灯继电器 K13(30-87)→熔断丝(F42、F43)→左右两侧近光灯→搭铁→蓄电池负极,近光灯亮。

前照灯电路

当点火开关在"ON"挡时,打开左侧组合开关远光灯挡位,左侧组合开关的3号端子、6号端子和11号端子短接,此时BCU的17端子、20端子同时搭铁,通过BCU控制,远光灯继电器K11的86号端子带电,继电器线圈通电,30号端子与87号端子短接。此时,电流流向为:蓄电池正极→熔断丝(FL/5)→远光灯继电器K11(30→87)→熔断丝(F13、F14)→左右两侧远光灯→搭铁→蓄电池负极,远光灯亮。

当超车时,打开左侧组合开关超车挡位,左侧组合开关的9号端子和11号端子短接,此时BCU的14端子搭铁,通过BCU控制,远光灯继电器K11的86号端子瞬间带电,继电器线圈通电,30号端子与87号端子短接。此时,电流流向为:蓄电池正极→熔断丝(FL/5)→远光灯继电器K11(30-87)→熔断丝(F13、F14)→左右两侧远光灯→搭铁→蓄电池负极,远光灯亮。随着开关断开,线路被切断,远光灯继电器K11的86号端子断电,因此远光灯只亮2~3s随即熄灭。

任务实施

1. 质量要求

参照厂家的质量标准要求。

2. 组织方式

每6位同学一组,按照企业岗位操作标准,规范地对车上的前照灯进行检修作业。每组作业时间为45min。

引导问题 1 完成本任务,需要使用的主要工、量具有哪些?

1. 技术要求与标准

(1)严格按照安全操作规程,熟练、快速地检查汽车灯光系统;
(2)在使用万用表的过程中,要根据测量对象选择正确的挡位;
(3)习惯性使用"三件套"、发动机舱防护罩等汽车防护物品,养成良好的职业习惯;
(4)养成"采取安全防护措施维修作业"的习惯;
(5)养成工具、零部件、油液"三不落地"的职业习惯,工具及拆下的零部件等都应整齐地放置在工具车及零件盘中。

2. 设备器材

完成本任务需要使用的工、量具如图4-1-17所示。

3. 场地设施

理实一体化教室、废气排放装置、消防设施等。

4. 设备设施

商用车两辆、工具车、垃圾桶等。

5. 安全防护

车轮挡块、室内"三件套"、车外保护垫等。

6. 耗材

干净抹布。

a)常用工具(一套)

b)万用表

图4-1-17 完成任务所需工、量具

引导问题 ❷ 怎样规范拆卸前照灯?

1. 拆卸准备

(1) 小组共同清洁工位、清点工具,保持场地、设备、工具等干净、整齐、性能良好。

(2) 关闭点火开关并拔下钥匙,将蓄电池负极电缆拆下。

2. 拆卸左前近光灯灯泡

(1) 拆卸封盖,断开左前侧近光灯插接件,如图 4-1-18 所示。

(2) 松开固定钢丝卡扣,取下近光灯灯泡,如图 4-1-19 所示。

图 4-1-18 拆卸封盖

图 4-1-19 近光灯灯泡钢丝卡扣示意

3. 拆卸左前侧远光灯灯泡

(1) 拆卸封盖,断开左前侧远光灯插接件。

(2) 松开固定钢丝卡扣,取下远光灯灯泡,如图 4-1-20 所示。

4. 安装左前侧远光灯灯泡

(1) 安装左前侧远光灯灯泡,扣紧固定钢丝卡扣,如图 4-1-21 所示。

(2) 连接左前侧远光灯插接件,安装封盖,如图 4-1-22 所示。

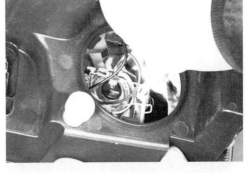

图 4-1-20 远光灯灯泡钢丝卡扣示意

图 4-1-21 安装左前侧远光灯灯泡及扣紧固定钢丝卡扣

图 4-1-22 连接左前侧远光灯插接件及安装封盖

5. 安装左前侧近光灯灯泡

(1) 安装左前侧近光灯灯泡,扣紧固定钢丝卡扣,如图 4-1-23 所示。

(2)连接左前侧近光灯接插件,安装封盖,如图 4-1-24 所示。

图 4-1-23　安装左前侧近光灯灯泡及扣紧固定钢丝卡扣　　图 4-1-24　连接左前侧近光灯接插件及安装封盖

安装右前侧组合灯灯泡的步骤与安装左前侧组合灯灯泡步骤相同。

引导问题 ③ 怎样规范拆装灯光开关?

1. 拆卸准备

小组共同清洁工位、清点工具,保持场地、设备、工具等干净、整齐、性能良好。

2. 拆卸灯光开关

(1)关闭点火开关并拔下钥匙,拆下蓄电池负极电缆。

(2)拆卸转向盘。

(3)拆卸时钟弹簧。

(4)拆卸转向管柱前、后护罩,如图 4-1-25 所示。

(5)断开灯光开关插接件,如图 4-1-26 所示。

(6)拆卸灯光开关固定螺栓及螺钉,如图 4-1-27 所示。

3. 安装灯光开关

(1)安装灯光开关固定螺栓及螺钉,如图 4-1-28 所示。

(2)连接灯光开关插接件,如图 4-1-29 所示。

(3)安装驾驶员右下裙板固定螺钉,如图 4-1-30 所示。

(4)安装时钟弹簧。

(5)安装转向盘。

图 4-1-25　拆卸转向管柱前、后护罩　　　　　　　图 4-1-26　断开灯光开关插接件

图4-1-27 拆卸灯光开关固定螺栓及螺钉

图4-1-28 安装灯光开关固定螺栓及螺钉

图4-1-29 连接灯光开关插接件

图4-1-30 安装驾驶员右下裙板固定螺钉

4. 连接蓄电池负极电缆

以上步骤均完成后，连接蓄电池负极电缆。

引导问题 4 检修前照灯故障时，应重点检查哪些零部件？

1. 检查灯泡

（1）拆卸远光灯灯泡。

（2）检查远光灯灯泡。

检查右远光灯泡，检查灯丝是否破损，若灯丝烧断和灯泡损坏，则更换新灯泡。若无法目测，例如卤素灯，则可采用试灯法进行检查是否良好，若不正常则需更换新灯泡。

特别要注意的是，在检测前要确保关闭所有的用电设备。

2. 检查近光灯继电器、远光灯继电器

（1）进入驾驶室，打开发动机舱盖。

（2）如图4-1-31所示，从继电器盒中拆下近光灯继电器或远光灯继电器。

特别要注意的是，拔出灯光继电器时，要同时检查集成继电器各插座是否有烧灼、损坏现象。

图4-1-31 拆下的灯光继电器

（3）测量继电器电阻。继电器标准电阻见表4-1-1。

继电器标准电阻 表 4-1-1

检测仪连接		条　件	规定状态
85-86		端子 85 和 86 之间未施加 24V 电压	50～120Ω
30-87a		端子 85 和 86 之间未施加 24V 电压	小于 2Ω
30-87		端子 85 和 86 之间未施加 24V 电压	无穷大
30-87a		端子 85 和 86 之间施加 24V 电压	无穷大
30-87		端子 85 和 86 之间施加 24V 电压	小于 2Ω

如果检测结果不符合上述标准,则说明继电器损坏,应该更换继电器。

3. 检查熔断丝

(1)找到有灯光熔断丝的熔断丝盒(图 4-1-32),用缠有保护胶带的一字螺丝刀撬开熔断丝盒。

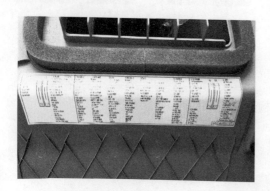 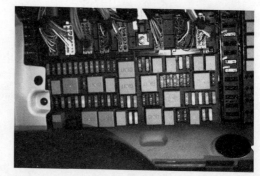

图 4-1-32　熔断丝盒

(2)在熔断丝盒中找到示廓灯熔断丝,左、右近光灯和左、右远光灯熔断丝,使用熔断丝夹将熔断丝取下。

(3)目测熔断丝是否烧断,完整和烧坏的熔断丝分别如图 4-1-33、图 4-1-34 所示。

图 4-1-33　完整的熔断丝　　　　　　　　　　图 4-1-34　烧坏的熔断丝

（4）测量各熔断丝加载槽与车身搭铁之间的电压。

（5）如无法通过目测判断熔断丝是否烧坏，则可选用万用表测熔断丝电阻。若阻值为∞，说明熔断丝已坏，需更换熔断丝，如图 4-1-35 所示。

（6）更换新熔断丝。

①确认熔断丝载流量，按照对应颜色和规格选用熔断丝；

②观察熔断丝外部和端子处是否有烧灼现象；

图 4-1-35　测量熔断丝电阻

③用数字式万用表"Ω"挡检测熔断丝两端子之间的电阻，正常情况下应小于 1Ω。

4. 检查线束和连接器（线路测量）

用手振动或晃动连接远光灯到灯光开关的线路，检查线路连接处是否松动，导线是否从端子中脱开。如果有则需紧固，必要时更换新的配线。

引导问题 5　任务评价

本任务的任务评分表见表 4-1-2

任务评分表　　　　　　　　　　　　　表 4-1-2

项目编号：_____

姓名：_____　　　学号：_____

作业开始时间：___时___分　　作业结束时间：___时___分　　作业用时：_____

序号	项目	评分项目	评价标准	分值	学生自评	学生互评	教师评价
1	时间要求	按规定时间完成项目作业	酌情扣 0~5 分	5			
2	质量要求	选用工具恰当	酌情扣 0~5 分	5			
3		能正确拆装左前近光灯	操作错误无分	10			
4		能正确拆装灯光开关	操作错误无分	10			
5		能正确分析前照灯电路	操作错误无分	10			
6		能正确排查出前照灯电路故障	操作错误无分	15			
7		能正确对电路故障进行维修	操作错误无分	15			
8		及时清理工具和工作现场	酌情扣 0~10 分	10			
9	安全要求	遵守安全操作规程	酌情扣 0~10 分	10			
10	文明要求	按文明生产规则进行操作	酌情扣 0~5 分	5			
11	环保要求	更换旧件放入规定回收桶	酌情扣 0~5 分	5			
		本任务得分		100			
						日期：	

注：发生重大事故（人身和设备安全事故）、严重违反维修原则和有情节严重的野蛮操作等，采取一票否决制。

三 学习测试

1. 填空题

(1)汽车照明系统主要的照明部件有_____、_____、_____、_____、顶灯以及工作灯等。

(2)LED 灯是一种能够将电能转化为可见光的固态的_____器件,它可以直接把电转化为光,LED 具有_____、_____、节能效果显著、质量轻、安全性能好、抗震、无污染、免维护和寿命长等特征。

(3)在拆卸前照灯之前,需要关闭点火开关并拔下钥匙,将蓄电池_____电缆拆下。

(4)如目测无法判断熔断丝是否烧坏,则可选用万用表测熔断丝_____,若阻值为∞,说明_____,需更换熔断丝。

2. 判断题

(1)前照灯由反射镜、配光镜和灯泡三部分组成。 (　　)

(2)前照灯是照明汽车前方道路的主要工具,同时也是信号提示工具。 (　　)

(3)反光镜可将反射光束扩散分配,使路段的照明更加均匀。 (　　)

3. 选择题

(1)下面哪一项不属于前照灯的一部分?(　　)
　　A.反射镜　　　B.配光镜　　　C.灯泡　　　D.熔断丝

(2)下面哪一项不属于外部照明灯?(　　)
　　A.前照灯　　　B.转向灯　　　C.牌照灯　　　D.雾灯

(3)在供电正常的情况下,下列哪一项不属于前照灯不亮的故障原因?(　　)
　　A.熔断丝烧断　　　　　　B.继电器损坏
　　C.起动机损坏　　　　　　D.线束短路或断路

(4)以下不属于前照灯防炫目措施的是(　　)。
　　A.利用法规强制约束　　　B.加装配光屏
　　C.调节前照灯角度　　　　D.采用双丝灯泡

4. 简答题

(1)试着说出汽车上的几种照明灯具。

(2)试着说出汽车上的几种信号灯具。

(3)汽车前照灯由哪三部分组成?

任务二　前雾灯不亮的故障诊断与排除

任务导入

一辆福田戴姆勒 EST 载货汽车,驾驶员在雾天行车时打开雾灯开关,发现雾灯不亮,需要进行维修。你知道如何对汽车雾灯进行检测维修吗?

任务学习

一　学习目标

通过本任务的学习,应当能:
1. 就车正确指认汽车前、后雾灯位置;
2. 借助相关工具、设备完成对前、后雾灯的拆装更换;
3. 在教师的指导下,查阅维修手册,制订雾灯电路故障的检查方案;
4. 通过学生对方案的制作及交流展示,培养学生的团队合作和语言表达能力;
5. 根据任务的实施情况进行自我评价与总结,培养分析问题、解决问题及归纳总结的能力。

二　学习内容

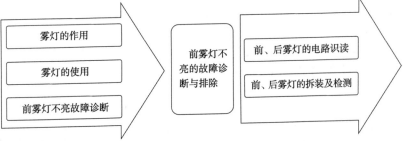

资讯储备

一　任务准备

引导问题 ❶　你知道汽车雾灯的作用吗?

汽车雾灯安装于汽车的前部和后部,用于在雨雾天气行车时照明道路与进行安全警示。前雾灯装于汽车前部比前照灯稍低的位置,用于雨雾天气行车时道路照明。因为雾天能见度低,驾驶员视线受到限制,黄光穿透力强,可提高驾驶员与周围交通参与者的能见度,因此前雾灯一般为黄色。后雾灯装在汽车尾部,主要为了在能见度较低的环境中,使车辆后方其他道路交通参与者易于发现,后雾灯为红色。

引导问题 2 你知道如何打开、关闭雾灯吗?

　　欧曼载货汽车的前雾灯开关位于转向盘左侧转向灯控制杆上,后雾灯开关位于仪表盘右侧,是一个翘板开关,如图4-2-1所示。

图 4-2-1　雾灯开关

　　前雾灯只有在打开示廓灯后方能开启,左手边靠近右端的按钮为前雾灯开启信号,开启后前雾灯点亮。后雾灯只有在近光灯、远光灯或前雾灯打开时才能开启,按下控制台上的后雾灯开关,后雾灯点亮。

　　雾灯打开时,车辆仪表盘上点亮雾灯指示灯。如图4-2-2所示,前雾灯标志的灯光线条是向下的,后雾灯的是平行的。

a)前雾灯　　　　　　　b)后雾灯

图 4-2-2　前、后雾灯

引导问题 3 你会识读雾灯电路吗?

1. 前雾灯电路识读

　　在打开车辆示廓灯的前提下打开前雾灯开关,汽车前雾灯点亮。前雾灯电路分析从控制电路和供电电路两个方面进行。

　　前雾灯控制电路:由 BCU 和左侧组合开关共同控制 K18 前雾灯继电器线圈。当左侧组合开关打到"前雾灯"挡位时,左侧组合开关的 4 号端子和 7 号端子接通,同时,由于电路中 BCU 的 8 号端子、左侧组合开关的 4 号端子和 K18 前雾灯继电器的 85 号端子(中央配电盒 8 号端子)接

前、后雾灯系统电路图

通,将控制信号传输至 K18 前雾灯继电器,继电器线圈通电,触点闭合,接通前雾灯电路。

前雾灯供电电路:电源总开关通过底盘配电盒中的 F/L5 与中央配电盒 1 号端子接通,在中央配电盒内部,通过 F33 接通 K18 前雾灯继电器的 30 号端子,当左侧组合开关打到前雾灯挡位时,K18 前雾灯继电器的 30 号端子和 87 号端子接通,并通过中央配电盒的 7 号端子与左、右前雾灯接通,两个前雾灯并联并通过 B82 搭铁,回到电源负极,形成回路,前雾灯亮。

2. 后雾灯电路识读

打开车辆的后雾灯开关时,汽车前雾灯、后雾灯同时点亮。后雾灯电路分析从控制电路和供电电路两个方面进行。

后雾灯控制电路:由 BCU 和左侧组合开关共同控制 K19 后雾灯继电器线圈。当左侧组合开关打到"后雾灯"挡位时,左侧组合开关的 4 号端子和 7 号端子、1 号端子和 7 号端子同时接通;同时,由于电路中 BCU 的 10 号端子和中央配电盒的 2 号端子接通,将控制信号经 BCU 的 10 号端子传输至 K19 后雾灯继电器,继电器线圈通电,触点闭合,接通后雾灯电路。根据前面对于前雾灯电路分析可知,由于此时左侧组合开关的 4 号端子和 7 号端子也是接通状态,所以前雾灯电路也被接通。

后雾灯供电电路:电源总开关通过底盘配电盒中的 F/L5 与中央配电盒 1 号端子接通,在中央配电盒内部,通过 F34 接通 K19 后雾灯继电器的 30 号端子,当左侧组合开关打到后雾灯挡位时,K19 后雾灯继电器的 30 号端子和 87 号端子接通,并通过中央配电盒的 5 号端子与左、右前雾灯接通,两个前雾灯并联并通过 B82 搭铁,回到电源负极,形成回路,后雾灯亮。根据前面对于前雾灯电路分析可知,由于此时左侧组合开关的 4 号端子和 7 号端子也是接通状态,所以前雾灯电路也被接通,因此,此时前、后雾灯均被点亮。

引导问题 ④ 你知道雾灯常见故障现象及可能的原因吗?

雾灯常见故障现象及可能的原因见表 4-2-1。

表 4-2-1 雾灯常见故障现象及可能的原因

故障现象	可能原因
雾灯不亮	(1)灯泡损坏; (2)熔断丝损坏; (3)组合开关损坏; (4)线束断路或短路; (5)车身控制器故障
一侧雾灯不亮	(1)灯泡损坏; (2)线束断路或短路
雾灯常亮	(1)前、后雾灯开关损坏; (2)车身控制器故障; (3)线束对电源短路
灯泡暗亮	(1)灯泡老化; (2)线束接触不良

二、任务实施

1. 质量要求
参照厂家的质量标准要求。

2. 组织方式
每 6 位同学一组,按照企业岗位操作标准,规范地对车上的前、后雾灯进行检修作业。每组作业时间为 45min。

引导问题 1 完成本任务,需要使用的主要工、量具有哪些?

1. 技术要求与标准
(1) 严格按照安全操作规程,熟练、快速地检查汽车前、后雾灯;
(2) 在使用万用表的过程中,要根据测量对象选择正确的挡位;
(3) 习惯性使用"三件套"、发动机舱防护罩等汽车防护物品,养成良好的职业习惯;
(4) 养成"采取安全防护措施维修作业"的习惯;
(5) 养成工具、零部件、油液"三不落地"的职业习惯,工具及拆下的零部件等都应整齐地放置在工具车及零件盘中。

2. 设备器材
完成本任务所需的工、量具如图 4-2-3 所示。

a) 常用工具(一套)

b) 万用表

图 4-2-3 任务所需工、量具

3. 场地设施
理实一体化教室、废气排放装置、消防设施等。

4. 设备设施
商用车两辆、工具车、垃圾桶等。

5. 安全防护
车轮挡块、室内"三件套"、车外保护垫等。

6. 耗材
干净抹布。

引导问题 2 怎样规范拆卸前、后雾灯?

(1) 断开蓄电池负极电缆。
(2) 拆卸前雾/转弯组合灯。
① 断开左前雾灯总成接插件。
② 拆卸左前雾灯总成固定螺栓。
拆卸右前雾灯总成步骤与安装左前雾灯总成步骤相同。
(3) 安装前雾/转弯组合灯。
① 安装左前雾/转弯组合灯总成插接件。
② 安装左前雾/转弯组合灯总成固定螺栓,如图 4-2-4 所示。
安装右前雾/转弯组合灯总成步骤与安装左前雾灯总成步骤相同。
(4) 连接蓄电池负极电缆。

引导问题 3　如何检测雾灯电路?

在检测雾灯电路前,要确保关闭所有的用电设备。检测方法与前照灯电路检测方法相似。

1. 检查灯泡

检查灯泡灯丝是否破损,若灯丝烧断和灯泡损坏,则更换新灯泡。若无法目测,比如卤素灯,则可采用试灯法进行检查是否良好,若不正常则需更换新灯泡。

2. 检查前、后雾灯继电器

拔出前、后雾灯继电器时,要同时检查集成继电器各插座是否有烧灼、损坏现象。

(1) 如图 4-2-5 所示,从继电器盒中拆下前雾灯继电器或后雾灯继电器。拔出灯光继电器时,要同时检查集成继电器各插座是否有烧灼、损坏现象。

图 4-2-4　安装左前雾/转弯组合灯总成固定螺栓

图 4-2-5　拆下雾灯继电器

(2) 根据表 4-1-1 中的值测量继电器电阻。如果检测结果不符合标准,则说明继电器损坏,应该更换新继电器。

3. 检查熔断丝

(1) 找到有灯光熔断丝的熔断丝盒,用缠有保护胶带的一字螺丝刀撬开熔断丝盒。

(2) 在熔断丝盒中找到前雾灯熔断丝和后雾灯熔断丝,使用熔断丝夹将熔断丝取下。

(3) 目测熔断丝是否烧断。

(4) 测量各熔断丝加载槽与车身搭铁之间的电压。

(5) 如无法通过目测判断熔断丝是否烧坏,则可选用万用表测量熔断丝电阻。若阻值为∞,说明熔断丝已坏,需更换熔断丝。

(6) 更换新熔断丝。

①确认熔断丝载流量,按照对应颜色和规格选用熔断丝。

②观察熔断丝外部和端子处是否有烧灼现象。

③用数字式万用表"Ω"挡检测熔断丝两端子之间的电阻,正常情况下应小于1Ω。

4. 检查线束和连接器(线路测量)

用手振动或晃动连接前雾灯到灯光开关的线路,检查线路连接处是否松动,导线是否从端子中脱开。如果有则需紧固,必要时更换新的配线。

引导问题 4　任务评价

本任务的任务评分表见表 4-2-2

任 务 评 分 表　　　　　　　　表 4-2-2

项目编号：

姓名：_____　　　　学号：_____

作业开始时间：___时___分　　作业结束时间：___时___分　　作业用时：_____

序号	项目	评分项目	评价标准	分值	学生自评	学生互评	教师评价
1	时间要求	按规定时间完成项目作业	酌情扣 0~5 分	5			
2		选用工具恰当	酌情扣 0~5 分	5			
3		能正确开关前、后雾灯	操作错误无分	10			
4		能正确拆装前、后雾灯	操作错误无分	10			
5	质量要求	能正确分析雾灯电路	操作错误无分	10			
6		能正确排查出雾灯电路故障	操作错误无分	15			
7		能正确对电路故障进行维修	操作错误无分	15			
8		及时清理工具和工作现场	酌情扣 0~10 分	10			
9	安全要求	遵守安全操作规程	酌情扣 0~10 分	10			
10	文明要求	按文明生产规则进行操作	酌情扣 0~5 分	5			
11	环保要求	更换旧件放入规定回收桶	酌情扣 0~5 分	5			
		本任务得分		100			
						日期：	

注：发生重大事故（人身和设备安全事故）、严重违反维修原则和有情节严重的野蛮操作等，采取一票否决制。

三 学习测试

1. 填空题

（1）前雾灯的颜色一般为_____色，后雾灯的颜色一般为_____色。

（2）欧曼载货汽车的前雾灯开关位于_____上，后雾灯开关位于_____右侧。

2. 判断题

（1）前雾灯安装在汽车前照灯的下方。　　　　　　　　　　　　　　　（　　）

（2）前、后雾灯均属于照明用的灯具。　　　　　　　　　　　　　　　（　　）

（3）可以用前雾灯来代替前照灯。　　　　　　　　　　　　　　　　　（　　）

（4）打开后雾灯开关，后雾灯点亮。　　　　　　　　　　　　　　　　（　　）

3. 简答题

（1）查找灯系故障时，一般可对哪些部件进行检查？

（2）结合实验及电路图，分析前雾灯不亮的原因。

任务三 转向灯不亮的故障诊断与排除

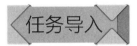

一辆福田戴姆勒 EST 载货汽车,驾驶员发现左转弯时,左侧转向灯不工作,需要进行维修。你知道如何进行检测维修吗?

一 学习目标

通过本任务的学习,应当能:
1. 就车正确指认汽车转向灯的位置;
2. 借助相关工具、设备完成对各个转向灯的拆装更换;
3. 在教师的指导下,查阅维修手册,制订转向灯电路故障的检查方案;
4. 通过学生对方案的制作及交流展示,培养学生的团队合作和语言表达能力;
5. 根据任务的实施情况进行自我评价与总结,培养分析问题、解决问题及归纳总结的能力。

二 学习内容

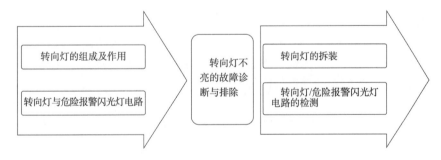

资讯储备

一、任务准备

引导问题 1 你知道汽车转向信号灯的组成与功能吗?

1.转向信号灯系统的组成

欧曼载货汽车转向信号系统主要由转向信号灯、指示灯、转向灯开关、危险报警闪光灯开关和闪光器组成。

1)转向信号灯

汽车转向信号灯一般由左(前、后、侧)转向灯、右(前、后、侧)转向灯组成,如图 4-3-1 所示,主要作用是为了引起交警、行人及其他驾驶员的注意,从而提高车辆的行驶安全性。

图 4-3-1 转向灯的组成

转向信号灯功率约为 21W,光色为黄色,要求前后白天 100m 可见、侧面 30m 可见,俗称转向灯。当汽车转向时,通过闪光器使左边和右边的前后转向信号灯闪烁发光,提醒前后车辆行人自己行驶的方向。在紧急遇险状态需其他车辆注意避让时,全部转向灯通过危险报警闪光灯开关接通同时闪烁。

2)指示灯

仪表盘上的指示灯,用来提示驾驶员危险警告闪光灯或左、右转向灯开关的工作状态。

3)灯光开关

灯光开关的作用是根据车辆行驶条件的需要,由驾驶员通过灯光开关来控制转向灯或危险报警闪光灯的工作情况。灯光开关主要有转向灯灯光开关和危险报警闪光灯灯光开关。

引导问题 2 你会识读福田戴姆勒 EST 载货汽车转向灯电路吗?

经底盘配电盒内的 F/L2 熔断丝、中央供电盒内的 F40 熔断丝向 BCU 的 16 号端子供电。BCU 通过接收灯光开关的指令,来给不同的端子供电,以达到控制车辆左、右转向灯闪烁的目的。

汽车转向灯/危险报警
闪光灯电路 1

汽车转向灯/危险报警
闪光灯电路 2

当转向灯开关拨至右转向/右变道位置时,左侧组合开关的 11 号端子和 14 号端子接通,BCU 的 5 号端子经左侧组合开关的 14 号、11 号端子搭铁,线路接通,BCU 获得右转向/右变道信号,BCU 的 16 号端子、19 号端子获得间歇电压信号,并经过右前、侧、后转向灯、挂车转向灯搭铁,形成闭合回路,灯泡通电并闪烁。

当转向灯开关拨至左转向/左变道位置时,左侧组合开关的 8 号端子和 11 号端子接通,BCU 的 17 号端子经左侧组合开关的 8 号、11 号端子搭铁,线路接通,BCU 获得左转向/左变道信号,BCU 的 4 号端子、7 号端子、9 号端子获得间歇电压信号,并经过左前、侧、后转向灯、挂车转向灯搭铁,形成闭合回路,灯泡通电并闪烁。

> **引导问题 3** 你会识读福田戴姆勒 EST 载货汽车的危险报警闪光灯电路吗?

蓄电池经底盘配电盒内的 F/L2 熔断丝、中央供电盒内的 F40 熔断丝向危险报警闪光灯开关的 1 号端子供电。按下危险报警闪光灯开关时,其 1 号端子和 2 号端子短接,3 号端子和 7 号端子短接,BCU 的 12 号端子接收到电压信号,BCU 获得危险报警闪光灯点亮的信号,此时,BCU 的 4 号端子、7 号端子、9 号端子、13 号端子、16 号端子、19 号端子获得间歇电压信号,车辆的各个转向灯及危险报警闪光灯指示灯获得电压信号,搭铁后形成闭合回路,所有转向灯均通电并闪烁。

二 任务实施

1. 质量要求
参照厂家的质量标准要求。

2. 组织方式
每 6 位同学一组,按照企业岗位操作标准,规范地对车上的前照灯进行检修作业。每组作业时间为 45min。

> **引导问题 1** 完成本任务,需要使用的主要工、量具有哪些?

1. 技术要求与标准
(1)严格按照安全操作规程,熟练、快速地检查汽车转向灯和危险报警闪光灯电路;
(2)在使用万用表的过程中,要根据测量对象选择正确的挡位;

（3）习惯性使用"三件套"、发动机舱防护罩等汽车防护物品，养成良好的职业习惯；

（4）养成"采取安全防护措施维修作业"的习惯；

（5）养成工具、零部件、油液"三不落地"的职业习惯，工具及拆下的零部件等都应整齐地放置在工具车及零件盘中。

2. 设备器材

完成本任务所需工、量具如图4-3-2所示。

a）常用工具（一套）

b）万用表

图4-3-2　任务所需工、量具

3. 场地设施

理实一体化教室、废气排放装置、消防设施等。

4. 设备设施

商用车两辆、工具车、垃圾桶等。

5. 安全防护

车轮挡块、室内"三件套"、车外保护垫等。

6. 耗材

干净抹布。

引导问题 2　怎样规范拆卸转向灯？

（1）断开蓄电池负极电缆，如图4-3-3所示。

（2）拆卸侧转向灯。

①拆卸侧转向灯固定螺钉，如图4-3-4所示。

图4-3-3　断开蓄电池负极电缆

图4-3-4　拆卸侧转向灯固定螺钉

②断开左侧转向灯插接件，取下侧转向灯，如图4-3-5所示。

拆卸右侧转向灯的步骤与拆卸左侧转向灯的步骤相同。

（3）安装侧转向灯。

①连接左侧转向灯插接件，如图4-3-6所示。

②安装左侧转向灯固定螺钉，如图4-3-7所示。

安装右侧转向灯的步骤与安装左侧转向灯的步骤相同。

(4)连接蓄电池负极电缆,如图 4-3-8 所示。

图 4-3-5　左侧转向灯插接件

图 4-3-6　连接左侧转向灯插接件

图 4-3-7　安装左侧转向灯固定螺钉

图 4-3-8　连接蓄电池负极电缆

引导问题 ③　你了解转向灯/危险报警闪光灯的常见故障及可能的原因吗?

转向灯/危险报警闪光灯的常见故障现象及可能的原因见表 4-3-1。

转向灯/危险报警闪光灯常见故障现象及可能的原因　　　表 4-3-1

故障现象	可能原因
转向灯/危险报警闪光灯不亮	(1)熔断丝烧毁; (2)灯泡损坏; (3)组合开关触点烧蚀; (4)线束断路、短路; (5)组合开关断开; (6)BCU 烧毁
转向灯/危险报警闪光灯常亮	(1)组合开关烧毁; (2)线束短路
灯泡暗亮	(1)灯泡老化; (2)线束接触不良

引导问题 ❹ 如何检测福田戴姆勒 EST 载货汽车转向灯和危险报警闪光灯电路?

在检测汽车转向灯和危险报警闪光灯电路前,要确保关闭所有的用电设备。检测方法与前照灯电路、雾灯电路检测方法相似。

1. 检查灯泡

检查灯泡灯丝是否破损,若灯丝烧断和灯泡损坏,则更换新灯泡。若无法目测,比如卤素灯,则可采用试灯法进行检查是否良好,若不正常则需更换新灯泡。

2. 检查熔断丝

(1)找到有灯光熔断丝的熔断丝盒,用缠有保护胶带的一字螺丝刀撬开熔断丝盒。

(2)在熔断丝盒中找到熔断丝,使用熔断丝夹将熔断丝取下。

(3)目测熔断丝是否烧断。

(4)测量熔断丝加载槽与车身搭铁之间的电压。

(5)如无法通过目测判断熔断丝是否烧坏,则可选用万用表测熔断丝电阻,若阻值为∞,说明熔断丝已坏,需更换熔断丝。

(6)更换新熔断丝的步骤如下:

①确认熔断丝载流量,按照对应颜色和规格选用熔断丝;

②观察熔断丝外部和端子处是否有烧灼现象;

③用数字式万用表"Ω"挡检测保险丝两端子之间的电阻,正常情况下应小于1Ω。

3. 检查转向灯信号开关

检查转向灯开关 11 号端子对地线路是否正常,8 号端子至 BCU17 号端子、转向灯开关 14 号端子至 BCU5 号端子是否接通。可以用万用表测量电路电阻,正常情况下应小于1Ω。根据检查情况完成表4-3-2。

转向灯信号检查表　　　　　　　　　　　　　　　　　　　表 4-3-2

检查范围	测量内容	实测值	标准值	结果判断
转向灯开关 11 号端子与搭铁	电阻值		<1Ω	
转向灯开关 8 号端子与 BCU 17 号端子	电阻值		<1Ω	
转向灯开关 14 号端子与 BCU 5 号端子	电阻值		<1Ω	

4. 检查危险报警闪光灯开关

与 F29 输出端、危险报警闪光灯开关 2 号端子与 BCU12 号端子、3 号端子与 BCU13 号端子、测量危险报警闪光灯开关的 1 号端子、7 号端子与搭铁、8 号端子与搭铁之间是否正常。可以用万用表测量电路电阻,正常情况下电阻应小于1Ω。

5. 检查线束和连接器(线路测量)

用手振动或晃动连接远光灯到灯光开关的线路,检查线路连接处是否松动,导线是否从端子中脱开。如果有则需紧固,必要时更换新的配线。

引导问题 ❺ 任务评价

本任务的任务评分表见表4-3-3。

任务评分表 表 4-3-3

项目编号：

姓名：		学号：					
作业开始时间：＿＿时＿＿分			作业结束时间：＿＿时＿＿分		作业用时：＿＿＿		
序号	项目	评分项目	评价标准	分值	学生自评	学生互评	教师评价
1	时间要求	按规定时间完成项目作业	酌情扣 0~5 分	5			
2	质量要求	选用工具恰当	酌情扣 0~5 分	5			
3		能正确更换左转向灯	操作错误无分	10			
4		能正确连接左转向灯线路	操作错误无分	10			
5		能正确分析转向灯/危险报警闪光灯电路	操作错误无分	10			
6		能正确排查出电路故障	操作错误无分	20			
7		能正确对电路故障进行维修	操作错误无分	20			
8		及时清理工具和工作现场	酌情扣 0~5 分	5			
9	安全要求	遵守安全操作规程	酌情扣 0~5 分	5			
10	文明要求	按文明生产规则进行操作	酌情扣 0~5 分	5			
11	环保要求	更换旧件放入规定回收桶	酌情扣 0~5 分	5			
		本任务得分		100			
					日期：		

注：发生重大事故（人身和设备安全事故）、严重违反维修原则和有情节严重的野蛮操作等，采取一票否决制。

三 学习测试

1. 填空题

（1）欧曼载货汽车转向信号系统主要由＿＿＿＿、＿＿＿＿、转向灯开关、＿＿＿＿、闪光器组成。

（2）对转向灯电路进行检测前，应当确保关闭所有的＿＿＿＿。

（3）用万用表测量转向灯开关 11 号端子对地线路的电阻，测量结果显示"OL"，表示转向灯开关 11 号端子对地＿＿＿＿。

2. 选择题

（1）（　　）是一种用于提醒其他车辆和行人注意本车发生了特殊情况的信号灯。

　　A. 转向灯　　　　　　　　B. 危险报警闪光灯

　　C. 倒车灯　　　　　　　　D. 示廓灯

（2）转向灯灯泡暗亮的原因是（　　）。

　　A. 灯泡老化　　　　　　　B. 组合开关故障

　　C. 熔断丝故障　　　　　　D. BCU 故障

（3）转向灯、危险报警闪光灯不亮，故障原因可能是（　　）、组合仪表、BCU 等出现损坏。

　　A. 熔断丝　　　　　　　　B. 灯泡

　　C. 组合开关　　　　　　　D. 线束

3. 简答题

结合实验及电路图,分析转向灯/危险报警闪光灯不亮的原因。

任务四　喇叭工作异常的故障诊断与排除

一辆福田戴姆勒 EST 载货汽车在高速行驶过程中,驾驶员发现前方车辆突然减速,想要鸣喇叭警示,但电喇叭不响,随即切换至气喇叭模式。

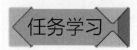

一　学习目标

通过本任务的学习,应当能:

1. 说出福田戴姆勒 EST 载货汽车喇叭的功用、组成和分类;
2. 独立检查福田戴姆勒 EST 载货汽车喇叭控制电路;
3. 更换福田戴姆勒 EST 载货汽车喇叭;
4. 根据任务的实施情况进行自我评价与总结,培养分析问题、解决问题及归纳总结的能力。

二　学习内容

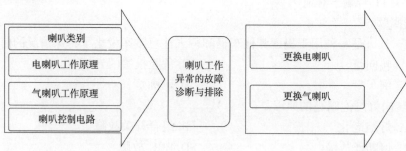

一 任务准备

引导问题 1 欧曼载货汽车有几个喇叭?

1. 汽车喇叭的作用

汽车喇叭是汽车行驶中的声响警示装置。在汽车的行驶过程中,驾驶员根据需要和规定发出必需的音响信号,警告行人和引起其他车辆注意,以保证交通安全。汽车喇叭同时还用于催行和传递信号。

2. 汽车喇叭的分类

1)电喇叭

电喇叭具有操作方便、结构简单、体积小、质量轻、检修容易、声音悦耳等优点。为了得到较为和谐悦耳的声音,在汽车上常装有两个不同音调(高、低音)的电喇叭。其中高音喇叭膜片厚、扬声筒短,低音喇叭则相反。电喇叭如图4-4-1所示。

2)气喇叭

气喇叭(图4-4-2)是汽车喇叭的一种,分为电动气喇叭、机械气喇叭等。气喇叭利用压缩空气的气流使金属膜片产生振动,外形多是长喇叭形(筒形),声音大且声调高,传播距离远,多用在执行长途运输的大、中型汽车上,城市内是禁用的。

图 4-4-1 电喇叭

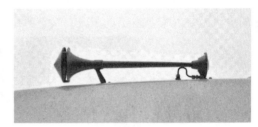

图 4-4-2 气喇叭

引导问题 2 电喇叭是如何发出声音的?

当按下汽车转向盘上的喇叭按钮时,就形成了电流通路:蓄电池正极→线圈→活动触点臂触点→固定触点臂→按钮→搭铁→蓄电池负极。线圈通电产生吸力,上铁芯被吸与下铁芯撞击,产生较低的基本频率,并激励膜片及与膜片连成一体的共鸣板产生共鸣,从而发出比基本频率强得多而且分布比较集中的谐音。同时压下动触点臂,使触点分开以切断电路,电磁力消失。当铁芯磁力消失后,衔铁又回到原位,触点重新闭合,电路再次接通。这样线圈中将流过时通时断的电流,因此振动膜片时吸时放,产生高频振动而发出音响。电喇叭工作过程如图 4-4-3 所示。

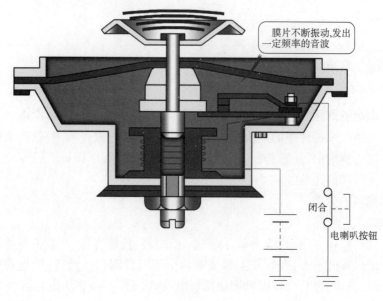

图 4-4-3　电喇叭工作过程

引导问题 ③　气喇叭是怎样工作的?

　　按下转换开关,驾驶员按压喇叭按钮时,气喇叭电磁阀通电吸合,储气筒中的压缩空气经气管进入气喇叭的发声装置。发声装置主要由膜片组成(常见的膜片有铜盘、硅胶盘、纸盘等几种),压缩空气的气流使膜片产生振动而发出声响,再经由喇叭管扩音,最终的声音就是气喇叭发出的声音。气喇叭的结构如图 4-4-4 所示。

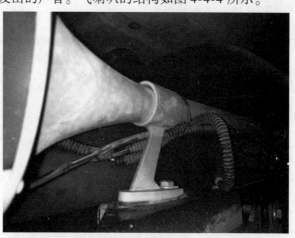

图 4-4-4　气喇叭结构

引导问题 ❹ 如何识读欧曼汽车电喇叭、气喇叭控制电路？

在电喇叭模式下，按压喇叭开关，接通左侧组合开关 B89 的端子 15 和端子 7，电流经电源总开关、底盘配电盒熔断丝 F/L4，自底盘配电盒 F44 端子 1 流出，自中央配电盒 F20 端子 1 流入，经过熔断丝 F17、K15 喇叭继电器线圈，自中央配电盒 B27 端子 10 流出。经喇叭开关接入搭铁点 B81，K15 喇叭继电器线圈通电，吸合 30-87 端子，电流自电源正极经电源总开关、底盘配电盒熔断丝 F/L4，自底盘配电盒 F44 端子 1 流出，自中央配电盒 F20 端子 1 流入，经过熔断丝 F17、K15 喇叭继电器 30-87 端子、K5 喇叭转换器 30-87a 端子，自中央配电盒 B27 端子 11 流出，经电喇叭至 B82 搭铁，电喇叭通电。

欧曼汽车喇叭控制电路

按压电/气喇叭转换开关后，接通 B58 端子 1-3，电流经电源总开关、底盘配电盒熔断丝 F/L4，自底盘配电盒 F44 端子 1 流出，自中央配电盒 F20 端子 1 流入，经过熔断丝 F17、K5 继电器线圈，自中央配电盒 B27 端子 13 流出，至 B81 搭铁，K5 继电器线圈通电，吸合 30-87 端子。此时按压喇叭开关，电流自电源正极经电源总开关、底盘配电盒熔断丝 F/L4，自底盘配电盒 F44 端子 1 流出，自中央配电盒 F20 端子 1 流入，经过熔断丝 F17、K15 喇叭继电器 30-87 端子、K5 喇叭转换器 30-87 端子，自中央配电盒 B27 端子 9 流出，经气喇叭电磁阀至 B81 搭铁，气喇叭电磁阀打开，气喇叭中通入气体。

任务实施

引导问题 ❶ 如何检查电喇叭控制电路？

完成本任务，必须准备好以下工具、设备：
(1) 防护装备：工作服、工作鞋。
(2) 车辆。
(3) 万用表。
(4) 手工工具：组合工具。
(5) 辅助材料：干净的抹布、汽车维修手册。
检查电喇叭控制电路时，按如下顺序进行：
(1) 检查中央配电盒喇叭熔断丝。
(2) 检查继电器。
(3) 检查喇叭开关。按动喇叭开关，检测触点接通情况，如图 4-4-5 所示。
(4) 检查线束。根据控制电路，用万用表检测各段电路线束情况，如图 4-4-6 所示。
(5) 测试电喇叭。上述检查均无故障，可将电喇叭短暂连接蓄电池，以测试电喇叭状态是否正常。

图 4-4-5　检查喇叭开关触点

图 4-4-6　检查喇叭线束

引导问题 2　怎样规范更换电喇叭？

1. 拆卸电喇叭总成
（1）断开电喇叭插接件。
（2）拆卸电喇叭固定螺母，如图 4-4-7 所示。
2. 安装电喇叭总成
（1）安装电喇叭固定螺母，力矩为 23N·m。
（2）连接电喇叭插接件，如图 4-4-8 所示。

图 4-4-7　拆卸电喇叭固定螺母

图 4-4-8　安装电喇叭插接件

引导问题 3　如何检查气喇叭控制电路？

完成本任务，必须准备好以下工具、设备：
（1）防护装备：工作服、工作鞋。
（2）车辆。
（3）万用表。
（4）手工工具：组合工具。

（5）辅助材料：干净的抹布、汽车维修手册。

检查气喇叭控制电路时，按如下顺序进行：

（1）检查中央配电盒熔断丝F17。

（2）检查继电器。

（3）检查喇叭开关。

（4）检查电/气喇叭转换开关。

（5）检查线束。

（6）检查气喇叭电磁阀。

（7）测试气喇叭。

上述检查均无故障，可拆下气喇叭接外部气源，以测试气喇叭状态是否正常。

引导问题 4　怎样规范更换气喇叭？

1. 拆卸气喇叭总成

（1）断开气喇叭气管，如图4-4-9所示。

（2）拆卸气喇叭固定螺栓，取下气喇叭总成，如图4-4-10所示。

图4-4-9　断开气喇叭气管

图4-4-10　拆卸气喇叭固定螺栓

2. 安装气喇叭总成

（1）安装喇叭固定螺母，力矩为23N·m。

（2）连接气喇叭气管。

3. 拆卸气喇叭电磁阀

如图4-4-11所示，拆卸气喇叭电磁阀的过程如下：

（1）断开电磁阀插头。

（2）断开气喇叭电磁阀进、出气管。

（3）拆卸气喇叭电磁阀固定螺钉。

4. 安装气喇叭电磁阀

如图4-4-11所示，安装气喇叭电磁阀的过程如下：

（1）安装气喇叭电磁阀固定螺钉。

图4-4-11　更换气喇叭电磁阀

(2)连接气喇叭电磁阀进、出气管。

(3)连接电磁阀插头。

引导问题 5 任务评价

本任务的任务评分表见表4-4-1。

任务评分表　　　　　　　　　　　表4-4-1

项目编号：_____

姓名：_____			学号：_____					
作业开始时间：___时___分			作业结束时间：___时___分		作业用时：_____			
序号	项目	评分项目	评价标准	分值	学生自评	学生互评	教师评价
1	时间要求	按规定时间完成项目作业	酌情扣0~5分	5			
2	质量要求	选用工具恰当	酌情扣0~5分	5			
3		能正确认识拆装电喇叭	操作错误无分	10			
4		能正确认识拆装气喇叭	不能拆装无分	10			
5		能正确认识拆装气喇叭电磁阀	不能拆装无分	20			
6		能正确识读喇叭控制电路	不能写出电路无分	10			
7		能正确检测电喇叭电路	不能正确检修无分	10			
8		能正确检测气喇叭电路	不能正确检修无分	10			
9		及时清理工具和工作现场	酌情扣0~5分	5			
10	安全要求	遵守安全操作规程	酌情扣0~5分	5			
11	文明要求	按文明生产规则进行操作	酌情扣0~5分	5			
12	环保要求	更换旧件放入规定回收桶	酌情扣0~5分	5			
		本任务得分		100			
						日期：	

注：发生重大事故（人身和设备安全事故）、严重违反维修原则和有情节严重的野蛮操作等，采取一票否决制。

三 学习测试

1. 判断题

(1)汽车喇叭主要由膜片、衔铁、线圈、触点以及闪光器等几部分组成。　　（　　）

(2)汽车喇叭是汽车行驶中的声响警示装置。　　（　　）

(3)汽车喇叭常见故障有有时不响、声音沙哑和完全不响3种。　　（　　）

2. 选择题

(1)汽车喇叭按接线方式可分为单线制喇叭和(　　)。

　　A. 双音喇叭　　　　　　　　B. 双线制喇叭

　　C. 电喇叭　　　　　　　　　D. 高音喇叭

(2)电喇叭继电器搭铁或继电器触点烧结,均会导致电喇叭(　　)。
　　A. 不响　　　　　B. 声音异常　　　C. 音量过小　　　D. 长鸣
(3)下面哪一项不属于汽车喇叭的功能?(　　)
　　A. 警告行人　　　　　　　　　　B. 引起其他车辆注意
　　C. 催行和传递信号　　　　　　　D. 溃缩吸能

项目五

组合仪表工作异常故障诊断与排除

柴油发动机是商用车的动力来源,是商用车的心脏。发动机是否正常工作对于汽车的行车安全非常重要。为了能够使驾驶员了解汽车各系统的运行情况,汽车上配备了仪表系统。仪表系统主要包括各种仪表、指示灯和警示灯,它们的主要作用是在车辆行驶期间为驾驶员提供车辆的相关数据和参数,通过各种指示灯和警示灯提醒驾驶员各系统的工作状态及进行故障提醒。

在日常行车过程中,常易出现车速表指示异常和报警灯常亮等故障。本项目主要通过组合仪表系统相关知识的学习,了解组合仪表系统的功用、基本组成及工作原理,掌握组合仪表系统的检修方法及故障排除。本项目包含以下2个任务:

任务一,车速表不指示的故障诊断与排除;

任务二,仪表指示灯的故障诊断与排除。

1. 时间要求:建议16学时。
2. 能力要求:在规定时间内完成仪表故障的诊断与排除。
3. 质量要求:参照厂家的生产规范及质量要求。
4. 7S作业:自觉按照企业7S生产规则进行项目作业。
5. 文明要求:自觉按照文明生产规则进行项目作业。
6. 环保要求:努力按照环境保护要求进行项目作业。

任务一 车速表不指示的故障诊断与排除

一辆福田戴姆勒EST载货汽车,在公路上正常行驶时,驾驶员突然发现仪表中车速

表归零不再指示车速,而车速是驾驶员驾驶车辆正常行驶的重要参数,因此需要对车速表不指示的故障进行维修。经检查,发现车速传感器出现故障,需要更换车速传感器。你知道如何规范地更换车速传感器吗?

一 学习目标

通过本任务的学习,应当能:

1. 就车正确认识车速表;
2. 在教师的指导下,查阅维修手册制订车速表电路故障的检查方案;
3. 通过学生对方案的制作及交流展示,培养学生的团队合作和语言表达能力;
4. 根据任务的实施情况进行自我评价与总结,培养分析问题、解决问题及归纳总结的能力。

二 学习内容

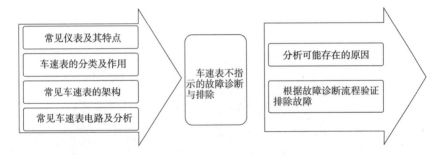

一 任务准备

引导问题 1 你知道商用车上有哪些仪表吗?能不能用自己的话说出仪表系统的特点呢?

为获取车辆行驶时的各项参数,保障车辆的正常运行,商用车的仪表主要由车速表、发动机转速表、机油压力表、冷却液温度表、气压表和燃油表等组成一个总成,这个总成称为组合仪表盘或组合仪表板。图 5-1-1 所示为福田戴姆勒 EST 载货汽车组合仪表盘的结构。

按工作原理不同,汽车仪表可大致分为三代。第一代汽车仪表是机械机芯表;第二代汽车仪表称为电气式仪表;第三代为全数字汽车仪表,它是一种网络化、智能化的仪表,其功能更加强大,显示内容更加丰富,线束链接更加简单。目前大部分汽车仪表均采用第三代全数字汽车仪表。

随着新型电子显示器件以及电子技术在汽车上的广泛应用,汽车仪表电子化已经成为发展潮流。目前欧曼 ETX、欧曼 GTL 等车型已开始采用电控仪表系统。电控仪表系统主要由各种传感器、电控单元 ECU 和各种电子显示器组件组成,其中电控单元 ECU 和各种电子显示器件一般集中安装于仪表盘内。全数字汽车仪表系统作为电控仪表系统的典型代表,具有如下明显特点:

(1)采用了步进电机。传统仪表采用电热或电磁方式驱动表头指针,这样不仅指示的精度低、体积大,而且线性度差,采用步进电机完全可以避免这些问题。

(2)采用了发光二极管。传统仪表采用灯泡作为照明灯和报警灯,由于灯丝易挥发,寿命较短。发光二极管靠半导体激发,只需加很低的电压,通过很小的电流,就可以达到很高的亮度,而且其寿命远远超灯泡。

(3)采用 CAN(控制器局域网络)总线。采用基于 CAN2.0 标准的汽车总线通信技术,与汽车的 BCU 和 ECU 进行数据通信,共享整车的信息资源(包括传感器、汽车运行数等)。可通过 CAN 总线得到发动机转速、冷却液温度信号、机油压力、机油液位、发动机电控系故障信息、排气制动指示灯、巡航指示灯、停机报警灯、维护指示灯、发动机制动指示灯信息。

(4)采用 LCD(液晶显示器)。除了显示常规信息外,液晶屏上还显示统计油耗、故障信息等。目前诊断仪上显示的故障在仪表上都可以显示,这些信息都是从 CAN 总线接收的。

商用车组合仪表的认知

图 5-1-1 福田戴姆勒 EST 载货汽车组合仪表盘

1-车速表;2-发动机转速表;3-燃油表;4-尿素表;5-气压表;6-液晶显示屏;7-指示灯;8-复位按钮;9-气压表显示切换按钮

引导问题 ❷ 你知道车速表的作用吗?它有哪些种类呢?每一种车速表又有哪些具体结构呢?

汽车行驶速度对交通安全有很大影响,尤其在限速路段,驾驶员必须按照车速表的指示值,准确地控制车速。为此,要求车速表一定要准确可靠。

车速表经长期使用,由于驱动其工作的传动齿轮、车速表本身技术状况的变化以及因轮胎磨损造成驱动车轮滚动半径的变化,车速表指示误差会越来越大。如果车速表的指示误差过大,驾驶员就难以正确控制车速,且极易因判断失误而造成交通事故。

根据车速表表头的工作原理不同,可以将车速表分为机械式车速表和电子式车速表两种。其中,电子式车速表是用设在变速器上的传感器获取车速信号,通过导线传输信号,具有传输可靠性高、使用寿命长、指示平稳等优点。

电子式车速表由车速传感器(安装在车轮上变速器蜗轮组件的蜗杆上,有光电耦合式和磁电式)、微机处理系统和显示器组成。由传感器传来的光电脉冲或磁电脉冲信号,经仪表内部的微机处理后,可在显示屏上显示车速。而根据车速传感器获取车速信号的不同,电子式车速表可分为光电式车速表、磁电式车速表和霍尔式车速表。

1. 光电式车速表

光电式车速表传感器(图 5-1-2)是利用光敏元器件将轴类零件的旋转运动,周期性(遮光和透光交替)地将电压信号传递给 ECU。光电式车速表传感器的主要部件有光敏二极管、光敏晶体管及光电池,其结构如图 5-1-3 所示。

图 5-1-2 光电式车速表传感器

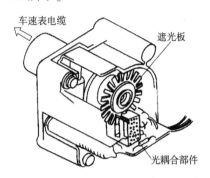
图 5-1-3 光电式车速表传感器结构

1) 工作原理

传感器一般安装在分电器内或曲轴前端,由信号发生器和带光孔的信号盘组成,如图 5-1-4 所示。信号盘与分电器轴或曲轴一起转动,信号盘外圈有 360 条光刻缝隙,传感器装在分电器内时产生曲轴转角 1°的信号。稍靠内有间隔 60°均匀分布的 6 个光孔,产生曲轴转角为 120°的信号,其中一个光孔稍宽,用以产生相对于 1 缸上止点的信号。

2) 工作电路图

光电式车速表传感器工作电路如图 5-1-5 所示。

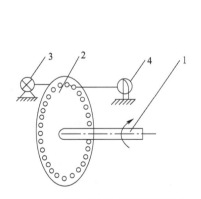
图 5-1-4 光电式车速表传感器的组成
1-被测轴;2-圆盘;3-光源;4-光电管

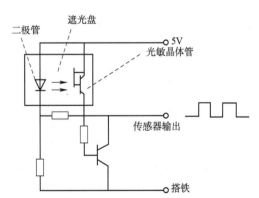
图 5-1-5 光电式车速表传感器工作电路

3) 工作过程

光电式车速表传感器在获取车速信号后会以电压信号的形式输入仪表模块进行处理分析,并在仪表上显示,其工作过程如图 5-1-6 所示。

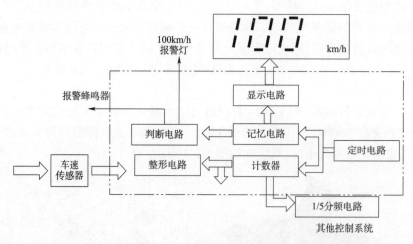

图 5-1-6 光电式车速表传感器工作过程

2. 磁电式车速表

如图 5-1-7 所示,磁电式车速表传感器由永久磁铁和感应线圈组成,它被固定安装在变速器输出轴附近的壳体上,输出轴上的驻车锁定齿轮为感应转子。

3. 霍尔式车速表

1)霍尔效应

霍尔效应在 1879 年被物理学家霍尔发现。当电流垂直于外磁场通过半导体时,在垂直于电流和磁场的方向会产生一附加电场,从而在半导体的两端产生电势差,这一现象就是霍尔效应,这个电势差也被称为霍尔电势差,如图 5-1-8 所示。

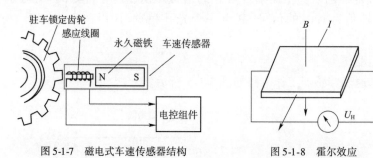

图 5-1-7 磁电式车速传感器结构　　　图 5-1-8 霍尔效应

2)霍尔式车速表传感器

霍尔式车速表传感器由一个几乎完全闭合的包含永久磁铁和磁极部分的磁路组成,一个软磁铁叶片转子穿过磁铁和磁极间的气隙,在叶片转子上的窗口允许磁场不受影响地穿过并到达霍尔效应传感器,而没有窗口的部分则中断磁场;叶片转子窗口开关磁场,使霍尔效应像开关一样地打开或关闭,如图 5-1-9 所示。当车轮开始转动时,霍尔式车速表传感器开始产生一连串的信号,脉冲的个数将随着车速增加而增加,但位置的占空比在任何速度下保持恒定不变。

3)霍尔式车速传感器的特点

(1)输出信号电压振幅值不受转速的影响。

(2)频率响应高。

(3)抗电磁波干扰能力强。

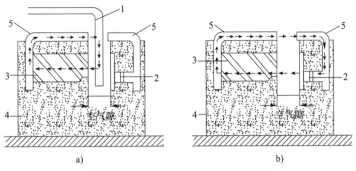

图 5-1-9 霍尔式车速表传感器工作原理
1-叶片转子;2-霍尔元件;3-永久磁铁;4-霍尔传感器;5-导板

引导问题 3 你知道仪表系统是如何将传感器与车速表连接起来的吗？车速表出现问题又该如何维修呢？

一、车速表电路图

车速表电路图可扫描二维码查看。

车速表电路图

二、电路图分析

电路图中涉及的本部分电器元件主要有仪表、车速传感器、车载终端 B。车速传感器代码 N10,有 4 个引脚:供电引脚 N10/1、搭铁引脚 N10/2 和信号引脚 N10/3、N10/4。

仪表 B84/14 与车速传感器 N10/1 相连,由仪表为车速传感器供电;车速传感器 N10/2 与仪表 B83/9 相连,车速传感器经仪表搭铁;车速传感器 N10/3 与仪表 B84/8 相连,车速传感器与仪表之间传递车速信号,将车速显示在仪表上;车速传感器 N10/4 与车载终端-B-D21/3 相连,将车速信号传递给车载终端作为其他系统正常运行的一个参数。

三、车速表不指示故障检修

车辆正常行驶中,车速表始终指示"0"刻度,并保持不动,这种故障被称为车速表不指示故障,其故障原因可能有如下几点:

(1)车速传感器出现故障。

(2)信号线出现短路或短路。

(3)组合仪表出现故障。

因此,需要对故障进行诊断与排除。其过程如下。

1. 检查车速传感器是否正常

(1)更换一个新的车速传感器。

(2)打开点火开关,转至"ON"挡接通。

(3)手动快速转动车速传感器销轴。

(4)检查车速表是否正常工作,如正常工作,则故障点为车速传感器;如故障仍然存在则继续检查。

2. 检查车速传感器与组合仪表之间的线束电阻是否正常

(1)关闭点火开关,即转至"OFF"挡断开。

(2)断开车速传感器插接件 N10,断开仪表 A 线束插接件 B83,断开仪表 B 线束插接件 B84。

（3）使用万用表测量 N10/3-B84/8、N10/1-B84/14、N10/2-B83/9 线束电阻，插件端子号如图 5-1-10、图 5-1-11 所示。检查各导线电阻是否小于 2Ω，若电阻小于 2Ω 则正常，说明组合仪表本体故障，否则应更换相关线束。

3. 检查组合仪表本体是否发生故障

（1）关闭点火开关，即转至"OFF"挡断开。
（2）更换组合仪表。
（3）确认故障是否消失。

图 5-1-10　N10 车速传感器插接件

图 5-1-11　组合仪表线束插接件

二、任务实施

1. 质量要求

参照厂家的质量标准要求。

2. 组织方式

每 6 位同学一组，按照企业岗位操作标准，规范地对车速表进行检修作业。每组作业时间为 45min。

> **引导问题 1**　完成本任务，需要使用的主要工、量具有哪些？

1. 技术要求与标准

（1）严格按照安全操作规程，熟练、快速地检查仪表系统；
（2）在使用万用表的过程中，要根据测量对象选择正确的挡位；
（3）习惯性使用"三件套"、发动机舱防护罩等汽车防护物品，养成良好的职业习惯；
（4）养成"采取安全防护措施维修作业"的习惯；
（5）养成工具、零部件、油液"三不落地"的职业习惯，工具及拆下的零部件等都应整齐地放置在工具车及零件盘中。

2. 设备器材

完成本任务所需的工、量具如图 5-1-12 所示。

3. 场地设施

理实一体化教室、废气排放装置、消防设施等。

4. 设备设施

商用车两辆、工具车、垃圾桶等。

5. 安全防护

车轮挡块、室内"三件套"、车外保护垫等。

6. 耗材

干净抹布。

a) 常用工具（一套）

b) 万用表

图 5-1-12　设备器材

引导问题 ❷ 怎样规范拆装仪表盘并进行检测?

1. 拆卸准备

(1) 小组成员共同清洁工位、清点工具,保持场地、设备、工具等干净、整齐、性能良好。

(2) 关闭点火开关并拔下钥匙。

2. 拆卸仪表罩

(1) 打开车门。

(2) 断开蓄电池负极。

(3) 拆卸仪表罩:拧下 2 颗固定仪表面罩与驾驶员面板总成的螺钉,取下仪表面罩,如图 5-1-13 所示。

3. 拆卸仪表总成

(1) 拧下仪表盘与底座的固定螺钉,如图 5-1-14 所示。

(2) 断开线束连接,取下仪表总成,如图 5-1-15 所示。

图 5-1-13　拆卸仪表罩

图 5-1-14　拆卸总成固定螺钉

图 5-1-15　断开仪表线束

4. 仪表总成及仪表罩的装复

遵循先拆后装、后拆先装原则,按拆卸过程的相反过程逐步恢复仪表的安装。

引导问题 ❸ 任务评价

本任务的任务评分表见表 5-1-1。

任务评分表　　　　　　　　　　　表 5-1-1

项目编号:＿＿＿＿＿＿

姓名:＿＿＿＿＿＿　　　学号:＿＿＿＿＿＿

作业开始时间:＿＿时＿＿分　　作业结束时间:＿＿时＿＿分　　作业用时:＿＿＿＿

序号	项目	评分项目	评价标准	分值	学生自评	学生互评	教师评价
1	时间要求	按规定时间完成项目作业	酌情扣 0~10 分	10			

续上表

序号	项目	评分项目	评价标准	分值	学生自评	学生互评	教师评价
2	质量要求	选用工具恰当	酌情扣 0~10 分	10			
3		能正确拆卸仪表面罩	操作错误无分	10			
4		能正确安装仪表面罩	操作错误无分	10			
5		能正确拆卸仪表总成	操作错误无分	10			
6		能正确安装仪表总成	操作错误无分	10			
7		及时清理工具和工作现场	酌情扣 0~10 分	10			
8	安全要求	遵守安全操作规程	酌情扣 0~10 分	10			
9	文明要求	按文明生产规则进行操作	酌情扣 0~10 分	10			
10	环保要求	更换旧件放入规定回收桶	酌情扣 0~10 分	10			
		本任务得分		100			
						日期：	

注：发生重大事故（人身和设备安全事故）、严重违反维修原则和有情节严重的野蛮操作等，采取一票否决制。

三 学习测试

1. 填空题

(1) 汽车仪表可大致分为三代，第一代是机械机芯表；第二代称为_____仪表；第三代为_____汽车仪表。

(2) 汽车仪表由_____控制。

(3) 汽车仪表一般由_____和_____组成。

(4) 根据车速表表头的工作原理不同，车速表可以分为_____和_____两种。

(5) 汽车仪表系统中最常用的传感器主要有电热式和_____两种。

2. 判断题

(1) 当车轮开始转动时，霍尔效应传感器开始产生一连串的信号，脉冲的个数不会随着车速增加产生变化，但位置的占空比在任何速度下保持恒定不变。（ ）

(2) 光电式车速传感器是利用光敏元器件将轴类零件的旋转运动周期性地将电流信号传递给 ECU。（ ）

(3) 发光二极管靠半导体激发，需要的电压低，通过电流小，亮度高，寿命长。（ ）

3. 简答题

(1) 简述汽车全数字仪表系统的特点。

(2) 简述霍尔式车速表传感器的工作原理。

任务二　仪表指示灯的故障诊断与排除

任务导入

一辆福田戴姆勒 EST 载货汽车，在公路上正常行驶后驾驶员将车驶入服务区休息，发现拉下驻车制动器操纵杆后，驻车制动指示灯不亮。制动系统对于车辆来说非常关键，尤其是载货汽车自身质量非常大，如果驻车制动失效，对于车辆及行人都是非常危险的。因此，对于驻车制动指示灯不亮的故障需要进行维修。经检查，发现驻车制动的插接器出现故障，需要更换，你知道如何规范地拆卸驻车制动手控阀总成吗？

任务学习

一　学习目标

通过本任务的学习，应当能：
1. 就车正确认识各种仪表警告灯；
2. 在教师的指导下，查阅维修手册制订驻车制动指示灯电路故障的检查方案；
3. 通过学生对方案的制作及交流展示，培养学生的团队合作和语言表达能力；
4. 根据任务的实施情况进行自我评价与总结，培养分析问题、解决问题及归纳总结的能力。

二　学习内容

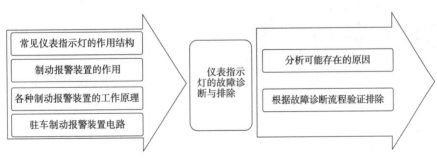

 资讯储备

一、任务准备

引导问题 1 你知道商用车上有哪些报警及指示装置吗？能不能用自己的话说出它们的作用呢？

为了保证行车安全和提高车辆的可靠性，在车辆上安装了许多警报信号装置。报警装置可分为车内报警装置和车外报警装置。

车内报警装置一般由传感器和红色警告灯两个主要部分组成。警告灯又称为警报灯，当各种传感器监测的部件或系统工作失常时，警告灯电路就会自动接通发亮报警，提醒驾驶员采取必要的措施。如机油压力警告灯、冷却液温度过高警告灯、燃油警告灯、气压过低警告灯、空气滤清器堵塞警告灯、制动气压过低警告灯、制动液面过低警告灯和制动信号灯电路断路警告灯等。

商用车仪表信号灯的认知

1. 冷却液温度警告灯

如图 5-2-1 所示，冷却液温度警告灯的颜色为红色。其作用是当传感器检测到冷却液温度升高到一定值时，警告灯电路自动接通发亮报警，指示冷却液温度过高。

冷却液温度警告灯的工作电路如图 5-2-2 所示。与冷却液温度警告灯配用的传感器为双金属片式温度传感器。

图 5-2-1 冷却液温度警告灯

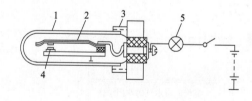

图 5-2-2 冷却液温度警告灯工作电路
1-传感器壳体；2-感温双金属片；3-安装螺纹；4-静止触点；5-冷却液温度警报灯

在传感器内部，感温双金属片中上、下金属片受热后产生的变形量不同。当冷却液温度升高到一定程度时，双金属片下层金属片形变量较上层金属片大，使之向下弯曲变形触点闭合，警告灯电路接通而发亮，指示冷却液温度过高；当冷却液温度降低时，上层金属片形变量较小，拉动下层金属片，放置双金属片向下弯曲变形。

2. 制动系统报警装置

车辆制动是汽车行驶过程中的安全保证，制动系统警告灯主要包括制动系统故障警告灯、驻车制动警告灯、制动摩擦片磨损警告灯、制动液液面警告灯和气动辅助制动指示灯。

1)制动系统故障警告灯

制动系统是整个汽车中最关键的部分,一旦制动系统出现故障,很有可能给驾乘人员带来严重损失。为使驾驶员能及时发现制动系统故障,设置制动系统故障警告灯。制动系统分为液压制动系统和气压制动系统,它们分别利用制动液和压缩空气作为介质,驱动制动分泵工作。在行驶过程中,出现制动系统出现故障时,该警告灯就会被点亮,如图 5-2-3 所示。

2)驻车制动警告灯

现代车辆上一般均装置了驻车制动警告灯(图 5-2-4)。当该警告灯亮时指示驻车制动系统可能出现的两种情况为:一是点火开关已打开,而驻车制动器仍停放在制动位置;二是双管路制动系统中任一管路失效。

图 5-2-3　制动系统故障警告灯

图 5-2-4　驻车制动警告灯

驻车制动警告灯电路及其组成如图 5-2-5 所示。驻车制动警告灯通过两个并联的开关与点火开关串联。当驻车制动器处于制动位置时,若打开点火开关,则驻车制动警告灯点亮,用于提醒驾驶员在挂挡起步之前,松开驻车制动器。当松开驻车制动器后,驻车制动警告灯即熄灭。

在双管路制动主缸的制动管路之间并联一个差压开关。当两管路制动正常时,活塞处于由平衡弹簧控制的中间位置,驻车制动警告灯不亮。但任一管路失效后,其管路压力下降,当压差达到 1000kPa 以上时,活塞将向一边偏移,接通触点,驻车制动警告灯点亮,以示警告。

3)制动摩擦片磨损警告灯

制动摩擦片磨损警告灯的作用是当制动摩擦片磨损到使用极限厚度时自动点亮,发出报警信号,如图 5-2-6 所示。制动摩擦片磨损警告灯的结构类型有导线式和触点式两种,如图 5-2-7 所示。

在图 5-2-7a)所示的装置中,是将一个金属触点埋在摩擦片内部,当摩擦片磨损到使用极限时,金属触点就会与制动盘(或制动鼓)接触而使警告灯与搭铁接通,仪表板上的警告灯便会亮起,以示警告。

在图 5-2-7b)所示的装置中,是将一段导线埋设在蹄片内部,该导线与电子控制装置相连接。当接通点火开关后,电子控制装置便向摩擦片内埋设的导线通电数秒进行检查。如果摩擦片已磨损到使用极限,并且埋设的导线已被磨断,电子控制装置则使警告灯亮起,以示制动摩擦片需要更换。

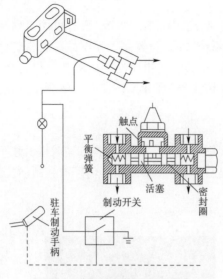
图 5-2-5 驻车制动警告灯工作原理

图 5-2-6 制动摩擦片磨损警告灯

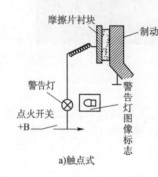
a)触点式

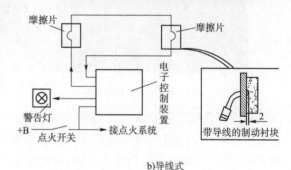
b)导线式

图 5-2-7 制动摩擦片磨损警告灯结构

4) 制动液液面警告灯

制动液液面警告灯的作用是在车辆制动液液面过低时提醒驾驶员及时检查补充制动液。制动液液面警告灯如图 5-2-8 所示。

图 5-2-8 制动液液面警告灯

制动液液面警告灯的传感器安装在制动液储液筒上，如图 5-2-9 所示。传感器外壳内装有舌簧管、两个接线柱中的其中一个接电源 12V，另一个接警告灯，浮子上固装着永久磁铁。当浮子随着制动液液面下降到规定值时，永久磁铁磁场作用下使舌簧管触点闭合，接通警告灯电路，警告灯点亮，以示警告。补充制动液使制动液液面上升时，浮子带动永久磁铁上升，对舌簧管吸引力减弱，舌簧管在自身弹力作用下使触点张开，切断警告灯电路，使警告灯熄灭。

在点火开开关 SW 接通的情况下，当浮子随制动液液面下降到规定值时，永久磁铁的磁场使舌簧开关触点磁化而闭合，警告灯电路接通而发亮，提醒驾驶员及时补充制动液。

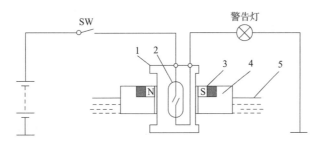

图 5-2-9　制动液液面警告灯与传感器结构原理
1-传感器壳体;2-舌簧管;3-永久磁铁;4-浮子;5-制动液液位

5) 气动辅助制动指示灯

排气辅助制动系的基本工作原理是利用设置在排气通道内的排气节流阀阻塞发动机排气通道,以增加发动机内进气、排气、压缩等行程的功率损失,迫使发动机降低转速,从而达到在短时间内降低车速的目的,它广泛地应用在大型柴油车上。排气制动操纵方便,简单有效。车辆在冰雪及较滑的泥水路面行驶时,使用排气制动,可以减少侧滑;在下长坡时,使用排气制动可以减少行车制动的次数,降低制动鼓的温度升高量,提升制动的可靠性。使用排气制动时,能减少发动机油料的供给以至断油,从而节省燃料。排气制动一般以手动开关起动,开启后气动辅助制动指示灯即被点亮(图 5-2-10)。为了防止停车时发动机熄火和在燃油喷射时的排气制动动作,踏下加速踏板或离合器踏板时,排气制动即自动解除。

3. 燃油警告灯

如图 5-2-11 所示,燃油警告灯为红色,其作用是当油箱燃油储量少于某一规定值时,警告灯自动发亮,提醒驾驶员及时补充燃油。常用燃油警告灯的控制方式有热敏电阻控制式、可控硅控制式等。

图 5-2-10　气动辅助制动指示灯

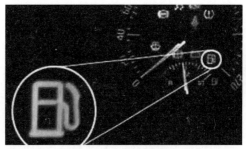

图 5-2-11　燃油警告灯

1) 热敏电阻控制式燃油警告灯

热敏电阻控制式燃油警告灯电路图如图 5-2-12 所示。热敏电阻控制式传感器安装在燃油箱上,当油箱内燃油储量多时,传感器的热敏电阻元件浸泡在燃油中,由于燃油温度低、散热快,因此热敏电阻阻值较大,警告灯电路流过电流较小而不能发光。

当油箱的燃油储量减少到规定值以下时,

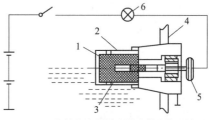

图 5-2-12　热敏电阻控制式燃油警告灯电路图
1-防爆金属丝网;2-传感器壳体;3-热敏电阻;4-油箱壳体;5-接线端子;6-警告灯

传感器将露出油面,由于传感器周围的环境温度高于燃油温度,因此热敏电阻电阻值减小,警告灯电路流过电流增大而发亮,提醒驾驶员应及时补充燃油。

2)可控硅控制式燃油警告灯

可控硅控制式燃油警告灯适合与双金属片式仪表稳压器、双金属片式燃油指示表配套使用,其电路如图 5-2-13 所示。

当燃油油面下降到一定值时,串入指示表电路的可变电阻电阻值增大,脉冲电压的幅值随之增大。当脉冲电压的幅值达到一定值时,便会触发可控硅 SCR(可控硅整流器)使其导通。当可控硅导通时,警告灯电路接通而发亮,指示燃油油面过低,提醒驾驶员应及时补充燃油;当脉冲电压消失时,触发信号消失,可控硅截止,警告灯熄灭。

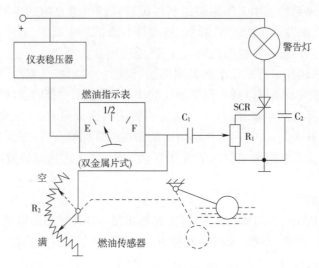

图 5-2-13　可控硅控制式燃油警告灯电路

引导问题 2　你知道商用车上有机油压力报警装置有哪些种类吗?它们各自有什么独特的结构呢?

如图 5-2-14 所示,机油压力警告灯为红色警告灯,其作用是当润滑系统的机油压力降低至一定值时,警告灯自动接通而发亮报警,提醒驾驶员及时检修,以免导致发动机润滑不良而损坏。汽车上与机油压力警告灯配套使用的传感器有弹簧管式机油压力传感器、膜片式机油压力传感器和可变电阻式机油压力传感器。

机油压力表工作原理

1)弹簧管式机油压力传感器

弹簧管式机油压力传感器的结构原理如图 5-2-15 所示。传感器借螺纹安装在发动机润滑系统主油道上,主油道润滑油压力直接作用到弹簧管内。

当点火开关接通,发动机润滑系统主油道润滑油的压力低于 50～90kPa 时,弹簧管变形量小,动触点与静触点接触,警告灯电路接通而发亮,提醒驾驶员应停止发动机运转并及时检修。

2)膜片式机油压力传感器

膜片式机油压力传感器的结构如图 5-2-16 所示。传感器借螺纹安装在发动机润滑系统主油道上,主油道润滑油压力直接作用到膜片上。

图 5-2-14 机油压力警告灯

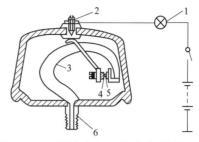

图 5-2-15 弹簧管式机油压力传感器结构原理
1-警告灯；2-接线端子；3-弹簧管；4-静触点；
5-动触点；6-传感器接头

当点火开关接通,发动机润滑系统主油道润滑油的压力低于 50~90kPa 时,膜片在弹簧预紧力的作用下克服机油压力向下拱曲,带动弹片和动触点向下移动并使触点闭合,警告灯电路接通而发亮。

润滑系统主油道润滑油压力升高时,油压对膜片的作用力增大。当油压达到正常工作油压时,油压对膜片的作用力将克服弹簧预紧力使膜片向上拱曲,同时带动弹片和动触点断开,电路切断而警告灯自动熄灭,指示润滑系统工作正常。

3) 可变电阻式机油压力传感器

可变电阻式机油压力传感器一般通过螺钉拧在缸体的油道里,其内部有一个可变电阻,一端输出信号,一端与搭铁的滑动臂相连。其工作原理如图 5-2-17 所示。当油压增大时,油压通过润滑油道接口推动膜片弯曲,膜片推动滑动臂移动到低电阻位置,使电路中的输出电流增大;反之,膜片推动滑动臂移动到高电阻位置,使电路中输出电流减小,最终在机油压力表上将机油压力的大小以指针形式指示出来。

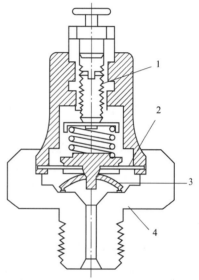

图 5-2-16 膜片式机油压力传感器结构
1-弹簧片；2-膜片；3-弹片与膜片触点；
4-传感器壳体

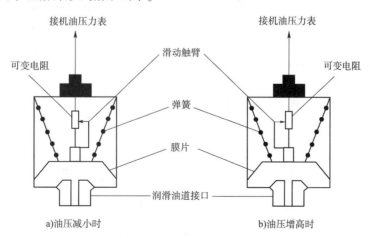

a) 油压减小时　　　　b) 油压增高时

图 5-2-17 可变电阻式机油压力传感器工作原理

> **引导问题 3** 你知道商用车上驻车制动开关在电路图上的哪个位置吗？驻车制动都会有哪些故障呢？

仪表板控制驻车制动器开关 B97 的负极。当 B97 开关闭合后，仪表板驻车灯点亮，同时将信号传给电控单元 CEM，驻车灯点亮后，MP3/MP5 显示屏视频播放。

ECM 控制驻车制动器开关 B254。B254 开关闭合后，ECM 控制其信号回路，同时将闭合信号传给仪表板，驻车灯点亮。

二、任务实施

1. 质量要求
参照厂家的质量标准要求。

2. 组织方式
每 6 位同学一组，按照企业岗位操作标准，规范地对驻车制动手控阀总成拆装作业。每组作业时间为 45min。

驻车制动电路图

> **引导问题 1** 完成本任务，需要使用的主要工、量具有哪些？

1. 技术要求与标准
(1) 严格按照安全操作规程，熟练、快速地检查报警指示系统；
(2) 在使用万用表的过程中，要根据测量对象选择正确的挡位；
(3) 习惯性使用"三件套"、发动机舱防护罩等汽车防护物品，养成良好的职业习惯；
(4) 养成"采取安全防护措施维修作业"的习惯；
(5) 养成工具、零部件、油液"三不落地"的职业习惯，工具及拆下的零部件等都应整齐地放置在工具车及零件盘中。

2. 设备器材
完成本任务所需工、量具如图 5-2-18 所示。

3. 场地设施
理实一体化教室、废气排放装置、消防设施等。

4. 设备设施
商用车两辆、工具车、垃圾桶等。

a) 常用工具（一套）　　b) 万用表

图 5-2-18　任务所需工、量具

5. 安全防护
车轮挡块、室内"三件套"、车外保护垫等。

6. 耗材
干净抹布。

> **引导问题 2** 怎样规范拆装手控阀总成？

1. 拆卸准备
(1) 小组成员共同清洁工位、清点工具，保持场地、设备、工具等干净、整齐、性能良好。

(2)关闭点火开关并拔下钥匙。

2. 实施过程

(1)打开车门。

(2)断开蓄电池负极电缆。

(3)拆卸手控阀护罩本体,如图5-2-19所示:

①拆卸堵盖1;

②拆卸防尘罩2;

③拆卸手阀护罩螺栓;

④取下手阀护罩。

(4)拆卸手制动阀总成,如图5-2-20所示:

①断开2根气管和1个线束插接件;

②拆卸2颗固定螺栓,取下手制动阀总成。

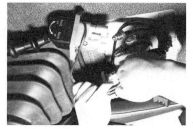

图5-2-19 拆卸手控阀护罩　　　　图5-2-20 拆卸手制动阀总成

(5)安装手制动阀总成,两颗固定螺栓力矩为23N·m,连接插接件及气管。

(6)安装手控阀护罩本体。

(7)连接电池负极电缆。

(8)关闭车门。

引导问题 3　任务评价

本任务的任务评分表见表5-2-1

任 务 评 分 表　　　　　　　　　　表5-2-1

项目编号:

姓名:			学号:					
作业开始时间:___时___分			作业结束时间:___时___分			作业用时:_____		
序号	项目	评分项目	评价标准	分值	学生自评	学生互评	教师评价
1	时间要求	按规定时间完成项目作业	酌情扣0~10分	10			
2	质量要求	选用工具恰当	酌情扣0~10分	10			
3		能正确拆卸手控阀护罩	操作错误无分	10			
4		能正确拆卸手阀本体	操作错误无分	10			
5		能正确安装手控阀护罩	操作错误无分	10			
6		能正确安装手阀本体	操作错误无分	10			
7		及时清理工具和工作现场	酌情扣0~10分	10			

续上表

序号	项目	评分项目	评价标准	分值	学生自评	学生互评	教师评价
8	安全要求	遵守安全操作规程	酌情扣 0~10 分	10			
9	文明要求	按文明生产规则进行操作	酌情扣 0~10 分	10			
10	环保要求	更换旧件放入规定回收桶	酌情扣 0~10 分	10			
		本任务得分		100			
						日期:	

注:发生重大事故(人身和设备安全事故)、严重违反维修原则和有情节严重的野蛮操作等,采取一票否决制。

三 学习测试

1. 填空题

(1)制动装置有_____和_____两种类型。

(2)当机油压力_____规定压力值时,机油压力报警灯点亮。

(3)燃油报警装置中传感器采用_____温度系数的热敏元件制成。

(4)发动机正常工作的水温一般在_____。

2. 选择题

(1)汽车水温报警灯的颜色为( )。

  A.红色   B.蓝色   C.黄色   D.绿色

(2)下列哪一项是机油压力过低的危害?( )

  A.无危害

  B.发动机损坏

  C.车速变慢

  D.车速变快

3. 简答题

简述可能导致驻车制动指示灯常亮的故障原因。

项目六

辅助电气系统故障诊断与排除

为了提高汽车行驶的安全性、可靠性及舒适性,减轻驾驶员的劳动强度,现代汽车安装了许多辅助电器,如电动风窗玻璃刮水器、电动洗涤器、电动车窗、电动后视镜、空气座椅、中央门锁等。随着人们对商用车使用性能要求的不断提高,商用车辅助电器会越来越多。传统的商用车辅助电器已经发生了根本的变化,在了解传统汽车辅助电器的结构特点的基础上,更应当了解现代商用车辅助电器技术。本项目重点介绍商用车辅助电气设备的作用、原理及故障诊断与排除。在日常行车过程中,时常会遇到风窗玻璃刮水器不工作、电动车窗不能升降等故障。本项目主要学习辅助电气系统的相关知识。本项目包含以下4个任务:

任务一,风窗玻璃刮水器工作异常的故障诊断与排除;

任务二,电动车窗不能正常升降的故障诊断与排除;

任务三,中控门锁工作异常的故障诊断与排除;

任务四,电动后视镜工作异常的故障诊断与排除。

通过以上4个任务的学习,你能够了解辅助电器的功用、基本组成及工作原理,掌握辅助电气系统的检修方法及工艺流程。

1. 时间要求:建议40学时。
2. 能力要求:在规定时间内完成车辆各辅助电气系统的拆装与更换任务,掌握辅助电气系统的检修方法及工艺流程。
3. 质量要求:参照厂家的生产规范及质量要求。
4. 7S作业:自觉按照企业7S生产规则进行项目作业。
5. 文明要求:自觉按照文明生产规则进行项目作业。
6. 环保要求:努力按照环境保护要求进行项目作业。

任务一　风窗玻璃刮水器工作异常的故障诊断与排除

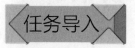

客户将一辆福田戴姆勒 EST 载货汽车送至服务站进行维修,客户对该车的故障描述为:在行车过程中下起了雨,于是想开启风窗玻璃刮水器清理前风窗玻璃上的雨水,但是将刮水器开关打开后,刮水器就是不工作,造成驾驶员视线模糊,不得不找安全地方停车,等待雨停后再继续行驶,致使货物不能及时送达,给公司带来了损失。请根据本任务中你学到的知识及时为该车辆进行维修。

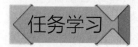

一　学习目标

通过本任务的学习,应当能:

1. 就车正确指认商用车风窗玻璃刮水器的位置;
2. 在教师的指导下,查阅维修手册制订风窗玻璃刮水器电路故障的检查方案,并进行故障排除;
3. 规范的拆装刮水开关、刮水电机、刮水片等;
4. 通过学生对方案的制作及交流展示,培养学生的团队合作和语言表达能力;
5. 根据任务的实施情况进行自我评价与总结,培养分析问题、解决问题及归纳总结的能力。

二　学习内容

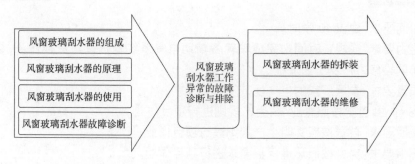

一 任务准备

引导问题 1 你知道商用车上风窗玻璃刮水器有什么作用吗？它由哪几部分组成？

1. 风窗玻璃刮水器的功用

风窗玻璃刮水器的功用是用来清除风窗玻璃上的雨水、雪或尘土，以确保为驾驶员提供良好的能见度。风窗玻璃刮水器的功用如图 6-1-1 所示。

雨刮结构

图 6-1-1 风窗玻璃刮水器功用

2. 风窗玻璃刮水器的基本结构

电动风窗玻璃刮水器主要由直流电动机、蜗轮箱、曲柄、连杆、摆杆和刮水片等组成。图 6-1-2 所示为电动风窗玻璃刮水电机及蜗轮箱总成，图 6-1-3 所示为电动风窗玻璃刮水器传动机构。通常电动机和蜗轮箱结合成一体组成刮水器电机总成，曲柄、连杆和摆杆等杆件可以将蜗轮的旋转运动转变为摆臂的往复摆动，使摆臂上的刮水片实现刮水动作。

图 6-1-2 电动风窗玻璃刮水电机及蜗轮箱总成

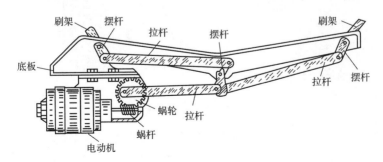

图 6-1-3 电动风窗玻璃刮水器传动机构

图 6-1-4 所示为福田戴姆勒 EST 载货汽车电动风窗玻璃刮水器整体构造。

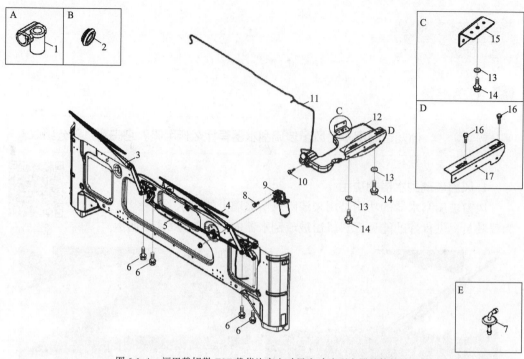

图6-1-4 福田戴姆勒EST载货汽车电动风窗玻璃刮水器整体构造

1-水管夹;2-刮臂密封圈;3-右刮臂刮片总成;4-左刮臂刮片总成;5-刮水连杆机构总成;6-六角头螺栓、弹簧垫圈和平垫圈组合件;7-直角二通;8-六角头螺栓、弹簧垫圈和平垫圈组合件;9-刮水电机总成;10-十字槽盘头自攻螺钉;11-洗涤壶水管;12-洗涤壶右支架总成;13-大垫圈;14-六角法兰面螺栓(加大系列);15-洗涤壶左支架总成;16-六角头螺栓、弹簧垫圈和平垫组合件;17-洗涤壶总成

电动风窗玻璃刮水电机有绕线式和永磁式两种。其中,永磁式刮水电机体积小、质量轻、结构简单、使用广泛,如图6-1-5所示。

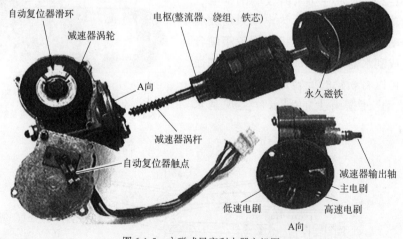

图6-1-5 永磁式风窗刮水器主机图

引导问题2 你知道电动刮水器有几个挡位吗?它是如何控制的?

1.电动刮水器的变速和复位控制

为满足实际使用的要求,刮水电机设置有低速、高速和间歇3个挡位,且在任意时刻刮水结束后,刮水片均能回到风窗玻璃最下端,即自动复位。

永磁式三刷电动机是利用3个电刷来改变正负电刷之间串联的线圈数实现变速的。图6-1-6a)所示为永磁式刮水电机的结构原理图,图6-1-6b)所示为永磁式刮水电机的电路原理图。图中B_1为低速运转电刷,B_2为高速运转电刷,B_3为公共电刷,B_1和B_2安装位置相差60°。

永磁式刮水电机的工作原理是:当电动机工作时,在电枢内同时产生反电动势,其方向与电枢电流的方向相反。如要使电枢旋转,外加电压U必须克服反电动势的作用。当电枢的转速上升时,反电动势也相应上升,只有当外加电压U几乎等于反电动势时,电枢的转速才趋于稳定。

当开关拨向"L"挡时,如图6-1-6b)所示,电源电压U加在B_1和B_3之间。由于1→2→3→4和5→6→7→8组成两条并联支路,支路中串联的线圈(导体)均为有效线圈,串联线圈(导体)数相对较多(每条支路串联3组绕组),故反电动势较大,电动机以较低转速运转。

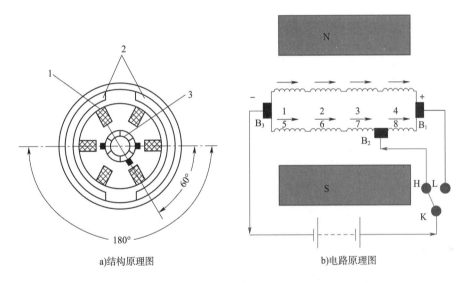

图6-1-6 永磁式刮水电机的工作原理
1-电枢绕组;2-永久磁铁;3-换向器

a)结构原理图   b)电路原理图

当开关拨向"H"挡时,电源电压U加在B_2和B_3之间,由于线圈①和线圈②产生方向相反的电动势,互相抵消,故两条并联支路中串联线圈(导体)数相对较少(每条支路串联2组绕组),因此反电动势较小,电动机以较高转速运转。

图6-1-7所示为双速刮水电机控制电路。刮水器的开关有3个挡位,它可以控制刮水器的速度和自复位。其中,"0"挡为复位挡,"Ⅰ"挡为低速挡,"Ⅱ"挡为高速挡。①②③④接线柱分别接复位装置、电动机低速电刷、搭铁、电动机高速电刷。复位装置是在减速蜗轮上嵌有铜环,铜环分为两部分,与电动机的外壳相连(搭铁)。触点臂用磷铜片或其他弹性材料制成,一端铆有触点。由于触点臂具有弹性,因此当蜗轮转动时,触点与蜗轮端面的铜滑环保持接触。当刮水器开关处于"Ⅰ"挡位置时,电流的流向为:蓄电池正极→电源开关→熔断丝→电刷B_3→电枢绕组电刷B_1→刮水器开关接线柱②→接触片→刮水器开关接线柱③→搭铁→蓄电池负极。此时,电动机以低速运转。当刮水器开关处

于"Ⅱ"挡位置时,电流的流向为:蓄电池正极→电源开关→熔断丝→电刷 B_3→电枢绕组→电刷 B_2→刮水器开关接线柱④→接触片→刮水器开关接线柱③→搭铁→蓄电池负极。此时,电动机以高速运转。当将刮水器开关退回到"0"挡时,如果刮水片没有停在规定的位置,由于触点与铜环相接触,则电流继续流入电枢,其流向为:蓄电池正极→电源开关→熔断丝→电刷 B_3→电枢绕组→电刷 B_1→接线柱②→接触片→接线柱①→触点臂→铜环→搭铁。此时,电动机以低速运转至蜗轮旋转到规定位置,即触点臂都和铜环接触,电动机电枢绕组短路。但是,若电枢由于其惯性而不能立刻停下来,则电枢绕组通过触点臂与铜环接触而构成回路,电枢绕组产生感应电流,产生制动力矩,电动机将迅速停止转动,刮水器的刮水片停在规定的位置。

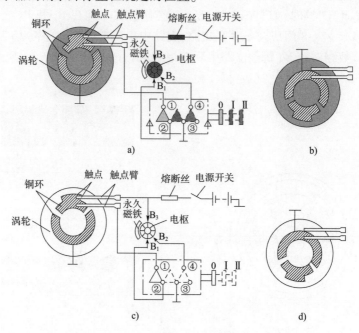

图 6-1-7 双速刮水电机控制电路

2. 电动刮水器的间歇控制

为了适应不同的天气状况,例如在小雨或雾天行驶时刮水器刮水过快会影响驾驶员视线以及造成刮水片过度磨损,电动刮水器还设置有间歇挡。如图 6-1-8 所示,当刮水器开关处于间歇挡位置(开关处于"0"位,且间歇开关闭合)时,电源将通过自动复位开关向电容 C 充电,其电流的流向为:蓄电池正极→自动复位开关常闭触点(上)→电阻 R_1→电容 C→搭铁→蓄电池负极。随着充电时间的增加,电容 C 两端的电压逐渐增大。当电容 C 两端的电压升高到一定值时,晶体管 T_1 和 T_2 先后相继由截止转为导通,从而接通继电器磁化线圈的电路,其电流的流向为:蓄电池正极→电阻 R_6→晶体管 T_2→继电器磁化线圈→间歇刮水器开关→搭铁→蓄电池负极。在电磁力的作用下,继电器常闭触点打开,常开触点闭合,从而接通了刮水电机的电路,其电流的流向为:蓄电池正极→B_3→B_1→刮水继电器常开触点→搭铁→蓄电池负极。此时,电动机将以低速运转。当复位装置将自动复位开关的常开触点(下)接通时,电容 C 通过二极管 D,自动复位装置的常开触点迅速放电,此时刮水电机的通电回路不变,电动机继续转动。随着放电时间的增加,晶体管 T_1 基极电位逐渐降低。当晶体管 T_1 基极电位降低到一定值时,T_1、T_2 由导通转为截止,从而切断了继电器磁化线圈的电路,继电器复位,常开触点断开,常闭触点闭合。此时,由于自动复位开关的常开触点处于闭合状态,电动机仍将继续转动,其电流的流向为:蓄电池正极→B_3→B_1→继电器常闭触点→搭铁→蓄电池负极。只有当刮水片回到原位(不影响驾驶员视线位置)时,自动复位开关的常开触点断开,常闭触点闭合,电动机方能停止转动。继而电源将再次向电容 C 充电,重复上述过程,从而实现刮水器的间歇动作。

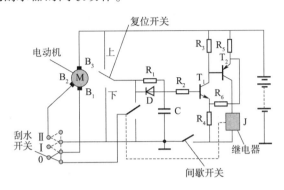

图 6-1-8　间歇刮水器控制电路

3. 风窗玻璃洗涤挡

汽车在行驶过程当中,风窗玻璃上会积累一些灰尘,影响驾驶员视线。所以在风窗玻璃刮水器中增设了清洗装置,必要时向风窗玻璃表面喷洒玻璃水,并与刮水器配合工作,保持风窗玻璃表面清洁,保证良好的驾驶视线。如图 6-1-9 所示,风窗玻璃洗涤系统主要由洗涤液罐、洗涤泵(由永磁直流电机和离心式液压泵组成一体)、软管、三通喷嘴(压力 70～80kPa,在风窗玻璃下面,方向可调整)和刮水器开关组成。当洗涤开关闭合后,13 和 16 端子接通,洗涤继电器 K9 的 85 号端子搭铁,洗涤继电器 K9 触电闭合 30 和 87 接通,洗涤电机工作,同时 CBCU-B18 端子接收到搭铁信号,控制刮水电机低速运转,刮水器工作 2～3 次。其电流的流向为:蓄电池→熔断丝 F9→洗涤继电器 K9→洗涤电机→搭铁。

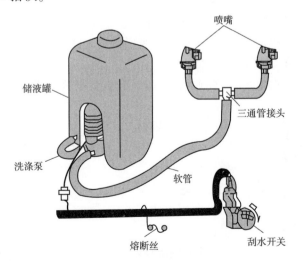

图 6-1-9　风窗玻璃洗涤系统组成

风窗玻璃洗涤系统电路

引导问题 ❸ 你会识读刮水器电路吗?

当点火开关在"ON"挡时,打开右侧组合开关"LO"挡位,右侧组合开关的 7 号端子和 13 号端子接通,此时 CBCU-B5 端子接收到搭铁信号,通过 CBCU 控制 B1 端子供电,刮水低速继电器 K1 的 86 号端子带电,继电器线圈通电,30 号端子与 87 号端子接通,此时电流的流向为:蓄电池正极→熔断丝(FL/4)→熔断丝(F30)→刮水电机→刮水低速继电器 K1(30-87)→搭铁,刮水器低速运转。

刮水器电路

当点火开关在"ON"挡时,打开右侧组合开关"HI"挡位,右侧组合开关的 4 号端子和 13 号端子接通,此时 CBCU-B8 端子接收到搭铁信号,同时刮水高速继电器 K10 的 85 号端子搭铁,刮水高速继电器 K10 工作 30 和 87 端子接通,此时电流的流向为:蓄电池正极→熔断丝(FL/4)→熔断丝(F30)→刮水电机→刮水高速继电器 K10(30-87)→搭铁,刮水器高速运转。

任务实施

1. 质量要求
参照厂家的质量标准要求。

2. 组织方式
每 6 位同学一组,按照企业岗位操作标准,规范地对车上的风窗玻璃刮水器进行检修作业。每组作业时间为 30min。

引导问题 ❶ 完成本任务,需要使用的主要工、量具有哪些?

1. 技术要求与标准
(1) 严格按照安全操作规程,熟练、快速地检查风窗玻璃刮水器;
(2) 在万用表的使用中,要根据测量对象选择正确的挡位;
(3) 习惯性使用"三件套"、发动机舱防护罩等汽车防护物品,养成良好的职业习惯;
(4) 养成"采取安全防护措施维修作业"的习惯;
(5) 养成工具、零部件、油液"三不落地"的职业习惯,工具及拆下的零部件等都应整齐地放置在工具车及零件盘中。

2. 设备器材
完成本任务所需工、量具如图 6-1-10 所示。

3. 场地设施
商用车实训车间、废气排放装置、消防设施等。

4. 设备设施
商用车两辆、工具车、常用工量具、垃圾桶等。

a) 常用工具(一套)

b) 万用表

图 6-1-10 任务所需工、量具

5. 安全防护

车轮挡块、室内"三件套"、车外保护垫等。

6. 耗材

干净抹布、电工胶布。

> **引导问题 ❷** 怎样规范拆卸风窗玻璃刮水器?

1. 拆卸准备

(1) 小组成员共同清洁工位、清点工具,保持场地、设备、工具等干净、整齐、性能良好。
(2) 关闭点火开关并拔下钥匙。

2. 拆卸风窗玻璃刮水器

(1) 打开车门。
(2) 断开蓄电池负极电缆。
(3) 拆卸刮水臂刮片总成,如图 6-1-11 所示。
① 断开洗涤壶水管。断开的过程中要注意扎住水管,防止洗涤液泄漏。
② 撬开刮水臂上的堵盖,取下刮水臂刮片总成,更换刮水片。
(4) 打开前翻转盖板总成。
(5) 拆卸刮水连杆机构总成,如图 6-1-12 所示。

图 6-1-11　拆卸刮水臂刮片总成

图 6-1-12　拆卸刮水连杆机构总成

① 拆下连杆机构与刮水电机连接的 1 颗固定螺母,脱开连杆机构,如图 6-1-13 所示。
② 拆下左刮水连杆固定座上的 2 颗固定螺栓,如图 6-1-14 所示。

图 6-1-13　拆卸连杆机构与刮水电机相连的固定螺母

图 6-1-14　拆卸左刮水连杆固定座上的固定螺栓

③拆下右刮水连杆固定座上的2颗固定螺栓,拆下2个固定座的卡簧,取下雨刮水连杆机构总成。

(6)拆卸刮水电机总成。

①拧下在车身前围固定刮水电机总成的3颗螺栓,如图6-1-15所示。

②断开刮水电机总成线束插接件,取下刮水电机总成,如图6-1-16所示。

图6-1-15 拧下刮水机总成螺栓

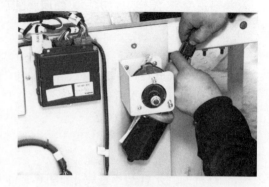

图6-1-16 取下刮水电机总成

(7)安装刮水电机总成。

①连接刮水电机总成线束插接件,如图6-1-17所示。

②将刮水连杆机构安装到刮水电机轴上,拧紧1颗固定螺母,如图6-1-18所示。

图6-1-17 连接刮水电机总成线束插接件

图6-1-18 拧紧固定螺母

(8)安装刮水连杆机构总成。

①拧紧在车身前围固定刮水电机总成的3颗螺栓,如图6-1-19所示。

②拧紧右刮水连杆固定座上的2颗固定螺栓,如图6-1-20所示。

图6-1-19 拧紧刮水电机总成螺栓

图6-1-20 拧紧右刮水连杆固定座上的固定螺栓

③拧紧左刮水连杆固定座上的 2 颗固定螺栓,如图 6-1-21 所示。

④拧紧连杆与刮水电机轴连接的 1 颗固定螺母,安装 2 个固定座的卡簧,如图 6-1-22 所示。

图 6-1-21 拧紧左刮水连杆固定座上的固定螺栓

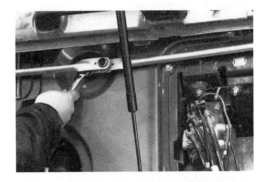
图 6-1-22 拧紧连杆与刮水电机轴连接的固定螺母

(9)安装刮水臂刮片总成,如图 6-1-23 所示。

①扣上刮水臂上的堵盖。

②连接洗涤壶水管。

(10)关闭前翻转盖板总成。

(11)连接蓄电池负极电缆。

(12)关闭车门。

在拆卸风窗玻璃刮水器的过程中,应注意以下 3 点:

①风窗干燥时不可操作刮水器,以免划伤风窗玻璃。

图 6-1-23 安装刮水臂刮片总成

②刮水器被雪黏着或冻结时,不可操作,以免损坏刮水系统。

③洗涤罐中应加洗涤液。洗涤罐中无洗涤液不可操作洗涤器,否则可能会损坏洗涤器电机。

3. 切断电源

(1)在拆卸或安装任何电气装置前,以及在工具或设备容易接触到裸露的电气端子时,首先务必断开蓄电池负极电缆,以防止人或车辆受损。

(2)如没有特别说明,必须关闭点火开关。

引导问题 3 怎样规范拆装右侧刮水组合开关?

1. 拆卸准备

(1)小组成员共同清洁工位、清点工具,保持场地、设备、工具等干净、整齐、性能良好。

(2)关闭点火开关并拔下钥匙。

2. 拆卸右侧刮水器组合开关

(1)拆卸蓄电池负极。

(2)规范拆卸转向盘。

(3)拆卸刮水器开关。

①拆卸驾驶员右下裙板固定螺钉,如图 6-1-24 所示。

②断开刮水开关插接件,如图 6-1-25 所示。

③拆卸刮水开关固定螺栓及螺钉,如图 6-1-26 所示。

(4)安装刮水器开关,安装顺序与拆卸顺序相反。

(5)规范安装转向盘。

(6)安装蓄电池负极。

(7)整理场地。

图 6-1-24　拆卸右下裙板固定螺钉

图 6-1-25　断开刮水开关插接件

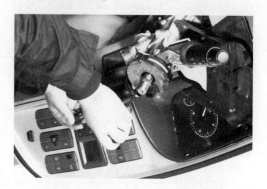

图 6-1-26　拆卸刮水开关固定螺栓及螺钉

引导问题 ④　检修风窗玻璃刮水器时,应重点检查哪些零部件?

在检修风窗玻璃刮水器前,应确保所有的用电设备均已关闭。

1. 检查熔断丝

(1)找到熔断丝盒,如图 6-1-27 所示。

(2)在熔断丝盒中找到刮水器熔断丝,使用熔断丝夹将熔断丝取下。

(3)目测熔断丝是否烧断。

(4)测量各熔断丝加载槽与车身搭铁之间的电压。

(5)如无法通过目测判断熔断丝是否烧坏,则可选用万用表测熔断丝电阻(图 6-1-28),若阻值为∞,说明熔断丝已坏,需更换熔断丝。

图 6-1-27　找到熔断丝盒

(6)更换新熔断丝。

①确认熔断丝载流量,按照对应颜色和规格选用熔断丝;

②观察熔断丝外部和端子处是否有烧灼现象;

③用数字式万用表"Ω"挡检测熔断丝两端子之间的电阻,正常情况下应小于 1Ω。

2. 检查刮水低速继电器、刮水高速继电器、洗涤电机继电器

（1）打开中央配电盒，找到刮水低速继电器、刮水高速继电器。

（2）拆下刮水低速继电器、刮水高速继电器，如图 6-1-29 所示。拔出刮水继电器时，要同时检查集成继电器各插座是否有烧灼、损坏现象。

图 6-1-28　测量熔断丝电阻

图 6-1-29　拆下刮水继电器

（3）测量继电器电阻。如果检测结果不符合表 6-1-1 所列标准，说明继电器已损坏，应该更换新继电器。

继电器标准电阻　　　　　　　　　　　表 6-1-1

检测仪连接		条件	规定状态
	85-86	端子 85 和 86 之间未施加 24V 电压	50～120Ω
	30-87a	端子 85 和 86 之间未施加 24V 电压	小于 2Ω
	30-87	端子 85 和 86 之间未施加 24V 电压	无穷大
	30-87a	端子 85 和 86 之间施加 24V 电压	无穷大
	30-87	端子 85 和 86 之间施加 24V 电压	小于 2Ω

3. 检查刮水电机

（1）检查低速线圈之间电阻；

（2）检查高速线圈之间电阻；

（3）检查刮水电机转动是否灵活；

（4）确保安全后可进行动态试验。

4. 检查线束和连接器

用手振动或晃动风窗玻璃刮水器线路连接处是否松动、导线是否从端子中脱开，如果有则需紧固，必要时更换新的线束。

引导问题 ❺ 任务评价

本任务的任务评分表见表 6-1-2。

表 6-1-2

任 务 评 分 表

项目编号：_____

姓名：_____　　　学号：_____

作业开始时间：___时___分　　作业结束时间：___时___分　　作业用时：_____

序号	项目	评分项目	评价标准	分值	学生自评	学生互评	教师评价
1	时间要求	按规定时间完成项目作业	酌情扣 0～5 分	5			
2	质量要求	选用工具恰当	酌情扣 0～5 分	5			
3		能正确使用风窗玻璃刮水器	操作错误无分	10			
4		能正确拆装风窗玻璃刮水器	操作错误无分	10			
5		能分析风窗玻璃刮水器故障	操作错误无分	10			
6		能排除风窗玻璃刮水器故障	操作错误无分	10			
7		排除故障思路正确清晰	操作错误无分	10			
8		能正确查阅资料	操作错误无分	10			
9		及时清理工具和工作现场	酌情扣 0～10 分	10			
10	安全要求	遵守安全操作规程	酌情扣 0～10 分	10			
11	文明要求	按文明生产规则进行操作	酌情扣 0～5 分	5			
12	环保要求	更换旧件放入规定回收桶	酌情扣 0～5 分	5			
		本任务得分		100			

日期：

注：发生重大事故（人身和设备安全事故）、严重违反维修原则和有情节严重的野蛮操作等，采取一票否决制。

三 学习测试

1. 填空题

（1）风窗玻璃刮水器有_____、_____、_____、_____四个挡位。

（2）风窗玻璃刮水电机是依靠_____、_____两个电刷实现调速的。

（3）风窗玻璃使用_____进行清洗。

2. 判断题

（1）刮水电机分为绕线式电机和永磁式电机。（　　）

（2）风窗玻璃刮水器对于行车安全非常重要。（　　）

（3）风窗玻璃刮水器没有清洗风窗玻璃的功能。（　　）

3. 选择题

（1）下面哪一项不属于风窗玻璃刮水器的一部分？（　　）

A. 刮水电机　　B. 刮水器臂　　C. 刮水器片　　D. 风窗玻璃

（2）下面哪一项不属于风窗玻璃刮水器的功能？（　　）

A. 清洗风窗玻璃　B. 清除雨水　　C. 清除灰尘　　D. 清除障碍物

(3)在供电正常的情况下,下列哪一项不属于风窗玻璃刮水器的故障原因?(　　)

　　A.熔断丝烧断　　B.继电器损坏　　C.起动机损坏　　D.线束短路或断路

(4)以下不属于风窗玻璃刮水器挡位的是(　　)。

　　A.低速挡　　　B.间歇挡　　　　C.洗涤挡　　　　D.直接挡

4.简答题

(1)简单介绍风窗玻璃刮水器的功能。

(2)风窗玻璃刮水器由哪几部分组成?

(3)分析风窗玻璃刮水器不工作的原因。

任务二　电动车窗不能正常升降的故障诊断与排除

客户将一辆福田戴姆勒 EST 载货汽车送至服务站进行维修。客户对该车的故障描述为:左侧车窗下降后无法升起,由于天气寒冷,造成驾驶室温度太低,影响驾驶员安全驾驶。请根据本任务中你学到的知识及时对该车辆进行维修。

一　学习目标

通过本任务的学习,应当能:

1.就车正确指认商用车电动车窗的位置;

2.在教师的指导下,查阅维修手册制订电动车窗电路故障的检查方案,并进行故障排除;

3.规范拆装电动车窗开关电动车窗电机、车窗玻璃等;

4.通过学生对方案的制作及交流展示,培养学生的团队合作和语言表达能力;

5.根据任务的实施情况进行自我评价与总结,培养分析问题、解决问题及归纳总结的能力。

一、学习内容

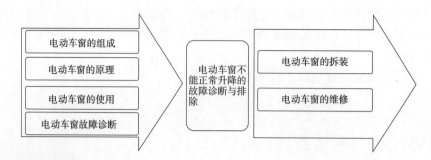

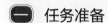

引导问题 1 你知道商用车上的电动车窗怎么使用吗？它由哪几部分组成？

1. 电动车窗的使用

电动车窗是由驾驶员操作开关使车窗玻璃上升或下降到合适的位置。相比于手摇车窗，驾驶员可以更方便地控制车窗升降。

2. 电动车窗的基本结构

电动车窗系统由车窗玻璃、车窗玻璃升降器、电动机、开关等装置组成。图 6-2-1 所示为福田戴姆勒 EST 载货汽车电动车窗的整体构造。

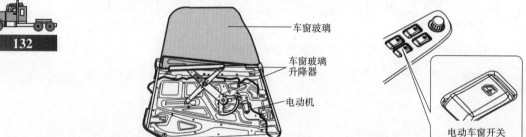

图 6-2-1　电动车窗整体构造

3. 电动车窗升降器

常见的电动车窗升降器主要有绳轮式和交臂式两种，如图 6-2-2 所示。

引导问题 2 你知道电动车窗有几个挡位吗？它是如何控制的？

1. 电动车窗的上升、下降和一键控制

为满足实际使用的要求，电动车窗电动机设有上升、下降和一键下降 3 个挡位。福

田戴姆勒 EST 载货汽车设有驾驶员侧电动车窗主控开关(包含左门控制开关、右门控制开关和右门电动窗开关按键锁止开关)和右门电动车窗分开关,如图 6-2-3 所示。驾驶员侧电动车窗主控开关由驾驶员控制,操控左、右车窗的升降以及右门电动窗开关按键的锁止;右门电动车窗分开关由副驾驶侧成员操控。

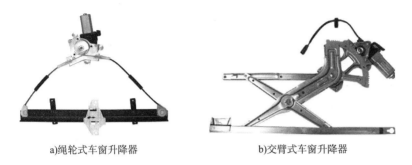

a)绳轮式车窗升降器　　　　b)交臂式车窗升降器

图 6-2-2　常见的电动车窗升降器

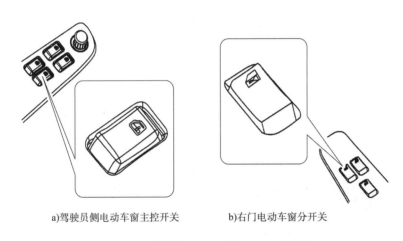

a)驾驶员侧电动车窗主控开关　　　　b)右门电动车窗分开关

图 6-2-3　福田戴姆勒 EST 载货汽车电动车窗开关

2.电动车窗控制原理

每个车窗都装有一个能正反方向旋转的电动机,分为永磁型和双绕组串励型两种。开关将信号传递给车门控制器后,由车门控制器控制电动机的电流方向实现正反转,使车窗玻璃上升或下降。永磁型直流电动机因其结构简单而被广泛运用,它是通过改变流经电枢的电流方向来改变电动机的旋转方向。

电动车窗可以实现上升、下降、一键下降等功能。当按下左侧门窗开关后端部,能使左门车窗上升。此时左侧车窗上升开关闭合,左门控制器 C12/4 号端子通过导线接收到开关的搭铁信号,左门控制器控制 C13/4 和 C13/2 产生 12V 电压降,电机旋转;只要松开此开关,电机停转车窗就会停止移动。按下此开关前端部,能使左门车窗下降,此时左侧车窗下降开关闭合,车门控制器 C12/5 号端子通过导线接收到开关的搭铁信号,左门控制器控制 C13/2 和 C13/4 产生 12V 电压降,电机旋转,车窗就会下降。长按开关后端 1.2s,车窗会自动上升,按开关前端或者后端停止下降动作。

福田戴姆勒 EST 载货汽车
电动车窗电路原理

任务实施

1. 质量要求
参照厂家的质量标准要求。

2. 组织方式
每6位同学一组,按照企业岗位操作标准,规范地对车上的电动车窗进行检修作业。每组作业时间为30min。

> **引导问题 1** 完成本任务,需要使用的主要工、量具有哪些?

1. 技术要求与标准
(1)严格按照安全操作规程,熟练、快速地检查电动车窗;
(2)在使用万用表的过程中,要根据测量对象选择正确的挡位;
(3)习惯性使用"三件套"、发动机舱防护罩等汽车防护物品,养成良好的职业习惯;
(4)养成"采取安全防护措施维修作业"的习惯;
(5)养成工具、零部件、油液"三不落地"的职业习惯,工具及拆下的零部件等都应整齐地放置在工具车及零件盘中。

2. 设备器材
完成本任务所需的工、量具如图6-2-4所示。

a)常用工具(一套)

b)万用表

图6-2-4 任务所需工、量具

3. 场地设施
商用车实训车间、废气排放装置、消防设施等。

4. 设备设施
商用车两辆、工具车、常用工量具、垃圾桶等。

5. 安全防护
车轮挡块、室内"三件套"、车外保护垫等。

6. 耗材
干净抹布、电工胶布。

> **引导问题 2** 怎样规范拆装电动车窗?

1. 拆卸准备
(1)小组成员共同清洁工位、清点工具,保持场地、设备、工具等干净、整齐、性能良好。
(2)关闭点火开关并拔下钥匙。

2. 拆卸电动车窗
(1)打开车门。
(2)断开蓄电池负极电缆。
(3)拆卸前车门下装饰板内板。
(4)拆卸踏步灯总成,如图6-2-5所示。

(5)拆卸前门内护板装饰板。

(6)拆卸左前门内扶手总成,如图6-2-6所示。

图6-2-5 拆卸踏步灯总成

图6-2-6 拆卸前门内扶手总成

(7)拆卸车门外开把手总成,如图6-2-7所示。

(8)拆卸车门内饰件安装总成。

(9)拆卸车门玻璃总成。

(10)拆卸车门玻璃升降器总成(电动),如图6-2-8所示。拧下固定玻璃升降器总成4颗螺栓、2颗螺母,取下玻璃升降器总成(注意尽量避免玻璃升降器磕碰车门框)。

图6-2-7 拆卸车门外开把手总成

图6-2-8 拆卸车门玻璃升降器总成

(11)安装车门玻璃升降器总成(电动),如图6-2-9所示。将玻璃升降器总成固定在正确的位置,用套筒紧固固定玻璃升降器总成4颗螺栓、2颗螺母。力矩应为(10.5±1.5)N·m(注意尽量避免玻璃升降器磕碰车门框)。

(12)安装车门玻璃总成。

(13)安装车门内饰件安装总成。

(14)安装车门外开把手总成。

(15)安装前门内护板装饰板。

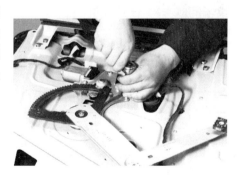
图6-2-9 安装车门玻璃升降器总成

引导问题 ③ 检修电动车窗时,应重点检查哪些零部件?

在检修电动车窗前,应确保所有的用电设备均已关闭。

1. 检查熔断丝

在熔断丝盒中找到控制器熔断丝,并测量其是否损坏。

2. 检查车窗电机

(1) 检查线圈之间电阻(图6-2-10),阻值应小于2Ω。

(2) 检查线圈与搭铁之间电阻(图6-2-11),阻值应为∞。

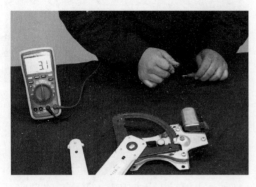 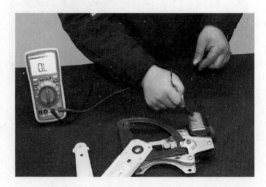

图 6-2-10　检查线圈之间电阻　　　　　图 6-2-11　检查线圈与搭铁之间电阻

(3) 确保安全后可进行动态试验。

3. 检查线束和连接器

用手振动或晃动车窗电机线路连接处是否松动,导线是否从端子中脱开。如果有则需紧固,必要时更换新的线束。检查线路通断情况,断开两端插头之后导线两端阻值应小于1Ω,相邻导线之间阻值应为∞。

4. 检查开关

检查开关,测量相应挡位端子之间是否接通,如接通,阻值应小于1Ω。操作完毕后,检查端子之间是否断开,断开后阻值应为∞。检查挡位是否正常归位,必要时更换新的开关。

引导问题 ❹　任务评价

本任务的任务评分表见表6-2-1。

任务评分表　　　　　　　　　　表6-2-1

项目编号:

姓名:_____　　　学号:_____

作业开始时间:___时___分　　作业结束时间:___时___分　　作业用时:_____

序号	项目	评分项目	评价标准	分值	学生自评	学生互评	教师评价
1	时间要求	按规定时间完成项目作业	酌情扣0~5分	5			
2	质量要求	选用工具恰当	酌情扣0~5分	5			
3		能正确使用电动车窗	操作错误无分	10			
4		能正确拆装车门玻璃升降器总成	操作错误无分	10			

续上表

序号	项目	评分项目	评价标准	分值	学生自评	学生互评	教师评价
5	质量要求	能分析电动车窗故障	操作错误无分	10			
6		能排除电动车窗故障	操作错误无分	10			
7		排除故障思路正确清晰	操作错误无分	10			
8		能正确查阅资料	操作错误无分	10			
9		及时清理工具和工作现场	酌情扣0~10分	10			
10	安全要求	遵守安全操作规程	酌情扣0~10分	10			
11	文明要求	按文明生产规则进行操作	酌情扣0~5分	5			
12	环保要求	更换旧件放入规定回收桶	酌情扣0~5分	5			
		本任务得分		100			
						日期：	

注：发生重大事故（人身和设备安全事故）、严重违反维修原则和有情节严重的野蛮操作等，采取一票否决制。

三 学习测试

1. 填空题

（1）电动车窗升降器主要有_____、_____两种形式。

（2）电动车窗有_____、_____、_____挡位。

（3）电动车窗升降电机是_____、_____类型的电机。

2. 判断题

（1）车窗玻璃电机分为双绕组串励式电机和永磁式电机。　　（　　）

（2）电动车窗对于驾驶员驾驶舒适性非常重要。　　（　　）

（3）驾驶员可以控制副驾驶员位置车窗玻璃的升降。　　（　　）

3. 选择题

（1）下面哪一项不属于电动车窗的一部分？（　　）

　　A. 车窗电机　　　　　　　　B. 车门玻璃升降器

　　C. 车窗玻璃　　　　　　　　D. 内饰板

（2）下面哪一项不属于电动车窗的功能？（　　）

　　A. 一键上升　　B. 一键下降　　C. 车窗上升　　D. 车窗下降

（3）下列哪项是电动车窗不工作的故障原因？（　　）

　　A. 熔断丝烧断　　　　　　　B. 车门控制器故障

　　C. 车窗电机损坏　　　　　　D. 线束短路或断路

（4）甲说驾驶员可以控制副驾驶员侧的车窗玻璃开关锁止，乙说驾驶员可以控制副驾驶员侧的车窗玻璃升降，则（　　）。

　　A. 甲正确　　B. 乙正确　　C. 甲、乙都正确　　D. 甲、乙都不正确

4. 简答题

（1）简单介绍电动车窗的功能。

(2)电动车窗由哪几部分组成?

(3)分析电动车窗不工作的原因。

任务三　中控门锁工作异常的故障诊断与排除

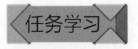

客户将一辆福田戴姆勒 EST 载货汽车送至服务站进行维修。客户对该车的故障描述为:车辆主驾驶侧车门不能上锁,容易造成车辆丢失或财物丢失。请根据本任务你学到的知识及时对该车辆进行维修。

任务学习

一　学习目标

通过本任务的学习,应当能:

1. 就车正确指认商用车中控门锁的位置;
2. 在教师的指导下,查阅维修手册制订中控门锁电路故障的检查方案,并进行故障排除;
3. 规范地拆装中控门锁、传动机构等;
4. 通过学生对方案的制作及交流展示,培养学生的团队合作和语言表达能力;
5. 根据任务的实施情况进行自我评价与总结,培养分析问题、解决问题及归纳总结的能力。

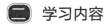学习内容

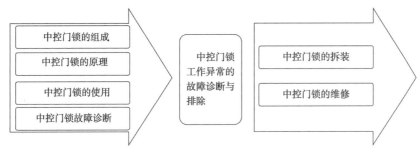

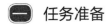资讯储备

一 任务准备

引导问题 1 你知道商用车的中控门锁由哪几部分组成吗?

1. 中控门锁的功用及组成

(1)中控门锁是中央控制车门锁的简称,它是通过设在驾驶座门上的开关而同时控制全车车门关闭与开启的一种控制装置。配有中控门锁的车辆当锁闭驾驶座车门时,其他车门也跟着锁闭。但其他车门独自锁闭时,驾驶座车门和其他车门则不会跟着锁闭。中控门锁采用一个开关去控制另一些开关,它用电磁驱动方式执行门锁的关闭与开启。

(2)电控门锁系统具有中央控制功能。将驾驶员车门锁开关前端按下时,两侧车门都能同时自动上锁;将驾驶员车门开关后端按下时,两侧车门都能同时打开;如用钥匙开门或锁门,也可实现以上动作。此外,当行车速度达到一定值时,各个车门能自行锁上,防止乘员误操作车门把手而导致车门打开。这是电控门锁的速度控制功能。

(3)电控门锁系统一般由门锁控制开关、钥匙操纵开关、门锁总成及门锁控制器等组成。图 6-3-1 所示为典型的中控门锁的组成示意图。

(4)门锁开关。门锁控制器的工作状况由门锁开关控制,中央控制门锁开关安装在左右侧车门的内侧扶手上,如图 6-3-2 所示,它属于车内控制门锁。

(5)钥匙控制开关。钥匙控制开关装在左前门和右前门的外侧门锁上,如图 6-3-3 所示。当从车外面用车门钥匙开车门或锁车门时,拧动车钥匙实现车门打开或锁止。车门钥匙的功能是实现在车门外面锁车或打开车门锁。

(6)车门状态信号开关。车门状态信号开关(图 6-3-4)用来检测车门的开闭情况。车门打开时开关接通,车门关闭时开关断开。车门状态信号开关会把车门是否关闭的信号传递给车门控制器,然后由车门控制器传递给仪表报警,从而提示驾驶员关好车门,以免发生危险。

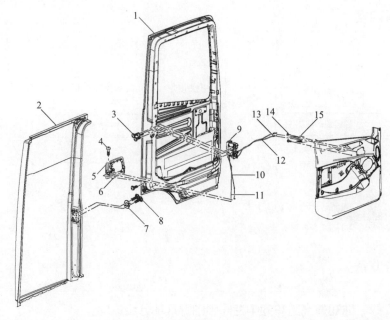

图 6-3-1　中控门锁组成

1-车门焊接总成；2-侧围板焊接总成；3-十字槽盘头螺钉和外锯齿锁紧垫圈组合件；4-十字槽盘头螺钉；5-左车门外开把手总成；6-车门锁芯总成；7,8-门锁锁栓总成；9-车门门锁锁体总成；10-车门开启拉杆；11-车门锁止拉杆；12-车门门锁锁止拉线总成；13-门锁开启拉线总成；14-十字槽盘头自攻螺钉和平垫圈组合件；15-车门内开把手总成

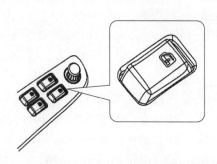

图 6-3-2　门锁开关

图 6-3-3　车门外门锁

图 6-3-4　车门状态信号开关

2. 电控门锁系统的分类

（1）按发展过程不同，一般可分为普通电控制电动门锁系统、电子式电动门锁系统、车速感应式电动门锁系统和遥控电动门锁系统。

（2）按控制方式不同，可分为不带防盗系统的电控门锁和与防盗系统成一体的电控中央门锁系统。

（3）按结构不同，可分为双向空气压力泵式（现已淘汰）、电磁式、直流电动机式电控中央门锁。

引导问题 ② 你会识读中控门锁电路吗？

当按下左侧中控门锁开关前端后中控闭锁触点接通，左门控制器 C12-15 端子通过导线接收到开关的搭铁信号，然后左门控制器控制 C13/1 和 C13/3 之间产生电压降，门锁电机动作；同时通过 I-CAN 通信线路将信号传递给右门控制器控制右侧门锁电机动作，车门闭锁之后左门控制器控制 C13/1 和 C13/3 之间电压相同，门锁电机停止工作。当按下中控门锁开关后端后中控开锁触电接通，车门控制器 C12-16 端子通过导线接收到开关的搭铁信号，然后左门控制器控制 C13/1 和 C13/3 之间产生反向电压降，门锁电机动作，同时通过 I-CAN 通信线路将信号传递给右门控制器控制右侧门锁电机动作，车门开锁之后车门控制器控制 C13/1 和 C13/3 之间电压相同，门锁电机停止工作。使用右侧车门中控门锁开关原理与左侧相同。

中控门锁电路原理图

任务实施

1. 质量要求
参照厂家的质量标准要求。

2. 组织方式
每 6 位同学一组，按照企业岗位操作标准，规范地对车上的风窗玻璃刮水器进行检修作业。每组作业时间为 30min。

引导问题 ① 完成本任务，需要使用的主要工、量具有哪些？

1. 技术要求与标准
（1）严格按照安全操作规程，熟练、快速地检查中控门锁；

（2）在使用万用表的过程中，要根据测量对象选择正确的挡位；

（3）习惯性使用"三件套"、发动机舱防护罩等汽车防护物品，养成良好的职业习惯；

（4）养成"采取安全防护措施维修作业"的习惯；

（5）养成工具、零部件、油液"三不落地"的职业习惯，工具及拆下的零部件等都应整齐地放置在工具车及零件盘中。

2. 设备器材
完成本任务需要的工、量具如图 6-3-5 所示。

a) 常用工具（一套）　　b) 万用表

图 6-3-5　任务所需工、量具

3. 场地设施

商用车实训车间、废气排放装置、消防设施等。

4. 设备设施

商用车两辆、工具车、常用工量具、垃圾桶等。

5. 安全防护

车轮挡块、室内"三件套"、车外保护垫等。

6. 耗材

干净抹布、电工胶布。

引导问题 2 怎样规范拆卸中控门锁？

1. 拆卸准备

（1）小组成员共同清洁工位、清点工具，保持场地、设备、工具等干净、整齐、性能良好。

（2）关闭点火开关并拔下钥匙。

2. 拆卸中控门锁

（1）打开车门。

（2）断开蓄电池负极电缆。

（3）拆卸车门外开把手总成。

3. 拆卸车门锁芯总成

如图6-3-6所示，拆卸门锁芯固定螺钉，取下车门锁芯。

4. 安装车门锁芯总成

安装车门锁芯，紧固门锁芯固定螺钉。

5. 安装外开把手总成

上述步骤完成后，可安装外开把手总成。

6. 关闭车门

上述步骤完成后方可关闭车门。

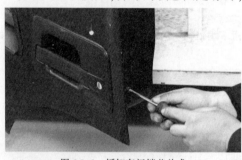

图6-3-6 拆卸车门锁芯总成

引导问题 3 检修中控门锁时，应重点检查哪些零部件？

在检修中控门锁前，要确保所有的用电设备均已关闭。

1. 检查熔断丝

找到熔断丝盒，找到门锁控制熔断丝，并测量其是否损坏。

2. 检查门锁电机

（1）如图6-3-7所示，检查线圈之间电阻，阻值应小于 2Ω。

（2）检查线圈与搭铁之间电阻，阻值应为 ∞。

（3）如图6-3-8所示，确保安全后可进行动态试验。

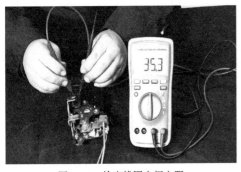
图 6-3-7　检查线圈之间电阻

图 6-3-8　动态试验

3. 检查线束和连接器

用手振动或晃动中控门锁线路连接处是否松动、导线是否从端子中脱开。如果有则需紧固,必要时更换新的线束。检查线路通断情况,断开两端插头之后,导线两端阻值应小于1Ω,相邻导线之间阻值应为∞。

引导问题 4　任务评价

本任务的任务评分表见表 6-3-1。

任务评分表　　　　　　　　表 6-3-1

项目编号：

姓名：＿＿＿＿　　　　学号：＿＿＿＿

作业开始时间：＿＿时＿＿分　　作业结束时间：＿＿时＿＿分　　作业用时：＿＿

序号	项目	评分项目	评价标准	分值	学生自评	学生互评	教师评价
1	时间要求	按规定时间完成项目作业	酌情扣 0~5 分	5			
2	质量要求	选用工具恰当	酌情扣 0~5 分	5			
3		能正确使用中控门锁	操作错误无分	10			
4		能正确拆装中控门锁	操作错误无分	10			
5		能分析中控门锁故障	操作错误无分	10			
6		能排除中控门锁故障	操作错误无分	10			
7		排除故障思路正确清晰	操作错误无分	10			
8		能正确查阅资料	操作错误无分	10			
9		及时清理工具和工作现场	酌情扣 0~10 分	10			
10	安全要求	遵守安全操作规程	酌情扣 0~10 分	10			
11	文明要求	按文明生产规则进行操作	酌情扣 0~5 分	5			
12	环保要求	更换旧件放入规定回收桶	酌情扣 0~5 分	5			
		本任务得分		100			
						日期:	

注：发生重大事故(人身和设备安全事故)、严重违反维修原则和有情节严重的野蛮操作等,采取一票否决制。

三 学习测试

1. 填空题

(1) 电控门锁按发展过程一般可分为_____、_____、_____、_____四种形式。

(2) 电控门锁按结构可分为_____、_____、_____三种形式。

(3) 电控门锁电机线圈电阻应小于_____Ω。

2. 判断题

(1) 门锁电机有电磁式电机和直流电动机式电机。（ ）

(2) 遥控钥匙不能从车外打开门锁。（ ）

(3) 主驾驶员可以控制所有车门上锁。（ ）

3. 选择题

(1) 下面哪一项不是中控门锁的一部分？（ ）
  A. 门锁电机　　　B. 主控开关　　　C. 门锁总成　　　D. 门窗玻璃

(2) 下列哪一项不属于中控门锁的故障原因？（ ）
  A. 熔断丝烧断　　B. 继电器损坏　　C. 门锁电机损坏　　D. 线束通路

(3) 以下不属于中控门锁开关的是（ ）。
  A. 中控闭锁开关　　　　　　　　B. 中控开锁开关
  C. 门锁锁止状态信号开关　　　　D. 点火开关

4. 简答题

(1) 简单介绍中控门锁的功能。

(2) 风窗中控门锁由哪几部分组成？

(3) 分析中控门锁不工作的原因。

任务四 电动后视镜工作异常的故障诊断与排除

任务导入

客户将一辆福田戴姆勒 EST 载货汽车送至服务站进行维修。客户对该车的故障描述为:车辆电动后视镜不能调节,驾驶员不能根据路况调节后视镜角度,影响驾驶安全。请根据本任务中你学到的知识及时对该车辆进行维修。

任务学习

一 学习目标

通过本任务的学习,应当能:
1. 就车正确指认商用车电动后视镜的位置;
2. 在教师的指导下,查阅维修手册制订电动后视镜电路故障的检查方案,并进行故障排除;
3. 规范地拆装电动后视镜、传动机构等;
4. 通过学生对方案的制作及交流展示,培养学生的团队合作和语言表达能力;
5. 根据任务的实施情况进行自我评价与总结,培养分析问题、解决问题及归纳总结的能力。

二 学习内容

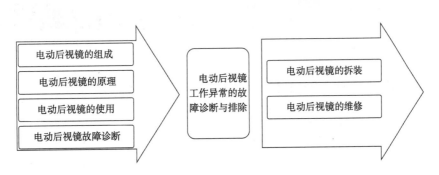

一 任务准备

引导问题 1 你知道商用车的电动后视镜由哪几部分组成吗?

（1）电动后视镜是用来调节左右外侧后视镜角度的。为了方便驾驶员调整后视镜的角度，车辆安装有电动后视镜，驾驶员坐在座椅上直接操纵开关，通过电动机就可以方便地对左右后视镜的角度进行调节。电动后视镜还具有加热功能，可以除霜或者消除水雾。

（2）电动后视镜一般由选择开关、调节开关、加热开关、调节电机、加热丝、后视镜片、壳体、支架等组成。图 6-4-1 所示为电动后视镜控制系统及其组件的安装位置。

（3）后视镜开关（图 6-4-2）。旋转选择开关可以用来选择调整左镜还是右镜；旋钮在中间时，不能控制后视镜；向左旋转开关，指示刻度线转到左侧位置，代表此时控制左后视镜；向右旋转开关，指示刻度线转到右侧位置，代表此时控制右后视镜。调节开关可以调节后视镜的方向、角度、位置。向上、下、左、右 4 个方向扳动开关，可控制后视镜的 4 个调节方向；旋转选择开关到加热位置，电动后视镜开启加热功能，可以除霜或者消除水雾。

图 6-4-1　电动后视镜控制系统及其组件安装位置　　　图 6-4-2　后视镜开关

引导问题 2 你会识读电动后视镜电路吗?

根据驾驶员的操作，首先旋转选择开关至左侧，电动后视镜开关 6 号和 7 号接通。然后搬动开关向上调节开关 2 号和 7 号（电源）接通，3 号和 8 号（搭铁）接通，左电动后视镜上下调节电机 C8/3 和 C8/1 对应接通，电机旋转向上调节后视镜；然后搬动开关向下调节开关 2 号和 8 号（搭铁）接通，3 号和 7 号（电源）接通，左电动后视镜上下调节电机 C8/3 和 C8/1 对应接通，电机反向旋转向下调节后视镜；其他方向的调节方法与左侧类似。

旋转选择开关至加热挡位，右门控制器 E11/9 通过导线接收到开关的搭铁信号，然后控制 E12/8 输出电压,同时通过 I-CAN 通信线路将加热开关信号传递给左门控制器,左门控制器控制 C13/8 输出电压,左右后视镜开始加热除霜。

二、任务实施

1. 质量要求
参照厂家的质量标准要求。

电动后视镜
电路原理图

2. 组织方式
每 6 位同学一组,按照企业岗位操作标准,规范地对车上的风窗玻璃刮水器进行检修作业。每组作业时间为 30min。

引导问题 1 完成本任务,需要使用的主要工、量具有哪些?

1. 技术要求与标准
(1) 严格按照安全操作规程,熟练、快速地检查电动后视镜;
(2) 在使用万用表的过程中,要根据测量对象选择正确的挡位;
(3) 习惯性使用"三件套"、发动机舱防护罩等汽车防护物品,养成良好的职业习惯;
(4) 养成"采取安全防护措施维修作业"的习惯;
(5) 养成工具、零部件、油液"三不落地"的职业习惯,工具及拆下的零部件等都应整齐地放置在工具车及零件盘中。

2. 设备器材
完成本任务需要的工、量具如图 6-4-3 所示。

3. 场地设施
商用车实训车间、废气排放装置、消防设施等。

4. 设备设施
商用车两辆、工具车、常用工量具、垃圾桶等。

5. 安全防护
车轮挡块、室内"三件套"、车外保护垫等。

6. 耗材
干净抹布、电工胶布。

a) 常用工具(一套)　　b) 万用表

图 6-4-3　任务所需工、量具

引导问题 2 怎样规范拆卸电动后视镜?

1. 拆卸准备
(1) 小组成员共同清洁工位、清点工具,保持场地、设备、工具等干净、整齐、性能良好。
(2) 关闭点火开关并拔下钥匙。

2. 拆卸电动后视镜
(1) 打开车门。
(2) 断开蓄电池负极电缆。

(3)拆卸踏步灯总成。
(4)拆卸前车门下装饰板内板。
(5)拆卸前门内护板装饰板。
(6)拆卸车门外开把手总成。
(7)拆卸车门内饰件安装总成。
(8)拆卸后视镜总成。

①撬下左后视镜底座装饰罩(图6-4-4),拧下左后视镜下侧与车门连接的2颗固定螺栓。

②拧下左后视镜总成上端与车门连接的2颗固定螺栓,取下左后视镜总成(图6-4-5)。

图6-4-4 撬下左后视镜底座装饰罩　　图6-4-5 取下左后视镜总成

(9)安装后视镜总成,顺序拆卸顺序相反。

拧紧左后视镜下侧与车门连接的2颗紧固螺栓,拧紧力矩应为24N·m。随后扣上左后视镜底座装饰罩。

(10)安装车门内饰件安装总成。
(11)安装车门外开把手总成。
(12)安装前门内护板装饰板。
(13)安装前车门下装饰板内板。
(14)安装踏步灯总成。
(15)连接蓄电池负极电缆。
(16)关闭车门。

引导问题 3 检修电动后视镜时,应重点检查哪些零部件?

在检修电动后视镜前,要确保所有的用电设备均已关闭。

1. 检查熔断丝

找到熔断丝盒,找到电动后视镜熔断丝。

2. 检查后视镜调节电机

(1)检查线圈之间电阻,阻值应小于2Ω。
(2)检查线圈与搭铁之间电阻,阻值应为∞。
(3)确保安全后,可进行动态试验。

3. 检查线束和连接器

用手振动或晃动电动后视镜线路连接处是否松动、导线是否从端子中脱开。如果有则需紧固,必要时更换新的线束。检查线路通断情况,断开两端插头之后导线两端阻值应小于1Ω,相邻导线之间阻值应为∞。

引导问题 ❹ 任务评价

本任务的任务评分表见表6-4-1。

任 务 评 分 表　　　　　　　　　　表6-4-1

项目编号：_____

姓名：_____　　学号：_____
作业开始时间：___时___分　　作业结束时间：___时___分　　作业用时：_____

序号	项目	评分项目	评价标准	分值	学生自评	学生互评	教师评价
1	时间要求	按规定时间完成项目作业	酌情扣0~5分	5			
2	质量要求	选用工具恰当	酌情扣0~5分	5			
3		能正确使用电动后视镜	操作错误无分	10			
4		能正确拆装电动后视镜	操作错误无分	10			
5		能分析电动后视镜故障	操作错误无分	10			
6		能排除电动后视镜故障	操作错误无分	10			
7		排除故障思路正确清晰	操作错误无分	10			
8		能正确查阅资料	操作错误无分	10			
9		及时清理工具和工作现场	酌情扣0~10分	10			
10	安全要求	遵守安全操作规程	酌情扣0~10分	10			
11	文明要求	按文明生产规则进行操作	酌情扣0~5分	5			
12	环保要求	更换旧件放入规定回收桶	酌情扣0~5分	5			
		本任务得分		100			
				日期：			

注:发生重大事故(人身和设备安全事故)、严重违反维修原则和有情节严重的野蛮操作等,采取一票否决制。

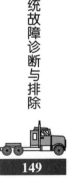

三、学习测试

1.填空题
(1)电动后视镜片有_____、_____、_____、_____四个调节方向。
(2)电动后视镜有_____、_____、_____三个开关。
(3)电动后视镜开启加热功能可以_____和_____。

2.判断题
(1)电动后视镜需要两个电机调节上、下、左、右四个方向。（　　）
(2)左、右后视镜必须分开调节,不能同时调节。（　　）
(3)左、右后视镜可以同时加热。（　　）

3.选择题
(1)下面哪一项不是电动后视镜的一部分？（　　）
　　A.调节开关　　B.加热丝　　C.后视镜镜片　　D.门窗玻璃

(2)下列哪一项不属于电动后视镜的故障原因?(　　)

　　A.熔断丝烧断　　B.继电器损坏　　C.电机损坏　　D.线束短路

(3)以下不属于电动后视镜开关的是(　　)。

　　A.调节开关　　B.选择开关　　C.加热开关　　D.锁止开关

4.简答题

(1)简单介绍电动后视镜的功能。

(2)电动后视镜由哪几部分组成?

(3)分析电动后视镜不加热的原因。

参 考 文 献

[1] 王林超. 商用车电气系统构造与维修[M]. 北京：人民交通出版社股份有限公司, 2018.

[2] 王强. 商用车新技术[M]. 北京：人民交通出版社, 2014.

[3] 张茂国. 汽车电气设备构造与维修[M]. 2版. 北京：人民交通出版社股份有限公司, 2016.

商用车产教融合一体化活页式系列教材

Shangyongche Dianqi Shebei Guzhang Zhenduan yu Paichu

商用车电气设备故障诊断与排除

(Gongzuoye)

(工作页)

刘海峰　郇延建　**主　编**
侯宪德　张　润　**副主编**
　　　　崔玉清　**主　审**

人民交通出版社股份有限公司
北　京

内 容 提 要

本书是商用车检测维修专业系列教材之一,主要内容分为整车电气认识与检查、电源系统故障诊断与排除、起动系统工作异常故障诊断与排除、照明装置与信号装置故障诊断与排除、组合仪表工作异常故障诊断与排除、辅助电气系统故障诊断与排除六个项目,每个项目下又分为若干个任务,每个任务包括任务导入、任务学习、资讯储备、任务实施、学习测试五个部分。

本书可作为职业院校商用车相关专业教材,也可以作为职业技能培训和其他从事相关专业专业人员的参考用书。

图书在版编目(CIP)数据

商用车电气设备故障诊断与排除/刘海峰,郇延建主编. —北京:人民交通出版社股份有限公司,2022.8
ISBN 978-7-114-17365-3

Ⅰ.①商… Ⅱ.①刘…②郇… Ⅲ.①商用车辆—电气设备—故障诊断—教材②商用车辆—电气设备—故障修复—教材 Ⅳ.①U469.07

中国版本图书馆 CIP 数据核字(2021)第 107292 号

书　　名:商用车电气设备故障诊断与排除
著 作 者:刘海峰　郇延建
责任编辑:郭晓旭
责任校对:孙国靖　宋佳时
责任印制:刘高彤
出版发行:人民交通出版社股份有限公司
地　　址:(100011)北京市朝阳区安定门外外馆斜街 3 号
网　　址:http://www.ccpcl.com.cn
销售电话:(010)59757973
总 经 销:人民交通出版社股份有限公司发行部
经　　销:各地新华书店
印　　刷:北京武英文博科技有限公司
开　　本:787×1092　1/16
印　　张:22.5
字　　数:528 千
版　　次:2022 年 8 月　第 1 版
印　　次:2022 年 8 月　第 1 次印刷
书　　号:ISBN 978-7-114-17365-3
定　　价:89.00 元(含学生手册)

(有印刷、装订质量问题的图书由本公司负责调换)

商用车产教融合一体化活页式系列教材编审委员会

主任委员： 刘卫民（中国交通教育研究会）
　　　　　　崔士朋（北汽福田汽车股份有限公司）
副主任委员： 刘兴华（山西交通技师学院）
　　　　　　陈继梦（山东交通职业学院）
　　　　　　赵　霞（石家庄工程技术学校）
　　　　　　曾祥亮（四川交通运输职业学校）
　　　　　　陈文钧（贵州交通技师学院）
　　　　　　曾　威（广州交通技师学院）
　　　　　　吴晓斌（浙江嘉兴交通学校）
　　　　　　刘庆华（宁波技师学院）
　　　　　　陈作兴（山东交通技师学院）
　　　　　　樊海林（广西交通技师学院）
　　　　　　戴良鸿（江苏汽车技师学院）
　　　　　　刘岸平（北京福田戴姆勒汽车有限公司）
　　　　　　李梅红（北京福田戴姆勒汽车有限公司）
　　　　　　柴睿敏（北京福田康明斯发动机有限公司）
　　　　　　阚有波（安莱（北京）汽车技术研究院）
　　　　　　李洪港（北京教盟博飞教育科技有限公司）
　　　　　　陈　键（山东英创天元教育科技有限公司）
委　　员： 周新勇（北京福田戴姆勒汽车有限公司）
　　　　　　管恩进（北京福田戴姆勒汽车有限公司）
　　　　　　位延明（北京福田戴姆勒汽车有限公司）

胡明飞(北京福田戴姆勒汽车有限公司)
李文娟(北京福田康明斯发动机有限公司)
卫云贵(山西交通技师学院)
刘海峰(山东交通技师学院)
屠剑敏(宁波技师学院)
韩斌慧(西安航空职业技术学院)
丁在明(山东交通职业学院)
张东伟(石家庄工程技术学校)
武光华(吉林工程技术师范学院)
魏垂浩(江苏汽车技师学院)
杨二杰(四川交通技师学院)
刘　卯(贵州交通技师学院)
周　峰(嘉兴市交通学校)
方　升(浙江交通技师学院)
王玉珊(哈尔滨市第二职业中学)
谢婉茹(天津市劳动经济学校)
刘　晶(安徽合肥技师学院)
王勇勇(山西交通技师学院)
张　力(山东交通职业学院)
王光林(广州交通技师学院)
肖华炜(广西交通技师学院)
曾　鑫(武汉软件工程职业学院)
李丕毅(上海交通职业技术学院)

秘　书　长：韩亚楠(人民交通出版社股份有限公司)

本书编委会

主　　编：刘海峰　郁延建
副 主 编：侯宪德　张　润
参编人员：王明乾　吴　昊　邢振启　车庆生　王兰峰
　　　　　黄　阔
主　　审：崔玉清

序一

　　一本好的教材，是专业课程教师教学成功的一半；也是学生学好专业知识的基本保障。基于这种认识，在中国交通教育研究会的教育科研规划中，我们把组织编写系列交通专业课程教材，为专业课程教学提供高质量的范本作为四项重点工作之一。

　　商用车作为现代经济社会发展的重要生产工具，形成了多品牌、多车型、多使用场景的庞大市场。目前，我国作为世界第二大经济体，是世界上最大的商用车市场，2020年商用车产销量分别达到523.1万辆和513.3万辆，创历史新高。商用车后市场是涵盖整车、发动机、零部件、经销商、维修企业、保险、商用车驾驶员等多种行业业态的庞大市场，发展潜力巨大。随着"一带一路"建设的高质量发展，商用车海外市场布局也不断扩展，我国商用车出口量逐年增加，商用车海外市场对商用车售后配件和服务需求也相应大增，发展前景看好。

　　经济社会高质量发展，需要高质量人才来保障。从我国商用车后市场的整体情况看，从业人员保守估计在百万以上。由于全国开设商用车技术服务相应专业的院校相对较少，以及其他一些原因，目前该行业从业人员在知识、技能和素养方面远远不能适应行业高质量发展的需要。近年来，各大商用车企业和职业院校强强联合，深度推行产教融合和校企合作，在专项技能人才培养及教学资源开发方面进行了大量的探索研究。在理实一体化教学、模块化教学、多媒体教学及科研等方面都进行了不同程度的探索应用。但是，由于积累的问题较多，真正能用在商用车从业人员人才培养、技术考核评价方面实用、好用的教材和教学资料还较少，特别是能体现当今一体化教学思想的就更少，还远远不能满足培养大批高素质技术技能人才的实际需要。中国交通教育研究会和北京福田戴姆勒公司共同组织编写商用车系列教材，就是为改变这种状况做的一件实实在在有意义的工作。

　　众所周知，职业教育是一种教育类型。在专业培养计划中突出职业岗位技能训练，通过校企合作加强职业岗位技能训练、职业精神培养，这是职业教育取得成功的重要一环。因此，在职业教育专业课程教材编写方面，强调校企合作，及时把企业生产和服务一线的先进技术标准、服务规范和基本要求引入教材之中，这是职业教育专业课程教材编写应该遵守的基本规则。从组织本套系列教材的编写过程和结果来看，校企合作双方编写者，就是按照这个基本规则来精心组织编写工作的。

　　为保证本套教材的编写质量和实用性，我们组织了山西交通技师学院、山东交通技师学院、宁波技师学院、吉林工程师范学院、燕山大学、西安航空职业技术学院、广州交通技师院校、广西交通技师学院、四川交通技师学院和嘉兴市交通学校的20多位教授、副教授、高级工程师、博士；企业方面组织了北京福田戴姆勒公司、福田康明斯发动机公司、安莱(北京)汽车技术研究院、北京教盟博飞的技术专家和技能大师。在内容上,基本理论知识系统完整,技术知识方面系列教材融入了福田戴姆勒公司、福田康明斯发动机公司、采埃孚变速箱公司,潍柴发动机集团、陕西法士特变速箱公司等一批企业的先进技术标准和服务规范。编写工作力求将基本理论和技术知识与先进技术标准和服务规范、实际操作经验有机融合,让院校学生和企业职工能从理论技术、标准规范和实战经验三个维度获取知识,系统性提高专业素养。

在编写过程中,组织了多次研讨会、评审,校企双方参加编写工作的专家、骨干教师和技术技能大师们,本着力求编写出一套受欢迎的好教材的意愿,对编写工作认真负责、踏实严谨、精益求精;对编写中遇到的相关理论、技术和表达方式等问题深入探讨、坦诚交换意见,力求准确实用。从教材内容看,基本理论知识完整系统,技术知识先进,标准规范和实战经验实用可靠,完全符合组织系列教材编写时所设定的要求。可以说,这是一套具有开创性和实用性的好教材,达到了目前同类教材的先进水平。

在组织编写本套教材的工作中,中国交通教育研究会机动车职业教育发展研究中心副秘书长王勇勇主任、北京福田戴姆勒汽车有限公司网络培训部周新勇部长和北京教盟博飞李洪港总经理做了大量组织协调沟通工作;中国交通教育研究会机动车职业教育发展研究中心执行主任/山西交通技师学院刘兴华院长和卫云贵主任、燕山大学金立生教授、西安航空韩斌慧教授、宁波技师学院刘庆华教授(重型车辆维修世赛项目专家组组长)和高吉技能大师(重型车辆维修世赛项目国家教练)、吉林工程师范学院武光华博士和谢宪毅博士、山东交通技师学院郇延建主任、技能大师洪钺程和李华均等同志,充分发挥了组织领导和理论技术把关的作用;人民交通出版社股份有限公司的编辑为系列教材出版提供了相关指导;北京福田戴姆勒汽车有限公司和人民交通出版社股份有限公司为系列教材编写、出版提供了资助。没有他们的努力和支持,系列教材编写和出版是不可能的。在此一并表示衷心的感谢!

系列教材的出版,只是编写工作的一个节点。教材好不好、质量高不高,如何改进,要听取各方面的意见建议。希望看到教材的领导、专家、学者不吝赐教;特别是使用教材的院校和企业的老师,能多多听取并综合学生与职工的意见,提出修改意见建议。系列教材编写工作的目标是,经过校企合作双方参编人员的共同努力,不断修改完善,通过"使用——修改——再使用——再修改"这样的良性互动,打造一套深受院校和企业欢迎的精品教材,为提高商用车技术服务行业从业人员素质做一件实事,为加快交通强国建设作出我们应有的贡献。

2022 年 6 月

序二

随着国民经济建设的蓬勃发展,我国汽车产业也取得了较大的发展,已建成全球规模最大、品类齐全、配套完整的汽车产业体系,成为制造强国建设的重要支撑。商用车产业作为汽车产业的重要分支,对我国各行各业的发展,起着重要作用,为我国社会发展、经济建设做出了突出贡献。福田戴姆勒汽车作为商用车的龙头企业,已领跑商用车领域15年,取得了辉煌的成绩,面对国际行业竞争加剧的严峻形势,突出以满足客户需求为引领,在国内外市场竞争中保持优势、立足长效,呈现出"智能、高效、绿色、互联、安全、共享"的六大发展势头,提出了"3.2.1闪修"服务理念,以提升客户服务满意度这个核心,让用户体验更高效、更便捷的"全方位、全领域、全周期"的三全服务。

目前,商用车全产业链的研发、制造、销售、服务等环节已经形成了种类相对齐全、配套相对完整的产业体系,商用车产业正处在转型升级和高质量发展的关键时期。在日益严格的环保、安全、节能等法规和国际产品技术竞争形势加剧等因素的影响下,商用车市场集中度不断提高,整体市场呈现创新技术、多元模式、精细运营的趋势,但同时也出现了商用车产业人才极度短缺和整体技术能力偏低的现状,尤其是实用型高技能人才缺口较大。行业的发展及对人才的需求对商用车技术人才的培养提出了新的挑战,特别是新一轮科技革命和产业变革,对商用车人才素质提出了更高要求。

"十四五"时期是我国"两个一百年"奋斗目标的历史交汇期,是我国汽车产业实现转型升级、迈向汽车强国的关键窗口期,在"十四五"规划和2035年远景目标纲要中,着重提出了深入实施汽车强国战略。商用车产业作为汽车产业的重要组成部分,其商用车技术人才队伍的建设与培养成为转型升级与发展的关键成功因素,是解决"高级工、现代型、复合型"技术技能人才数量不足和质量偏低的重要途径。为此,需要充分发挥政府、企业、学校多方优势资源,坚持立德树人,优化职业教育类型定位,深化产教融合、校企合作,深入推进育人方式、办学模式、管理体制、保障机制改革,大力建设现代产业学院,稳步发展职业教育,推动职普融通,增强职业教育适应性,加快构建现代职业教育体系,实现培养和教育更多商用车高素质技术技能人才、能工巧匠、大国工匠提质增效,成功转型迈入商用车产业高质量发展的快速轨道。

2021年4月,全国职业教育大会在京召开,习近平总书记作出重要指示:"在全面建设社会主义现代化国家新征程中,职业教育前途广阔、大有可为"。为解决商用车服务行业中存在的人力痛点问题,急需打造一套商用车领域的优秀教材丛书;其内容应能以市场人才需求为导向,并紧跟企业的技术进步和产品迭代。在中国交通教育研究会、福田戴姆勒汽车、人民交通出版社股份有限公司和编者的共同努力下,经过多次教材开发研讨、评审和修订,出版了这套"商用车产教融合一体化活页式系列教材"。希望本套教材的应用,能为中国职业教育在商用车领域的发展和提升做出贡献。

北京福田戴姆勒汽车股份有限公司
2022 年 6 月

丛书前言

当今世界正经历百年未有之大变局,新冠疫情的爆发,中美贸易战、技术战持续升级,我国发展的外部环境呈现更多不稳定性、不确定性。中国经济已由高速增长阶段转向高质量发展阶段,正在贯彻新发展理念,构建国内大循环为主体,国内国际双循环的新发展格局。新一轮科技革命、产业革命快速推进,新技术、新业态、新产品、新模式不断涌现,电动化、智能化、网联化、共享化和数字化加速产业各领域和各环节的深度变革和创新发展。汽车工业作为产业关联度高、科技集中性强的现代化产业,是国民经济发展的重要支柱产业,已成为国家实施制造强国战略、双碳战略,打造双循环新格局,实现自主可控、安全高效发展,增强国际竞争力的重要力量,受到党中央国务院的高度重视。各国为抢占发展制高点的战略竞争全面展开,国际高等教育格局发生深刻变化,我国高等教育进入普及化阶段,迎来良好的发展机遇,教育的基础性、优先发展的地位进一步确立,实施科教兴国、人才强国、创新驱动发展和可持续发展战略,提高质量、促进公平、优化结构成为教育现代化的攻坚战,从而实现科技强国、技能强国、制造强国的奋斗目标。

在我国汽车产业实现转型升级、迈向汽车强国的关键窗口期,商用车行业迎来了前所未有的发展期。随着人民生活水平不断提高,人们对商用车的需求越来越多,伴随着物流、仓储、矿山、机场、港口等行业的快速发展,快递、冷链运输等细分市场的快速增长,商用车行业正在步入发展的高速期。同时,随着蓝天保卫战的持续推进,国六排放标准的全面实施,商用车后市场各环节的不断贯通、融合,人才缺口急剧扩大。目前,国内商用车系列丛书及参考资料缺乏,虽然有个别几本商用车方面书籍,但却没有自成体系,出现了"学生无教材可用,从业人员无资料可学"的状态。因此,为适应商用车行业发展人才需求,推广商用车新技术,需教育先行,教材入手。教材作为教育的有力抓手,作为学生学习、人员从业的重要工具,人民交通出版社股份有限公司高度重视,组织了全国十余所高等学校编写"商用车系列规划教材",并于2019年4月召开了第一次编写工作会议,确定了商用车教材编写的总体思路,于2020年11月召开了第二次编写工作会议,全面审定了商用车教材的编写大纲,于2021年7月召开了第三次编写工作会议,全面审定了商用车教材初稿,并成为目前全国发起最早的首套商用车系列教材。在编者和出版社的共同努力下,目前这套规划教材陆续出版。

这套教材包括《商用车柴油发动机故障诊断与检修(上)》《商用车柴油发动机故障诊断与检修(下)》《商用车底盘故障诊断与检修(上)》《商用车底盘故障诊断与检修(下)》《商用车电气设备故障诊断与排除》《商用车空调系统故障诊断与排除》《商用车维护》《商用车营销》《商用车文化与从业人员职业素养》《商用车智能网联技术》10门课程,涵盖了商用车方向主要专业核心课程。该套教材以福田戴姆勒、福田康明斯、潍柴、法士特、采埃孚等世界知名企业为依托，以最新的国六商用车产品为基础，大力推广商用车主流新技术，以"项目载体、任务驱动、工单引领"为编写风格，融入大量课程思政元素，以培养应用复合型、技术技能型人才为主，体现出"重应用"及"加强创新能力和工程素质培养"的特色，突出学习方法、学习能力、专业能力和社会能力全面发展为目的，培养小组合作分析问题、解决问题、归纳总结等能力，按照咨询、决策、计划、实施、检查、评估完整的行动过程进行设计，并配以视频、动画等数字化教学资源，充分考虑知识体系的完整性、准确性、正确性和适用性，做到通俗易懂，图文并茂。

为方便教师教学、学生自学、从业人员参考，本套教材配有多媒体教学课件，课件中除教学内容外，还有图片、动画等内容，以增加学生的感性认识。

反映汽车行业中商用车领域的最新研究成果、最新的标准或规范，体现教材的系统性、完整性和应用性，是本套教材力求达到的目标。在企业、高校及所有编审人员的共同努力下，商用车系列规划教材的出版，必将为我国高等学校汽车类相关专业建设起到重要的促进作用。

"商用车产教融合一体化活页式系列教材"编审委员会
2022 年 6 月

本书前言

本书作为中国交通教育研究会和北京福田戴姆勒汽车股份有限公司发起的"商用车产教融合一体化活页式系列教材"之一，根据《商用车检测维修职业能力评价规范》（T/CICE 01—2019），并结合我国商用车维修领域技能型紧缺人才需求的实际情况，借鉴国内外先进的职业教育理念、模式和方法，并参照相关的国家职业标准和行业的职业技能鉴定规范，采用基于工作过程的工学一体化教学的编写体例，对教学内容和教学方法进行了大胆的改革。

本书坚持"以服务为宗旨，以就业为导向"的指导思想，突出了职业技能教育的特色。本书的主要特点如下：

1. 在编写理念上，根据职业院校学生的培养目标及认知特点，打破了传统的"理论—实践—再理论"的认知规律，代之以"实践—理论—再实践"的新认知规律，突出"做中学，学中做"的职教理念。

2. 在编写体例上，打破了原有的"以学科为中心"的课程体系，建立以工作过程为导向、以工作任务为引领的课程体系，力求培养学生的职业素养和职业能力，并把培养学生的职业能力放在突出位置。

3. 在编写内容的安排上，以典型工作任务为依据，以项目为载体，由易到难，循序渐进。教材编写中所采用的图例直观形象，好教易学，内容紧扣主题，定位准确。

4. 在教学思想上，坚持理论与实践、知识学习与技能训练一体化，贯彻"做中学，学中做"的职教理念，强调实践与理论的有机统一，技能上力求满足企业用工需要，理论上做到适度、够用。

全书共六个项目，每个项目都由若干个任务组成，项目的后面带有任务实施步骤和学习测试，以完成项目的工作过程为主线，把工作和学习紧紧结合在一起，充分调动了学生自主学习和实践的积极性。

本书由多年职业院校教学工作经验的一线骨干教师，在企业、行业专家全程指导下编写而成。

本书由山东交通技师学院刘海峰、郐延建担任主编，山东交通技师学院侯宪德、北京福田戴姆勒汽车有限公司张润担任副主编，参与编写的还有山东交通技师学院王明乾、吴昊、邢振启、车庆生、王兰峰、黄阔。全书由山东交通技师学院郐延建负责统稿，北京福田戴姆勒汽车有限公司崔玉清主审。

在编写过程中参考了大量国内外相关著作和文献资料,在此一并向有关作者表示真诚的感谢。

由于编者水平有限,难免有错漏之处,敬请读者批评指正。

作 者
2022 年 7 月

目录 CONTENTS

项目一 整车电气认识与检查 ··· 1
  任务一　识读整车电路图 ··· 1
  任务二　电气系统故障诊断与维修 ······································· 14

项目二 电源系统故障诊断与排除 ··· 26
  任务一　发电机不发电的故障诊断与排除 ································ 26
  任务二　整车无电源供应的故障诊断与排除 ···························· 37

项目三 起动系统工作异常故障诊断与排除 ································ 52
  任务　起动机不工作的故障诊断与排除 ································· 52

项目四 照明装置与信号装置故障诊断与排除 ···························· 64
  任务一　前照灯工作异常的故障诊断与排除 ···························· 64
  任务二　前雾灯不亮的故障诊断与排除 ································· 76
  任务三　转向灯不亮的故障诊断与排除 ································· 87
  任务四　喇叭工作异常的故障诊断与排除 ······························ 99

项目五 组合仪表工作异常故障诊断与排除 ······························ 109
  任务一　车速表不指示的故障诊断与排除 ····························· 109
  任务二　仪表指示灯的故障诊断与排除 ······························· 118

项目六 辅助电气系统故障诊断与排除 ···································· 128
  任务一　风窗玻璃刮水器工作异常的故障诊断与排除 ················ 128
  任务二　电动车窗不能正常升降的故障诊断与排除 ··················· 142
  任务三　中控门锁工作异常的故障诊断与排除 ························ 154
  任务四　电动后视镜工作异常的故障诊断与排除 ····················· 165

项目一

整车电气认识与检查

任务一 识读整车电路图

通过本任务的学习,应当能:

1. 陈述整车电气的主要系统及各系统的功能,并能够就车正确指认电气各系统主要部件及线路、线束。
2. 描述汽车常用元器件的作用及原理。
3. 通过查阅电气维修手册和教师讲解,能识读出几种基本类型的电气电路图。
4. 在教师的指导下,根据电路图分析故障原因,制订维修检查方案。
5. 通过学生对方案的制作及交流展示,培养学生的团队合作和语言表达能力。
6. 借助相关的工具设备完成相关故障的检修。
7. 根据任务实施情况进行自我评价与总结,培养分析、解决问题及归纳总结的能力。

工作情境描述

现在有一辆福田戴姆勒 EST 载货汽车,车主将车开到维修站,反映该车使用了两年。现要求对车辆进行一次全面的维护和检查,排查汽车电气系统可能存在的隐患,需要对发动机系统附件进行系统检查,并做好记录,交付客户试车验收。

工作流程与活动

学习活动 1:任务分析及信息收集;
学习活动 2:制订检查方案;
学习活动 3:整车电气的认识与电路图识读;
学习活动 4:评价反馈。

学习活动5：任务评价。

工具：常用拆装工具、汽车专用数字万用表、辅助工具等。
设备：福田戴姆勒 EST 载货汽车、多媒体教学设备等。
资料及耗材：汽车维修手册、教材、工作页及互联网资源等。

学习活动1　任务分析及信息收集

1. 能收集并记录整车电气相关信息。
2. 能叙述整车电气常见的几种电路图表达形式。
3. 能通过试车对整车电气各系统进行检查。
4. 能叙述整车电气的组成及整车电气特点。
5. 能够懂得工作安全和现场生产规范管理。

工具：常用拆装工具、汽车专用数字式万用表等。
设备：整车电气设备台架、整车电气维修手册、多媒体教学设备等。
资料及耗材：汽车维修手册、教材、工作页及互联网资源等。

汽车电气系统的性能好坏直接影响汽车的动力性、经济性、可靠性、安全性、舒适性以及排放等性能。汽车电气系统是现代汽车发展水平的一个重要标志，其科技含量已成为衡量现代汽车档次的重要指标之一。本项目主要介绍整车电气组成、整车电气特点、常用元器件认识、电路图识读等。所以分析和检修相关电气系统时，要参考汽车维修手册。

问题1：需要对车上哪些电气设备进行日常维护？
询问客户在平时怎样维护自己的车辆？

_____
_____

问题2：不同人对问题的描述可能不同，问询的方式很重要。
询问客户在平时的电气设备检查中用什么样的方法和工具？

_____
_____

根据车主反馈的信息,总结分析目前整车电气使用状态。

查阅车辆相关信息,填写故障诊断单(表 1-1-1)。使用故障诊断单以避免遗漏信息是非常重要的。

故障诊断单　　　　　　　　　　　　表 1-1-1

客户姓名		车型或年份		VIN 码	
车辆型号		发动机型号		里程	
故障日期		制造日期		维修日期	
各系统工作状态	□电源系	□起动系	□照明与信号系 □仪表系	□辅助电气设备	
	□继电器有异常	□熔断装置有异常		□线路老化	
发动机状况	□起动时	□起动后			
路况	□低摩擦路面(□雪地、□沙砾路面、□其他路面)		□颠簸/坑洼路面		
行驶条件	□完全加速　　□高速转向　　□车速:大于 10km/h □车速:小于 10km/h　　□车辆停止				
施加制动状态	□突然	□逐渐			
其他状态	□电气设备操作	□换挡	□其他说明		
备注					

引导问题 1 汽车电气系统由哪些部分组成?

如图 1-1-1 所示,填写汽车电气系统组成部分名称及作用,完成表 1-1-2。

图 1-1-1　汽车电气系统组成

汽车电气系统组成部分及作用　　　　表 1-1-2

组成部分	作　用

引导问题 ❷ 汽车电气系统有什么特点?

1._____

　　汽车电气系统的额定电压有_____、_____两种,汽油车普遍采用_____电系,而柴油车多采用_____电系。电气产品额定运行端电压,对发电装置 12V 电系为 14V;对 24V 电系为 28V。对用电设备,当电压在 0.9～1.25 倍额定电压范围内变动时应能正常工作。

2._____

　　汽车电气系统采用直流是因为起动发动机的起动机为直流串励式电动机,其工作时必须由蓄电池供电,而蓄电池消耗电能后又必须用直流电来充电。

3._____

　　_____是指从电源到用电设备只用一根电线连接,而另一根导线则由金属部分如车体、发动机等代替作为电气回路的接线方式,该种方式具有哪些优点?

4._____

　　采用单线制时,蓄电池的负极必须用导线接到车体上,称为负极搭铁,这是国家标准规定的,也是交流发电机正常工作的必要条件。

引导问题 ❸ 汽车电气系统中有哪些常见开关、电路保护装置和继电器?

1. 开关

　　开关在汽车电气系统中是使用广泛的电气控制器件。欧曼载货汽车上使用的开关不仅样式美观,且动作灵巧,主要分为以下几种类型:按钮式开关、翘板式开关及其他开关。

　　请你完成表 1-1-3 的填写。

汽车电气系统开关的图形及作用　　　　表 1-1-3

开关名称	图　形	作　用
起动开关		
仪表调光开关		
轮间差速开关		
后雾灯开关		
组合开关		

2. 电路保护装置

(1)汽车上的电路保护装置有_____、_____和_____。

(2)请你完成表 1-1-4 的填写。

电路保护装置的名称及作用　　　　　　　　　表 1-1-4

图　形	名　称	作　用
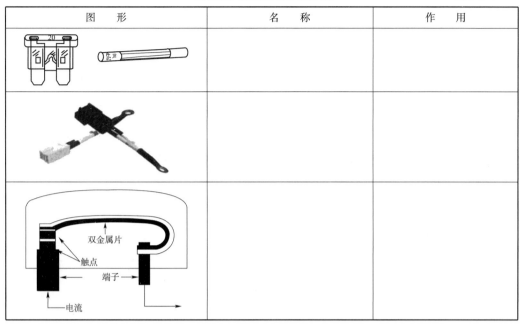		

3.继电器

(1)继电器按照常态下触点的闭合状态可以分为_____和_____,如图 1-1-2 所示。

图 1-1-2　继电器的状态

(2)继电器及熔断丝在汽车上的位置如图 1-1-3 所示,图中 1、2、3 分别表示什么?

1_____;2_____;3_____。

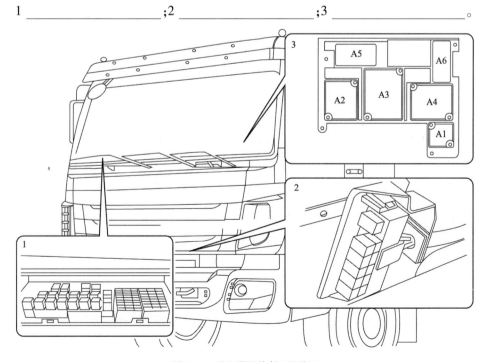

图 1-1-3　继电器及熔断丝的位置

引导问题 ❹ 汽车电气元件表示符号是什么？

把表 1-1-5 中各符号的名称补充完整。

汽车电气元件符号及名称　　　　　表 1-1-5

符　号	名　称	符　号	名　称	符　号	名　称
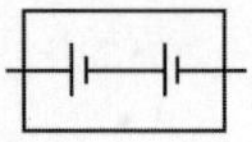					
		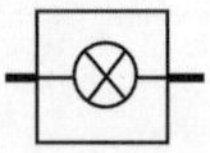		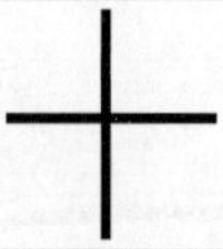	
		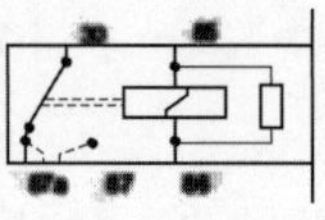			
		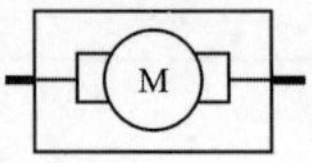			
		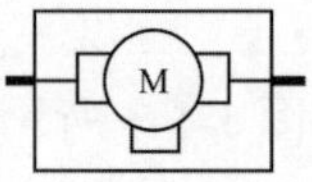		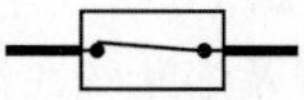	
		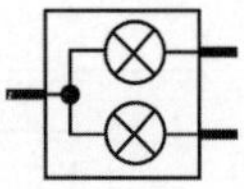		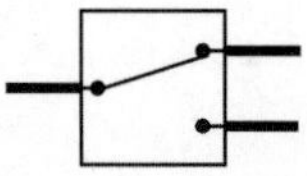	
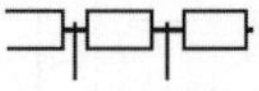				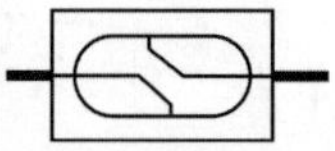	
				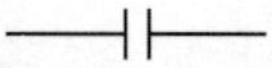	

▶ 知识拓展

1. 柴油机有点火系吗？为什么？

2. 当车上熔断丝坏了，未经线路检测直接更换新的熔断丝就可以吗？

3. 当车上一个 5 A 熔断丝坏了,能用 10 A 熔断丝替换吗?

4. 随着车辆使用时间的增加,对整车电气的日常维护需要注意哪些方面?

评价与分析

本学习活动的学习活动过程评价表见表 1-1-6。

学习活动过程评价表　　　　表 1-1-6

班级		姓名		学号		日期	年　月　日
序号	评价要点			配分	得分		总评
1	能正确描述出各电气系统的名称和作用			10			A□(86~100 分) B□(76~85 分) C□(60~75 分) D□(60 分以下)
2	能够陈述整车电气的特点			10			
3	能写出熔断丝的分类和区别			15			
4	能描述出继电器的名称和作用			15			
5	能查阅相关资料,明确发动机的正常使用规范			10			
6	能遵守劳动纪律,以积极的态度接受工作任务			10			
7	能积极参与小组讨论和团队间相互合作			15			
8	能及时完成教师布置的任务			15			
	总分			100			
小结 建议							

学习活动 2　制订检查方案

学习目标

1. 能陈述整车电气检查方案的制作要求。
2. 能在教师指导下,制定整车电气认识的检查流程。
3. 能以小组合作的方式完成整车电气检查方案的制作。
4. 能在检查方案的制作过程中学会简单电路图的识读方法和技巧。

工具：常用拆装工具、数字式万用表、辅助工具等。
设备：车辆、多媒体教学设备等。
资料及耗材：汽车维修手册、教材、工作页及互联网资源等。

问题1：如何进行整车电气识别和部件认识？

查阅维修手册，对照实车，制订认识整车电气的方案及步骤。

步骤1：_____
步骤2：_____
步骤3：_____
步骤4：_____
步骤5：_____
步骤6：_____
步骤7：_____
步骤8：_____

问题2：如何全面检查整车电气熔断丝和继电器？

查阅维修手册，根据电气原理图，制订整车电气熔断丝盒继电器检查方案。

步骤1：_____
步骤2：_____
步骤3：_____
步骤4：_____
步骤5：_____
步骤6：_____
步骤7：_____
步骤8：_____
步骤9：_____
步骤10：_____

问题3：如何优化验证方案？

各小组派代表展示交流，讨论学习后，重新调整自己的检查流程并说明原因。

_____
_____
_____
_____
_____
_____
_____

评价与分析

本学习活动的学习活动过程评价表见表1-1-7。

学习活动过程评价表　　　　　表1-1-7

班级		姓名		学号		日期	年　月　日
序号	评价要点				配分	得分	总评
1	能够明确整车电气认识观摩方案的制作要求				10		A□（86～100分） B□（76～85分） C□（60～75分） D□（60分以下）
2	能够掌握整车电气认识观摩方案的制作办法				10		
3	能写出整车电气观摩活动的基本流程和组织方法				15		
4	能了解三级点检的定义和要求				15		
5	能查阅相关资料，明确设备正常使用规范				10		
6	能遵守劳动纪律，以积极的态度接受工作任务				10		
7	能积极参与小组讨论和团队间相互合作				15		
8	能及时完成教师布置的任务				15		
	总分				100		
小结 建议							

学习活动3　整车电气的认识与电路图识读

学习目标

1. 能够就车指认整车电气各系统原件。
2. 能查阅维修手册识读各系统电路图。
3. 能够对发动机各系统机构作出简单检查和判定。

学习准备

工具：常用拆装工具、数字式万用表、辅助拆装设备等。
设备：福田戴姆勒EST载货汽车、发动机台架、抽排系统、多媒体教学设备等。
资料及耗材：汽车维修手册、教材、工作页及互联网资源等。

学习过程

引导问题1　完成本任务，需要使用的主要工、量具有哪些？

完成本任务，必须准备好以下工具、设备：

(1)防护装备:工作服、工作鞋。
(2)车辆或整车电气总成台架。
(3)专用工具、设备。
(4)手工工具:组合工具。
(5)辅助材料:干净的抹布、汽车维修手册。

引导问题 2 商用车整车电气组成有哪些系统？分别分布在车辆什么位置？

1. 电源系

电源系统包括蓄电池、发电机、调节器等,其中_____为主电源。

2. 起动系

起动机系统包括_____、_____、_____等,其作用是_____。

3. 照明与信号系

照明系统包括汽车内、外各种照明灯及其控制装置,用于_____。
信号系统包括喇叭、蜂鸣器、闪光器及各种行车信号标识灯,_____。在车上找出各照明与信号灯具。

4. 仪表系统

仪表系统包括各种电气仪表,其作用是_____。

引导问题 3 整车电气电路原理图怎样识读？

汽车电路图的形式有多种,不同的电路图识读方法也不相同。根据图 1-1-4 所示前照灯电路原理图,识读出各位置含义。

图例 1:_____
图例 2:_____
图例 3:_____
图例 4:_____
图例 5:_____
图例 6:_____
图例 7:_____
图例 8:_____
图例 9:_____
图例 10:_____
图例 11:_____
图例 12:_____
图例 13:_____
图例 14:_____

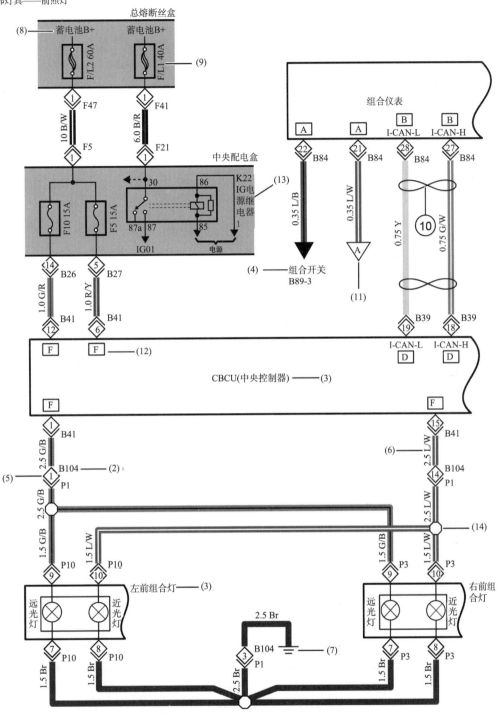

图 1-1-4 前照灯电路原理图

> 知识拓展

1. 电控柴油发动机和汽油发动机起动电源电压不同点在哪里？

2. 通过查阅资料,说出线径的粗细分别有何意义?

3. 你能说出常闭继电器、常开继电器分别会运用在什么电路中吗?

评价与分析

本学习活动的学习活动过程评价表见表1-1-8。

学习活动过程评价表　　　　　　　　　表1-1-8

班级		姓名		学号		日期	年　月　日
序号	评价要点			配分	得分	总评	
1	能正确认识电气各系统名称和安装位置			10		A□(86~100分) B□(76~85分) C□(60~75分) D□(60分以下)	
2	能明确设备正常使用规范			10			
3	能够正确描述整车电气的电路特点			10			
4	能够正确找出继电器和熔断丝盒位置			20			
5	能够正确识读前照灯电路原理图			20			
6	能遵守劳动纪律,以积极的态度接受工作任务			10			
7	能积极参与小组讨论和团队间相互合作			10			
8	能及时完成教师布置的任务			10			
总分				100			
小结建议							

学习活动4　评价反馈

学习目标

1. 能查阅维修手册进行整车电气检查。
2. 能以小组为单位进行学习成果展示。

3. 培养学生的口头表达能力及质量意识。

> **学习准备**

书籍、互联网资源、多媒体设备、展示板。

> **学习过程**

引导问题 ❶ 维修质量评价

问题1：作业完成后，对各小组学习质量的测试有哪些？评价依据是什么？

评价依据1：＿＿＿＿＿＿＿＿＿＿＿＿＿＿＿＿＿＿＿＿＿＿

评价依据2：＿＿＿＿＿＿＿＿＿＿＿＿＿＿＿＿＿＿＿＿＿＿

评价依据3：＿＿＿＿＿＿＿＿＿＿＿＿＿＿＿＿＿＿＿＿＿＿

评价依据4：＿＿＿＿＿＿＿＿＿＿＿＿＿＿＿＿＿＿＿＿＿＿

问题2：作业完成后，你认为整车电气认识过程中需要注意什么？

＿＿＿＿＿＿＿＿＿＿＿＿＿＿＿＿＿＿＿＿＿＿＿＿＿＿＿＿＿＿＿

＿＿＿＿＿＿＿＿＿＿＿＿＿＿＿＿＿＿＿＿＿＿＿＿＿＿＿＿＿＿＿

问题3：如果你需要向客户进行针对整车电气的说明，你会向客户提供什么样的建议？

＿＿＿＿＿＿＿＿＿＿＿＿＿＿＿＿＿＿＿＿＿＿＿＿＿＿＿＿＿＿＿

＿＿＿＿＿＿＿＿＿＿＿＿＿＿＿＿＿＿＿＿＿＿＿＿＿＿＿＿＿＿＿

引导问题 ❷ 任务评价

问题1：以小组为单位，进行整个项目的学习成果汇报展示。在展示中相互学习，列出其他小组中有哪些方面值得学习，自己小组存在什么问题与不足？

其他小组值得学习的地方：

＿＿＿＿＿＿＿＿＿＿＿＿＿＿＿＿＿＿＿＿＿＿＿＿＿＿＿＿＿＿＿

＿＿＿＿＿＿＿＿＿＿＿＿＿＿＿＿＿＿＿＿＿＿＿＿＿＿＿＿＿＿＿

自己小组存在的问题与不足：

＿＿＿＿＿＿＿＿＿＿＿＿＿＿＿＿＿＿＿＿＿＿＿＿＿＿＿＿＿＿＿

＿＿＿＿＿＿＿＿＿＿＿＿＿＿＿＿＿＿＿＿＿＿＿＿＿＿＿＿＿＿＿

问题2：成果展示中，开展小组自评、互评及教师讲评，评价应包含专业知识技能、关键能力及方法能力评价。将评价结果记录在下面。

＿＿＿＿＿＿＿＿＿＿＿＿＿＿＿＿＿＿＿＿＿＿＿＿＿＿＿＿＿＿＿

＿＿＿＿＿＿＿＿＿＿＿＿＿＿＿＿＿＿＿＿＿＿＿＿＿＿＿＿＿＿＿

学习活动 5　任务评价

本任务的任务评价表见表 1-1-9。

任务评价表　　　　　　　　　　　　　　表 1-1-9

班级：_____　　姓名：_____　　学号：_____

项目	自我评价			小组评价			教师评价		
	9~10	6~8	1~5	9~10	6~8	1~5	9~10	6~8	1~5
	得分占总评的10%			得分占总评的30%			得分占总评的60%		
学习活动1									
学习活动2									
学习活动3									
协作精神									
纪律观念									
表达能力									
工作态度									
安全意识									
任务总体表现									
小计									
总评									

任课教师：_____　　年　月　日

任务二　电气系统故障诊断与维修

通过本任务的学习，应当能：

1. 通过查阅汽车维修手册和教师讲解，熟悉汽车电气故障诊断的一般程序。
2. 正确选择需要的检修工具排查电气故障。
3. 在教师的指导下，查阅维修手册制订正确的检修方案。
4. 通过学生对方案的制作及交流展示，培养学生的团队合作和语言表达能力。
5. 根据任务的实施情况进行自我评价与总结，培养分析问题、解决问题及归纳总结的能力。

工作情境描述

现在有一辆福田戴姆勒 EST 载货汽车车主将车开到维修站,反映该车使用了两年,现要求对车辆进行一次全面的维护和检查。请你排查汽车电气系统可能存在的隐患,并做好记录,最终交付客户试车验收。

工作流程与活动

学习活动1:任务分析及信息收集;
学习活动2:制订工量具认识及使用方案;
学习活动3:常用工量具、设备的认识与使用;
学习活动4:评价反馈;
学习活动5:任务评价。

学习准备

工具:常用工量、汽车专用数字式万用表、辅助工具等。
设备:福田戴姆勒 EST-A 车辆、多媒体教学设备等。
资料及耗材:汽车维修手册、教材、工作页及互联网资源等。

学习活动1　任务分析及信息收集

学习目标

1. 能收集并记录整车电气相关信息。
2. 能叙述出常见的几种工量具及设备名称。
3. 能用工量具或设备进行整车电气各系统检查。
4. 能够懂得工作安全和现场生产规范管理。

学习准备

工具:常用工量具、汽车专用数字式万用表等。
设备:整车电气设备台架、整车电气维修手册、多媒体教学设备等。
资料及耗材:汽车维修手册、教材、工作页及互联网资源等。

学习过程

汽车电气系统的性能好坏直接影响汽车的动力性、经济性、可靠性、安全性、舒适性以及排放等性能。汽车电气系统是现代汽车发展水平的一个重要标志,其科技含量已成为衡量现代汽车档次的重要指标之一。本任务主要介绍整车电气检测时常用的工量具、设备的认识和使用方法,所以分析和检修相关电气系统时,要参考汽车维修手册。

引导问题 ① 对车上电气设备进行日常维护时,需借用专业的设备吗?

询问客户在平时使用什么设备维护自己的车辆?

_____

_____

不同人对问题的描述可能不同,问询的方式很重要。
询问客户在平时的电气设备检查中使用什么方法和工具?

_____

_____

根据车主反馈的信息,总结、分析目前整车电气使用状态。

查阅车辆相关信息,填写故障诊断单(表1-2-1)。使用故障诊断单以避免遗漏信息是非常重要的。

故 障 诊 断 单 表1-2-1

客户姓名		车型或年份		VIN码	
车辆型号		发动机型号		里程	
故障日期		制造日期		维修日期	
各系统工作状态	□电源系		□起动系	□照明与信号系 □仪表系	□辅助电气设备
	□继电器有异常		□熔断装置有异常		□线路老化
发动机状况	□起动时		□起动后		
路况	□低摩擦路面(□雪地、□沙砾路面、□其他路面)			□颠簸/坑洼路面	
行驶条件	□完全加速　　□高速转向　　□车速:大于10km/h □车速:小于10km/h　　□车辆停止				
施加制动状态	□突然		□逐渐		
其他状态	□电气设备操作		□换挡	□其他说明	
备注					

引导问题 ② 当汽车电气设备系统出现故障时,应当如何检查?

汽车电气设备包含多个用电系统,当某个用电系统发生故障时,汽车电气故障诊断的一般程序为:

| 引导问题 ❸ | 检修汽车电气系统故障时有哪些常用的检修工具？ |

（1）图 1-2-1 所示设备名称为：_____。

该设备的主要作用是：

① _____。

② _____。

③ _____。

（2）图 1-2-2 所示设备名称为：_____。

该设备的主要作用是：

① _____。

② _____。

  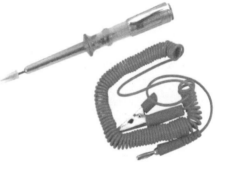

图 1-2-1　设备 1　　　　　　　　　图 1-2-2　设备 2

（3）图 1-2-3 所示设备名称为：_____。

该设备的主要作用是：

_____

_____

（4）图 1-2-4 所示设备名称为：_____。

该设备的主要作用是：

_____

_____

 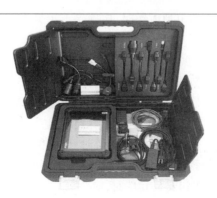

图 1-2-3　设备 3　　　　　　　　　图 1-2-4　设备 4

（5）图1-2-5所示设备名称为：_____。
该设备的主要作用是：
_____
_____

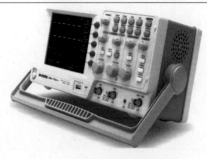

图1-2-5　设备5

引导问题 ④　检修汽车电气系统故障时有哪些常用的检修方法？

查阅相关资料，列出检修汽车电气系统故障时常用的检修方法。
（1）直观法。通过直观检查来发现明显的外部故障。如是否出现局部高温、冒烟、电火花、线路短接、插头松脱、元器件变形等异常情况，可以提高检修速度。
（2）_____。
（3）_____。
（4）_____。
（5）电脑分析法。采用汽车电脑故障诊断仪调取故障码，或者通过分析数据流等进行故障诊断。这种方法广泛应用在汽车电脑控制机构的故障诊断过程中。
（6）检查熔断法。如汽车上某电器突然停止工作，应先查该支路上的熔断装置是否断开，如熔断装置断开，查明原因，检修后恢复熔断装置连接。
（7）_____。

引导问题 ⑤　汽车电气系统故障诊断与检修时有哪些注意事项？

（1）拆卸蓄电池时，应最先拆下_____电缆；安装蓄电池时，应先装_____电缆。拆下或装上蓄电池电缆时，应确保点火开关或其他开关都已_____，否则会导致电子元器件的损坏。
（2）靠近振动部件（如发动机）的线束部分应_____，将松弛部分_____，以免由于振动造成线束与其他部件接触。
（3）不要粗暴地对待电器，也不能随意乱扔。无论器件好坏，都应_____。
（4）与尖锐边缘磨碰的线束部分应_____，以免损坏。安装固定零件时，应确保线不要被夹住或被破坏。安装时，应确保接插头接插_____。
（5）进行维护时，若温度超过80℃（如进行焊接时），应先拆下对___敏感的零件（如ECU）。
（6）拆卸和安装元件时，应_____。拔下汽车上的导线插接器时，应_____。
（7）更换烧坏的熔断器时，应使用规格_____的熔断器。使用比规定容量大的熔断器时会导致电气损坏或引发火灾。

知识拓展

1. 进行商用车检测时需要用到点火正时灯吗,为什么?
   _____
   _____

2. 用数字式万用表进行检测工作时,有什么注意事项?
   _____
   _____

3. 若车上一个5A熔断丝坏了,能用10A熔断丝替换吗?
   _____
   _____

4. 进行整车电气的检测工具维护时,需要注意哪些问题?
   _____
   _____

评价与分析

本学习活动的学习活动过程评价表见表1-2-2。

学习活动过程评价表  表1-2-2

班级		姓名		学号		日期	年　月　日
序号	评价要点				配分	得分	总评
1	能正确描述检测故障的一般顺序				10		
2	能够识别出检测工具的名称及作用				10		
3	能叙述出检测工具的使用方法				15		A□(86～100分)
4	能描述出常用的检测方法				15		B□(76～85分)
5	能查阅相关资料,描述出检测工具的使用注意事项				10		C□(60～75分)
6	能遵守劳动纪律,以积极的态度接受工作任务				10		D□(60分以下)
7	能积极参与小组讨论和团队间相互合作				15		
8	能及时完成教师布置的任务				15		
	总分				100		
小结建议							

学习活动2　制订工量具认识及使用方案

1. 能陈述各种工量具使用方案的制作要求。

2. 能在教师指导下，制订数字式万用表的使用流程。
3. 能以小组合作的方式完成用数字式万用表验证负极搭铁的实验。
4. 能在实验中学会数字式万用表使用方法和技巧。

学习准备

工具：数字式万用表、辅助工具等。
设备：福田戴姆勒 EST 载货汽车、多媒体教学设备等。
资料及耗材：汽车维修手册、教材、工作页及互联网资源等。

学习过程

问题 1：如何对整车电气检测工具进行识别及认识部件？
查阅维修手册，对照实车，制订认识整车电气检测工具的方案及步骤。
步骤 1：_____
步骤 2：_____
步骤 3：_____
步骤 4：_____
步骤 5：_____
步骤 6：_____
步骤 7：_____
步骤 8：_____

问题 2：如何利用万用表检查整车电器熔断丝和继电器？
查阅维修手册，根据电气原理图，制订整车电气熔断丝和继电器检查方案。
步骤 1：_____
步骤 2：_____
步骤 3：_____
步骤 4：_____
步骤 5：_____
步骤 6：_____
步骤 7：_____
步骤 8：_____
步骤 9：_____
步骤 10：_____

问题 3：如何优化验证方案？
各小组派代表展示交流，讨论学习后，重新调整自己的检查流程，并说明原因。
_____
_____
_____
_____

本学习活动的学习活动过程评价表见表1-2-3。

学习活动过程评价表　　　　　　　　　表1-2-3

班级		姓名		学号		日期	年　月　日
序号	评价要点			配分	得分		总评
1	能够明确整车电气工量具认识方案的制作要求			10			A□（86～100分） B□（76～85分） C□（60～75分） D□（60分以下）
2	能够掌握工量具认识方案的制作办法			10			
3	能陈述出整车电气检测时常用的方法			15			
4	能使用万用表进行电压、电阻、电流的测量			15			
5	能查阅相关资料，明确设备正常使用规范			10			
6	能遵守劳动纪律，以积极的态度接受工作任务			10			
7	能积极参与小组讨论和团队间相互合作			15			
8	能及时完成教师布置的任务			15			
总分				100			
小结建议							

学习活动3　常用工量具、设备的认识与使用

学习目标

1. 能够根据实物指认整车电气检测工量具。
2. 能查阅维修手册及资料，找到工量具的使用方法。
3. 能够正确地使用工量具。

学习准备

工具：常用测量工具、数字式万用表、辅助拆装设备等。
设备：车辆或台架、多媒体教学设备等。
资料及耗材：汽车维修手册、教材、工作页及互联网资源等。

学习过程

引导问题 1　完成本任务，需要准备好哪些必要的设备？

1. 技术要求与标准
（1）严格按照安全操作规程，熟练、快速地检查数字式万用表是否能正常工作。
（2）在使用万用表的过程中，要根据测量对象选择正确的挡位。

(3)养成采取安全防护措施维修作业的习惯。

(4)养成将工具、检测件整齐地放置在工具车及零件盘中的习惯。

2. 设备器材

完成本任务需要的设备器材如图1-2-6所示。

a)常用继电器（若干个）   b)数字式万用表

图1-2-6 设备器材

3. 场地设施

工学一体化实训区、实训操作台、消防设施等。

4. 设备设施

商用车两辆、工具车、垃圾桶等。

5. 安全防护

车轮挡块、室内"三件套"、车外保护垫等。

6. 耗材

干净抹布。

引导问题 2 继电器怎样检测？怎样根据检测结果判断继电器的好坏？

1. 开路检测

采用万用表测电阻法。图1-2-7所示为继电器电路图，用万用表_____挡测量:线圈85脚、86脚之间的电阻为_____；30脚、87a脚导通，30脚、87脚电阻为_____，则正常，否则继电器有问题。

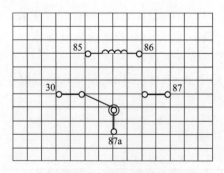

图1-2-7 继电器电路图

2. 加电测试

在85脚、86脚之间加24V电压，用万用表电阻挡测量:30脚、87a脚之间电阻为_____，若30脚、87a脚之间电阻为_____则正常，否则说明继电器有问题。

知识拓展

1. 数字式万用表与指针式万用表相比,有什么优点?
   _____
   _____

2. 通过查阅资料,说出怎样测量一条线路是导通还是断开?
   _____
   _____

3. 你能说出使用示波器的注意事项吗?
   _____
   _____

评价与分析

本学习活动的学习活动过程评价表见表1-2-4。

学习活动过程评价表　　　　　　表1-2-4

班级		姓名		学号		日期	年 月 日
序号	评价要点			配分	得分	总评	
1	能正确准备任务用到的工量具			10			
2	能明确工量具正常使用规范			10		A□(86~100分)	
3	能够正确使用工量具			10		B□(76~85分)	
4	能够使用万用表正确检测继电器			20		C□(60~75分)	
5	能够使用万用表测量蓄电池电压			20		D□(60分以下)	
6	能遵守劳动纪律,以积极的态度接受工作任务			10			
7	能积极参与小组讨论和团队间相互合作			10			
8	能及时完成教师布置的任务			10			
	总分			100			
小结建议							

学习活动4　评价反馈

学习目标

1. 能根据故障现象选用合适的工量具。
2. 能以小组为单位进行学习成果展示。

3. 培养学生的口头表达能力及质量意识。

书籍、互联网资源、多媒体设备、展示板。

引导问题 1　维修质量评价

问题1：作业完成后，对各小组学习质量的测试有哪些？评价依据是什么？

评价依据1：_____
评价依据2：_____
评价依据3：_____
评价依据4：_____

问题2：作业完成后，你认为在整车电气认识过程中需要注意什么？
_____
_____

问题3：如果你需要向客户进行针对整车电气的说明，你会向客户提供什么样的建议？
_____
_____

引导问题 2　任务评价

问题1：以小组为单位，进行整个项目的学习成果汇报展示。展示中相互学习，列出其他小组中有哪些方面值得学习，自己小组存在什么问题与不足？

其他小组值得学习的地方：
_____
_____

自己小组存在的问题与不足：
_____
_____

问题2：成果展示中，开展小组自评、互评及教师讲评，评价应包含专业知识技能、关键能力及方法能力评价。将评价结果记录在下面。
_____

学习活动 5　任 务 评 价

本任务的任务评价表见表 1-2-5。

任 务 评 价 表　　　　　　　　　　表 1-2-5

班级：_____　　　姓名：_____　　　学号：_____

项　目	自 我 评 价			小 组 评 价			教 师 评 价		
	9~10	6~8	1~5	9~10	6~8	1~5	9~10	6~8	1~5
	得分占总评的10%			得分占总评的30%			得分占总评的60%		
学习活动1									
学习活动2									
学习活动3									
协作精神									
纪律观念									
表达能力									
工作态度									
安全意识									
任务总体表现									
小计									
总评									

任课教师：_____　　　年　月　日

项目二

电源系统故障诊断与排除

任务一　发电机不发电的故障诊断与排除

　学习目标

通过任务的学习,应当能:
1. 叙述发电机的工作原理。
2. 知道整车电源供应的原理及相关零部件。
3. 在教师的指导下,分析故障原因,查阅维修资料制订发电机不发电的检查方案。
4. 按正确故障排除步骤进行电源系统故障诊断与排除作业。
5. 通过学生对方案的制作及交流展示,培养学生的团队合作和语言表达能力。
6. 根据任务的实施情况进行自我评价与总结,培养分析、解决问题及归纳总结的能力。

　工作情境描述

一辆福田戴姆勒 EST 载货汽车在行驶中,驾驶员发现用电气工作不正常,充电指示灯常亮,初步确定为发电机不发电故障,需要对电源系统进行全面检查。

　工作流程与活动

学习活动1:任务分析及信息收集;
学习活动2:制订检查方案;
学习活动3:发电机总成的拆检;
学习活动4:评价反馈;
学习活动5:任务评价。

工具:常用拆装工具、汽车专用数字式万用表、辅助工具等。
设备:福田戴姆勒 EST 载货汽车、尾排系统、多媒体教学设备等。
资料及耗材:汽车维修手册、教材、工作页及互联网资源等。

学习活动 1　任务分析及信息收集

学习目标

1. 能收集并记录相关信息。
2. 能叙述电源系统组成部件安装位置。
3. 能叙述发电机的结构组成及工作原理。
4. 能够懂得工作安全和现场生产规范管理。

学习准备

工具:常用拆装工具、汽车专用数字式万用表、诊断仪等。
设备:福田戴姆勒 EST 载货汽车维修手册、多媒体教学设备等。
资料及耗材:汽车维修手册、教材、工作页及互联网资源等。

学习过程

汽车电源系统是汽车的重要组成部分,在汽车上发挥着非常重要的作用。因此认识与学习电源系统的组成及工作原理是学习电源系统故障诊断与排除的关键。本学习活动主要学习电源系统组成、发电机的分类和工作原理、发电机不发电的故障诊断与排除过程。

问题:如何问询发动机异响故障?
询问客户车辆在什么状态下出现这种情况?

_____

_____

不同人对相同故障的描述可能不同,问询的方式很重要。
询问客户在平时的驾驶过程中是否发现什么其他异常问题?

_____

_____

根据这些信息,在试车驾驶中再现该故障。
查阅车辆相关信息,填写故障诊断单(表 2-1-1)。使用故障诊断单以避免遗漏信息是非常重要的。

故 障 诊 断 单　　　　　　　　　　表 2-1-1

客户姓名		车型或年份		VIN 码	
发动机号		变速器		里程	
故障日期		制造日期		维修日期	
故障症状	□部分用电气无法正常工作		□充电指示灯常亮	□电源指示灯常亮	□发动机故障指示灯常亮
发动机状况	□起动前　　　　□急速时　　　　□起动后				
路况	□低摩擦路面(□雪地、□沙砾路面、□其他路面)　□颠簸/坑洼路面				
行驶条件	□完全加速　　　□高速转向　　　□车速:大于10km/h □车速:小于10km/h　　□车辆停止				
施加制动状态	□突然　　　　　□逐渐				
其他状态	□电气设备操作　　□换挡　　　　□其他说明				
备注					

引导问题 1　电源系统的组成有哪些?

如图 2-1-1 所示,简述汽车电源系统的组成。

_____

_____

_____

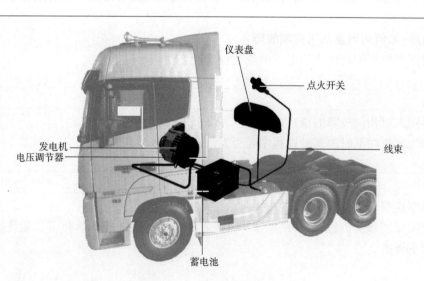

图 2-1-1　汽车电源系统的组成

引导问题 ② 电源系统的工作原理是什么?

（1）车辆在静止状态时，由_____给车辆电气提供直流电，起动时蓄电池向发电机供电，形成磁场。

（2）发动机正常运转后，发电机输出_____，经过电压调节器变压、整流向车辆电气提供直流电，并在蓄电池蓄电量不足时，向_____充电。

（3）当车辆用电设备全负荷运行时，_____和_____同时向车辆电气提供直流电。

引导问题 ③ 发电机的结构组成有哪些？分别有什么作用？

请你写出发电机的结构组成及其作用。

_____
_____
_____
_____
_____
_____
_____
_____

知识拓展

1. 起动车辆时发现多长时间不能起动，应该立即停止？再次起动测试时，要间隔多长时间以上？

_____
_____

2. 安装蓄电池前，应先进行哪些检查工作？

_____
_____

3. 拆卸皮带前，是否应该做好标记，为什么？若更换新的皮带，需要检查什么？

_____
_____

福田戴姆勒载货汽车发电机励磁电路是否为维持发电机磁场绕组产生的供电电路?

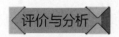

本学习活动的学习活动过程评价表见表2-1-2。

学习活动过程评价表　　　　　　　　　　　　　表2-1-2

班级		姓名		学号		日期	年　月　日
序号	评价要点				配分	得分	总评
1	能正确识读查阅相关的学材明确电源系统的作用				10		
2	能够陈述发电机的组成和工作原理的专业术语				10		A□(86~100分)
3	能写出重型车辆电源系统的电路组成				15		B□(76~85分)
4	能够分析汽车主供电路原理				15		C□(60~75分)
5	能查阅相关资料,明确电源系统及发电机的正常使用规范				10		D□(60分以下)
6	能遵守劳动纪律,以积极的态度接受工作任务				10		
7	能积极参与小组讨论和团队间相互合作				15		
8	能及时完成教师布置的任务				15		
	总分				100		
小结建议							

学习活动2　制订检查方案

1. 能陈述发电机整机检查方案的制作要求。
2. 能在教师指导下,制订发电机拆检流程。
3. 能以小组合作的方式完成发电机拆检方案的制作。
4. 能在检查方案的制作过程中,学会维修方案制作的方法和技巧。

学习准备

工具:常用拆装工具、数字式万用表、辅助工具等。
设备:福田戴姆勒EST载货汽车、抽排系统、多媒体教学设备等。
资料及耗材:汽车维修手册、教材、工作页及互联网资源等。

问题1：如何进行发电机结构识别及认识部件？

查阅维修手册，根据发电机构造原理，制订拆检发电机方案及检查步骤。

步骤1：_____
步骤2：_____
步骤3：_____
步骤4：_____
步骤5：_____
步骤6：_____
步骤7：_____
步骤8：_____
步骤9：_____
步骤10：_____

问题2：如何进行发电机拆检工作过程的全方位检查？

查阅维修手册，根据发电机工作原理，制订拆检发电机工作过程的检查方案。

步骤1：_____
步骤2：_____
步骤3：_____
步骤4：_____
步骤5：_____
步骤6：_____
步骤7：_____
步骤8：_____
步骤9：_____
步骤10：_____

问题3：如何优化检查方案？

各小组派代表展示交流，讨论学习后，重新调整自己的检查流程并说明原因。

_____
_____
_____
_____
_____
_____
_____
_____
_____
_____
_____

本学习活动的学习活动过程评价表见表2-1-3。

学习活动过程评价表　　　　　　表 2-1-3

班级		姓名		学号		日期	年　月　日
序号	评价要点			配分	得分	总评	
1	能够明确发电机拆检方案的制作要求			10		A□（86～100分） B□（76～85分） C□（60～75分） D□（60分以下）	
2	能够掌握发电机拆检方案的制作办法			10			
3	能写出发电机拆检活动的基本流程和组织方法			15			
4	能叙述发电机更换步骤			15			
5	能查阅相关资料,明确设备正常使用规范			10			
6	能遵守劳动纪律,以积极的态度接受工作任务			10			
7	能积极参与小组讨论和团队间相互合作			15			
8	能及时完成教师布置的任务			15			
	总分			100			
小结 建议							

学习活动3　发电机总成的拆检

1. 能够就车指认发电机总成各部件。
2. 能查阅维修手册进行发电机总成的分解。
3. 能够对电源系统中发电机各部分作出简单检查和判定。

工具:常用拆装工具、数字式万用表、辅助拆装设备等。
设备:福田戴姆勒 EST 载货汽车、抽排系统、多媒体教学设备等。
资料及耗材:汽车维修手册、教材、工作页及互联网资源等。

引导问题 1　完成本任务,需要使用的主要工、量具有哪些?

完成本任务,必须准备好以下工具及设备:
(1)防护装备:工作服、工作鞋。

（2）车辆或发动机总成台架。

（3）专用工具、设备。

（4）手工工具：组合工具。

（5）辅助材料：干净的抹布、汽车维修手册。

引导问题 ❷ 发电机不发电的故障原因有哪些？

发电机不发电可能的故障原因及检查措施见表 2-1-4。

发电机不发电的故障原因及检查措施　　　　表 2-1-4

故障现象	可能原因	检查措施
发电机不发电	接线断路，短路，接头松动	检查发电机及电流表接线，修复
	转子、定子线圈断路、短路或搭铁	修复或更换总成
	整流管损坏	更换总成
	桩头纸绝缘损坏，导线断开	修复
	调节器触点烧熔	修复或更换总成
	调节器调整电压过低	修复

引导问题 ❸ 发电机在实车上的什么位置？

如图 2-1-2 所示，找到发电机的位置后，观察发电机实物，对应相关的零件位置，识别零件的名称并准备检查拆卸发电机。

图 2-1-2　发电机位置

引导问题 ❹ 怎样规范拆卸发电机并进行检查？

1. 拆卸准备

（1）小组共同清洁工位、清点工具，保持场地、设备、工具等干净、整齐、性能良好。

（2）关闭点火开关并拔下钥匙，将蓄电池负极电缆拆下。

2. 检查发电机充电电压并拆解发电机

　　（1）_____

　　（2）_____

(3) _____
(4) _____
(5) _____
(6) _____
(7) _____
(8) _____
(9) _____
(10) _____

注意： 拆卸皮带前，应做好标记，防止零部件损害。

引导问题 5 怎样规范安装发电机或更换新发电机？

发电机的安装，按与分解时的相反顺序进行。
(1) _____
(2) _____
(3) _____
(4) _____
(5) _____
(6) _____
(7) _____
(8) _____
(9) _____
(10) _____

注意： 若更换新的皮带，则需要检查皮带型号及长度是否与车辆匹配。

知识拓展

1. 通过查找资料，说出发电机拆卸或更换的难点在哪里？
_____
_____

2. 为什么汽车上要有发电机？
_____
_____

3. 你能说出造成发电机不发电的原因有哪些吗？
_____
_____

评价与分析

本学习活动的学习活动过程评价表见表2-1-5。

学习活动过程评价表　　　　　　　表2-1-5

班级		姓名		学号		日期	年　月　日
序号	评价要点				配分	得分	总评
1	能正确识读电源系统零部件的名称和安装位置				10		
2	能正确使用各种拆装工具设备,明确设备正常使用规范				10		A□（86~100分）
3	能够严格执行发电机拆解或更换流程工艺				10		B□（76~85分）
4	能够正确拆卸各零部件				20		C□（60~75分）
5	能够正确安装各零部件				20		D□（60分以下）
6	能遵守劳动纪律,以积极的态度接受工作任务				10		
7	能积极参与小组讨论和团队间相互合作				10		
8	能及时完成教师布置的任务				10		
	总分				100		
小结建议							

学习活动4　评价反馈

▶ 学习目标

1. 能查阅维修手册进行发电机拆检工作质量检查。
2. 能以小组为单位进行学习成果展示。
3. 培养学生的口头表达能力及质量意识。

▶ 学习准备

书籍、互联网资源、多媒体设备、展示板。

▶ 学习过程

引导问题 1　维修质量评价

问题1:作业完成后,对各小组学习质量的测试有哪些？评价依据是什么？
评价依据1:＿＿＿＿＿＿＿＿＿＿＿＿＿＿＿＿＿＿＿＿＿＿＿＿＿＿＿＿＿＿＿＿＿
评价依据2:＿＿＿＿＿＿＿＿＿＿＿＿＿＿＿＿＿＿＿＿＿＿＿＿＿＿＿＿＿＿＿＿＿
评价依据3:＿＿＿＿＿＿＿＿＿＿＿＿＿＿＿＿＿＿＿＿＿＿＿＿＿＿＿＿＿＿＿＿＿
评价依据4:＿＿＿＿＿＿＿＿＿＿＿＿＿＿＿＿＿＿＿＿＿＿＿＿＿＿＿＿＿＿＿＿＿
问题2:作业完成后,你认为在发电机认识过程中需要注意什么？

问题3:如果你需要向客户进行针对发电机性能的说明,你会向客户提出什么样的建议?

> **引导问题 ❷** 任务评价

问题1:以小组为单位,进行整个项目的学习成果汇报展示。展示中相互学习,列出其他小组中有哪些方面值得学习,自己小组存在什么问题与不足?

其他小组值得学习的地方:

自己小组存在的问题与不足:

问题2:成果展示中,开展小组自评、互评及教师讲评,评价应包含专业知识技能、关键能力及方法能力评价。将评价结果记录在下面。

学习活动 5　任 务 评 价

本任务的任务评价表见表2-1-6。

任 务 评 价 表 　　表 2-1-6

班级:＿＿＿＿　　　　姓名:＿＿＿＿　　　　学号:＿＿＿＿

项　目	自我评价			小组评价			教师评价		
	9~10	6~8	1~5	9~10	6~8	1~5	9~10	6~8	1~5
	得分占总评的10%			得分占总评的30%			得分占总评的60%		
学习活动1									
学习活动2									
学习活动3									
协作精神									
纪律观念									
表达能力									
工作态度									
安全意识									
任务总体表现									
小计									
总评									

任课教师:＿＿＿＿　　　　年　月　日

任务二　整车无电源供应的故障诊断与排除

学习目标

通过本任务的学习,应当能:
1. 叙述能描述蓄电池各的功用、组成、分类及工作原理等。
2. 描述分析电源主供电电路、发电机励磁电路及充电指示灯控制电路。
3. 在教师的指导下,分析故障原因,查阅维修资料制订电源系统的检查方案。
4. 按正确故障排除步骤进行电源系统故障诊断与排除作业。
5. 通过学生对方案的制作及交流展示,培养学生的团队合作和语言表达能力。
6. 根据任务的实施情况进行自我评价与总结,培养分析问题、解决问题及归纳总结的能力。

工作情境描述

一辆福田戴姆勒 EST 载货汽车,驾驶员打开点火开关,仪表无反应,灯光、喇叭等用电设备不能正常工作,打开点火开关至起动挡,也无反应。初步确定为全车不上电故障,需要对电源系统进行全面检查。在学习过程中,学生以小组合作的形式,通过教师指导或借助汽车维修手册、车辆使用手册、网络信息等资料,制订电源系统的检查方案并进行交流展示。要求能够根据制订的方案认知发电机各零部件名称及发电原理,并借助相关工作设备完成电源系统的基本检查和初步检测。学生在整个学习过程中要遵循 7S 管理规程。

工作流程与活动

学习活动1:任务分析及信息收集;
学习活动2:制订检查方案;
学习活动3:整车无电源供应的故障检修;
学习活动4:评价反馈;
学习活动5:任务评价。

学习准备

工具:常用拆装工具、汽车专用数字式万用表、辅助工具等。

设备:福田戴姆勒 EST 载货汽车、尾气排放系统、多媒体教学设备等。
资料及耗材:汽车维修手册、教材、工作页及互联网资源等。

学习活动 1　任务分析及信息收集

学习目标

1. 能收集并记录相关信息。
2. 能叙述蓄电池的作用、组成及工作原理。
3. 能写出电源系统控制电路分析。
4. 能够叙述整车无电源供应的原因及基本排除流程(思路)。
5. 能够懂得工作安全和现场生产规范管理。

学习准备

工具:常用拆装工具、汽车专用数字式万用表、诊断仪等。
设备:福田戴姆勒 EST 载货汽车维修手册、多媒体教学设备等。
资料及耗材:汽车维修手册、教材、工作页及互联网资源等。

学习过程

汽车电源系统是汽车的重要组成部分,在汽车上发挥着非常重要的作用。因此,认识与学习电源系统的组成及工作原理是学习电源系统故障诊断与排除的关键。本学习活动主要学习电源系统组成、发电机的分类和工作原理、整车无电源供应的故障诊断与排除过程。

问题:如何问诊发动机异响故障?
询问客户车辆在什么状态下出现这种情况?
_____
_____

不同人对相同故障的描述可能不同,问询的方式很重要。
询问客户在平时的驾驶过程中是否发现什么其他异常问题?
_____
_____

根据这些信息,在试车驾驶中再现该故障。
查阅车辆相关信息,填写故障诊断单(表 2-2-1)。使用故障诊断单以避免遗漏信息是非常重要的。

故 障 诊 断 单　　　　　　　表 2-2-1

客户姓名		车型或年份		VIN 码	
发动机号		变速器		里程	
故障日期		制造日期		维修日期	
故障症状	□所有用电气无法正常工作		□起动起动机无法运行	□仪表不亮	□车辆无法运行
发动机状况	□能正常运行		□无法运行	□运行不良	
路况	□低摩擦路面(□雪地、□沙砾路面、□其他路面)			□颠簸/坑洼路面	
行驶条件	□完全加速 □车速:小于 10km/h		□ 高速转向 □ 车辆停止	□车速:大于 10km/h	
施加制动状态	□突然		□逐渐		
其他状态	□电气设备操作		□换挡	□其他说明	
备注					

引导问题 1 蓄电池有哪些作用?

根据图 2-2-1 ~ 图 2-2-3 所示,简要叙述蓄电池的作用。

_____

_____

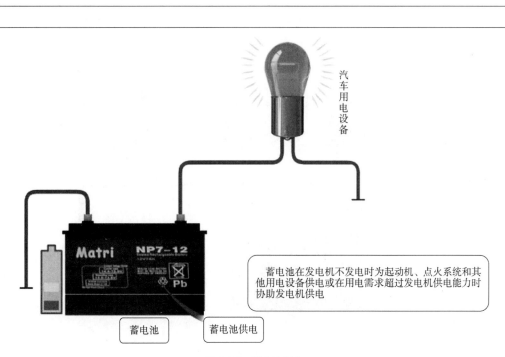

图 2-2-1　蓄电池供电

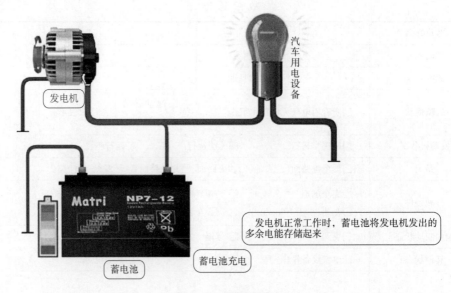

图 2-2-2　向蓄电池充电

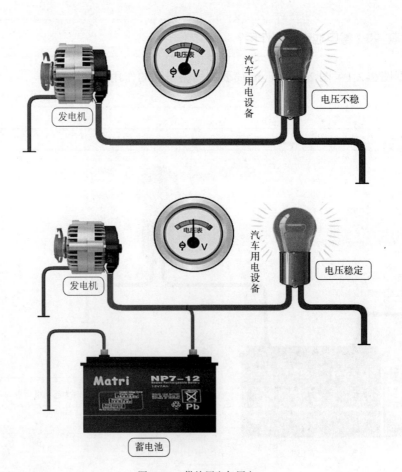

图 2-2-3　供给用电气用电

引导问题 ② 蓄电池的类型有哪些?

请你写出蓄电池的类型。

_____

_____

引导问题 ③ 普通蓄电池与免维护蓄电池有什么区别?

如图 2-2-4、图 2-2-5 所示,请你写出普通蓄电池与免维护蓄电池的区别。

_____

_____

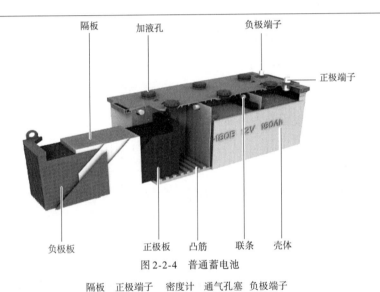

图 2-2-4　普通蓄电池

图 2-2-5　免维护蓄电池

引导问题 ④ 汽车电源电路有哪些？分别是怎样控制的？

请你写出汽车电源电路的类型及控制原理。
_____
_____
_____
_____

知识拓展

1. 控制充电指示灯的常用方法有几种？分别是什么？
_____
_____
_____

2. 整车无电源供应的故障现象是什么？
_____
_____
_____

3. 蓄电池的充放电过程是否可逆？请分别描述。
_____
_____
_____

知识反馈

1. 蓄电池的常见故障

(1) 外部故障有_____、_____、_____、_____、_____和电池故障等。

(2) 内部故障有_____、_____、_____和自放电等。

(3) 辨别图 2-2-6 所示的蓄电池损伤类型。

(　　　　　)　　　　　(　　　　　　　)

图 2-2-6　蓄电池损伤类型

2. 他励发电

由蓄电池供给磁场电流而发电的方式称为他励发电。发电机转速较低时,自身不能发电,需要蓄电池向发电机供给励磁绕组电流,他励绕组产生磁场来发电。他励励磁电流的走向为:蓄电池"＋"极→点火开关→调节器→发电机 F→励磁绕组→搭铁→电池"－"极,如图 2-2-7 所示。

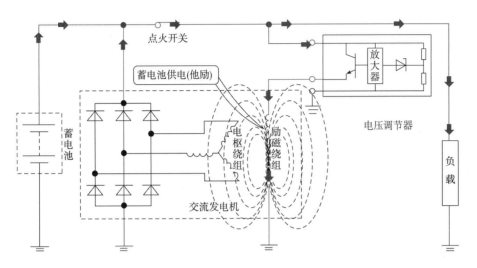

图 2-2-7　他励发电原理

3. 自励发电

随着转速的提高(一般在发动机转速达到急速时),发电机定子绕组的电动势逐渐升高并能使整流器二极管导通。当发电机的输出电压大于蓄电池电压时,发电机就能对外供电了。当发电机能够对外供电时,就可以将自身发的电供给励磁绕组,这种自身供给磁场电流发电的方式称为自励发电。自励励磁电流的走向为:发电机"＋"极→点火开关→调节器→发电机 F→励磁绕组→搭铁→发电机"－"极,如图 2-2-8 所示。

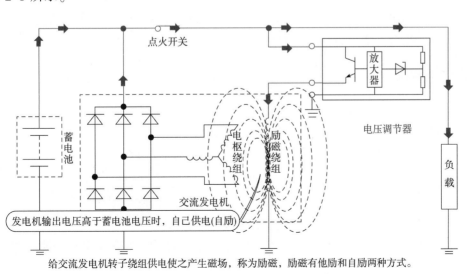

给交流发电机转子绕组供电使之产生磁场,称为励磁,励磁有他励和自励两种方式。

图 2-2-8　自励发电原理

评价与分析

本学习活动的学习活动过程评价表见表2-2-2。

学习活动过程评价表　　　　　　表2-2-2

班级		姓名		学号		日期	年　月　日
序号	评价要点			配分	得分	总评	
1	能正确识读查阅相关的资料明确电源系统的作用			10		A□（86~100分） B□（76~85分） C□（60~75分） D□（60分以下）	
2	能够陈述蓄电池的组成和工作原理的专业术语			10			
3	能写出整车无电源供应的诊断流程图			15			
4	能够分析并验证可能的故障原因			15			
5	能查阅相关资料,明确检测工具的正常使用规范			10			
6	能遵守劳动纪律,以积极的态度接受工作任务			10			
7	能积极参与小组讨论和团队间相互合作			15			
8	能及时完成教师布置的任务			15			
	总分			100			
小结建议							

学习活动2　制订检查方案

学习目标

1. 能陈述发电机整机检查方案的制作要求。
2. 能在教师指导下,制定检修整车无电源供应故障的检查流程。
3. 能以小组合作的方式完成整车无电源供应故障检查诊断检查方案的制作。
4. 能在检查方案的制作过程中,学会维修方案制作的方法和技巧。

学习准备

工具:常用拆装工具、数字式万用表、辅助工具等。
设备:福田戴姆勒 EST 载货汽车、抽排系统、多媒体教学设备等。
资料及耗材:汽车维修手册、教材、工作页及互联网资源等。

学习过程

问题1:如何进行整车无电源供应的故障检修分析?
查阅维修手册,根据故障现象,先排查蓄电池,制订检修方案及检查步骤。
步骤1:＿＿＿＿＿＿＿＿＿＿＿＿＿＿＿＿＿＿＿＿
步骤2:＿＿＿＿＿＿＿＿＿＿＿＿＿＿＿＿＿＿＿＿

步骤3：_____
步骤4：_____
步骤5：_____
步骤6：_____
步骤7：_____
步骤8：_____
步骤9：_____
步骤10：_____

问题2：如何进行整车无电源供应故障分析检修工作过程的全方位检查？

查阅维修手册，根据前期蓄电池检查，制订全车不上电故障排除工作过程的检查方案。

步骤1：_____
步骤2：_____
步骤3：_____
步骤4：_____
步骤5：_____
步骤6：_____
步骤7：_____
步骤8：_____
步骤9：_____
步骤10：_____

问题3：如何优化检查方案？

各小组派代表展示交流，讨论学习后，重新调整自己的检查流程并说明原因。

_____
_____
_____
_____
_____
_____
_____
_____
_____
_____
_____

评价与分析

本学习活动的学习活动过程评价表见表2-2-3。

学习活动过程评价表　　　　　　表2-2-3

班级		姓名		学号		日期	年 月 日
序号		评价要点			配分	得分	总评
1		能够明确整车无电源供应故障检修检查方案的制作要求			10		A□(86~100分) B□(76~85分) C□(60~75分) D□(60分以下)
2		能够掌握整车无电源供应故障检查方案的制作办法			10		
3		能写出全车不上电故障检查活动的基本流程			15		
4		能叙述蓄电池检查步骤,在查阅手册后进一步分析原因			15		
5		能查阅相关资料,明确设备正常使用规范			10		
6		能遵守劳动纪律,以积极的态度接受工作任务			10		
7		能积极参与小组讨论和团队间相互合作			15		
8		能及时完成教师布置的任务			15		
		总分			100		
小结建议							

学习活动3　整车无电源供应的故障检修

学习目标

1. 能够就车进行蓄电池检测。
2. 能查阅维修手册进行整车无电源供应故障的分析与诊断。
3. 能够对电源系统中各部分作出简单检查和判定。

学习准备

工具:常用拆装工具、数字式万用表、辅助拆装设备等。
设备:福田戴姆勒 EST 载货汽车、试灯、跨接线、抽排系统、多媒体教学设备等。
资料及耗材:汽车维修手册、教材、工作页及互联网资源等。

学习过程

引导问题 1　完成本任务,需要使用的主要工、量具有哪些?

完成本任务,必须准备好以下工具及设备:
(1)防护装备:工作服、劳保鞋。
(2)车辆或发动机总成台架。
(3)专用工具、设备。
(4)手工工具:组合工具。

(5)辅助材料:干净的抹布、汽车维修手册。

引导问题 ❷ 整车无电源供应的故障原因有哪些?

整车无电源供应可能的故障原因及检查措施见表 2-2-4。

整车无电源供应的故障原因及检查措施　　　　表 2-2-4

故障现象	可能原因	检查措施
整车无电源供应	接线断路、短路、接头松动	检查电源及连接线,修复
	主要熔断丝损坏	更换
	电源总开关损坏	更换总成
	点火开关插头脱落	修复或更换总成
	调节器触点烧熔	修复或更换总成
	调节器调整电压过低	修复

引导问题 ❸ 就车拆卸发电机,需要拆下那些部件?

(1)找到发电机后,根据图 2-2-9 所示,拆卸发电机皮带。
(2)如图 2-2-10 所示,断开交流发电机线束插接件。

图 2-2-9　拆卸发电机皮带

图 2-2-10　断开发电机线束插接件

(3)如图 2-2-11 所示,拆卸发电机固定螺栓。

图 2-2-11　拆卸发电机固定螺栓

引导问题 4 以蓄电池损坏为例,故障检修步骤是怎样的?

1. 拆卸准备
(1)小组共同清洁工位、清点工具,保持场地、设备、工具等干净、整齐、性能良好。
(2)安装车轮挡块、车内"三件套",做好前期准备工作。

2. 确认故障现象
(1)_____
(2)_____
(3)_____
注意:检测电压时,表笔要接触蓄电池的极柱上方,不能与正负极电缆接头相连。

3. 故障诊断与维修
(1)_____
(2)_____
(3)_____
(4)_____
(5)_____
(6)_____
(7)_____
(8)_____
(9)_____
注意:(1)拆卸蓄电池正负极电缆接头时,必须先拆负极接线柱。
(2)取下蓄电池时,要防止跌落,严禁在地上拖拽、翻转。

引导问题 5 怎样进行蓄电池的检测与故障恢复?

(1)_____
(2)_____
(3)_____
(4)_____
(5)_____
(6)_____
(7)_____
(8)_____
(9)_____
(10)_____
注意:蓄电池重新连接后,应对时钟和音响进行重现设定,若遇到特殊车辆则需要针对个别辅助系统进行定制学习。

知识拓展

1. 通过查找资料,说出应怎样进行故障排除?
   _____
   _____

2. 为什么要验证故障现象?
   _____
   _____

3. 你能说出造成整车无电源供应的原因有哪些吗?
   _____
   _____

评价与分析

本学习活动的学习活动过程评价表见表2-2-5。

学习活动过程评价表   表2-2-5

班级		姓名		学号		日期	年 月 日
序号	评价要点				配分	得分	总评
1	能正确识读电源系统零部件的名称和安装位置				10		
2	能正确使用各种拆装工具设备,明确设备正常使用规范				10		A□(86~100分)
3	能够严格执行蓄电池拆解或更换流程工艺				10		B□(76~85分)
4	能够正确验证整车无电源供应的故障现象				20		C□(60~75分)
5	能够正确分析整车无电源供应的故障原因及思路				20		D□(60分以下)
6	能遵守劳动纪律,以积极的态度接受工作任务				10		
7	能积极参与小组讨论和团队间相互合作				10		
8	能及时完成教师布置的任务				10		
	总分				100		
小结建议							

学习活动 4 评价反馈

学习目标

1. 能查阅维修手册进行全车不上电故障排除工作质量检查。
2. 能以小组为单位进行学习成果展示。

3.培养学生的口头表达能力及质量意识。

学习准备

书籍、互联网资源、多媒体设备、展示板。

学习过程

引导问题 1 维修质量评价

问题1：作业完成后,对各小组学习质量的测试有哪些？评价依据是什么？
评价依据1：_____
评价依据2：_____
评价依据3：_____
评价依据4：_____

问题2：作业完成后,你认为在蓄电池认识过程中需要注意什么？
_____
_____

问题3：如果你需要向客户进行针对发电机性能的说明,你会向客户提出什么建议？
_____
_____
_____

引导问题 2 任务评价

问题1：以小组为单位,进行整个项目的学习成果汇报展示。展示中相互学习,列出其他小组中有哪些方面值得学习,自己小组存在什么问题与不足？

其他小组值得学习的地方：
_____
_____
_____

自己小组存在的问题与不足：
_____
_____
_____

问题2：在成果展示中,开展小组自评、互评及教师讲评,评价应包含专业知识技能、关键能力及方法能力评价。将评价结果记录在下面。
_____
_____

学习活动 5　任 务 评 价

本任务的任务评价表见表 2-2-6。

任 务 评 价 表　　　　　　　　表 2-2-6

班级：_____　　姓名：_____　　学号：_____

项　目	自 我 评 价			小 组 评 价			教 师 评 价		
	9～10	6～8	1～5	9～10	6～8	1～5	9～10	6～8	1～5
	得分占总评的 10%			得分占总评的 30%			得分占总评的 60%		
学习活动 1									
学习活动 2									
学习活动 3									
协作精神									
纪律观念									
表达能力									
工作态度									
安全意识									
任务总体表现									
小计									
总评									

任课教师：_____　　年　月　日

项目三

起动系统工作异常故障诊断与排除

任务 起动机不工作的故障诊断与排除

 **学习目标**

通过本任务的学习,应当能:

1. 准确认识起动机的功用、组成、工作原理。
2. 通过查阅维修手册,掌握起动机系统的检查项目及方法,并能够就车正确指认起动系统组件。
3. 在教师的指导下,查阅维修手册制订起动系统的检查方案。
4. 通过学生对方案的制作及交流展示,培养学生的团队合作和语言表达能力。
5. 能够借助相关的工具设备完成起动系统电路检测、起动机总成检测。
6. 根据任务的实施情况进行自我评价与总结,培养分析问题、解决问题及归纳总结的能力。

工作情境描述

王先生反映他的福田戴姆勒 EST 载货汽车在高速服务区停靠后无法起动。在起动发动机时,转动车钥匙,起动声音不明显,有时起动声音断断续续,有时甚至听不到起动声音。你作为服务区的维修人员,负责检查判断该车起动系统故障,并要对相关部件检查,根据维修手册相关要求,在规定时间(参照维修资料)内完成起动系统的位查与零部件的更换。

工作流程与活动

学习活动1:任务分析及信息收集;
学习活动2:制订检查方案;

学习活动 3：起动系统的检测；
学习活动 4：评价反馈；
学习活动 5：任务评价。

学习准备

工具：常用拆装工具、汽车专用数字式万用表、辅助工具等。
设备：福田戴姆勒 EST 载货汽车、尾气收集系统、多媒体教学设备等。
资料及耗材：汽车维修手册、教材、工作页及互联网资源等。

学习活动 1　任务分析及信息收集

学习目标

1. 能收集并记录起动系统相关信息。
2. 能叙述起动系统各部件在车上的位置及作用。
3. 能叙述起动机的结构组成及工作原理。
4. 能够懂得工作安全和现场生产规范管理。

学习准备

工具：常用拆装工具、汽车专用数字式万用表、诊断仪等。
设备：福田戴姆勒 EST 载货汽车、维修手册、多媒体教学设备等。
资料及耗材：汽车维修手册、教材、工作页及互联网资源等。

学习过程

引导问题 ❶　如何问询发动机不能起动故障？

询问客户车辆在什么状态下出现这种情况？

不同人对相同故障的描述可能不同，问询的方式很重要。
询问客户在平时的驾驶过程中是否发现什么其他异常问题？

根据这些信息，在试车驾驶中再现该故障。

引导问题 ❷　起动系统在整车中的作用是什么？

请你写出起动系统在整车中的作用。

引导问题 ③ 起动系统各组成部件及作用是什么?

根据图 3-0-1 所示,填写完成表 3-0-1。

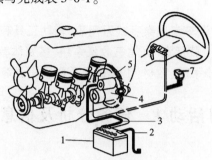

图 3-0-1 起动系统组成部件

起动系统组成部件及作用　　　　　　　　　　　　　　表 3-0-1

序　号	名　称	作　用
1		
2		
3		
4		
5		
6		
7		

引导问题 ④ 起动机是如何工作的?

1. 起动机的功用

起动机是起动系统中的核心部件。它将蓄电池的_____转化为_____,驱动发动机飞轮旋转实现发动机的起动。

2. 起动机的结构

起动机主要由_____、_____和_____三部分组成。

3. 直流串励式电动机工作原理

请你将图 3-0-2 中的图注补充完整。

(1) 直流串励式电动机负责将蓄电池提供的_____转变为_____,产生转矩起动发动机。

(2) 电枢又称为转子,它的作用是产生电磁转矩,主要由_____、铁芯、_____及_____等组成。

（3）定子又称为_____，它的作用是_____，主要由磁极铁芯和励磁绕组两部分组成。

（4）电刷由_____和_____压制而成，一般有4个电刷固定在电刷架上。4个电刷中2个为_____，2个为_____。

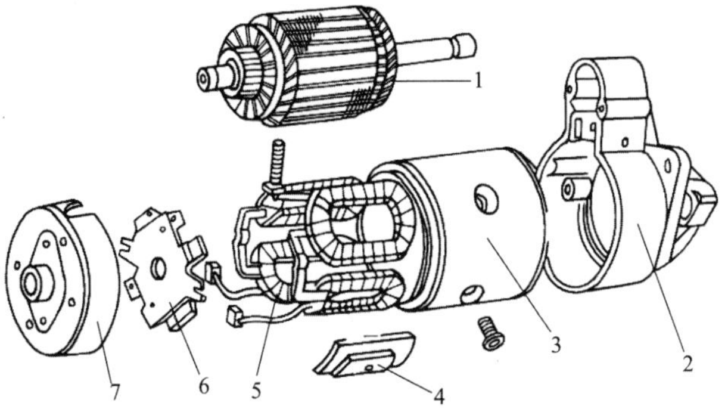

图3-0-2 直流串励式电动机结构

1-_____；2-_____；3-_____；4-_____；5-_____；6-_____；7-_____

4. 直流串励式电动机工作原理

（1）根据电磁感应原理，通电导体在磁场中会受到_____的作用。当蓄电池电流经过电刷引入电枢后，在线圈中有电流流过，产生电磁力，线圈在电磁力的作用下产生_____运动，实现了_____到_____的转变。

（2）在串励式电动机中，定子中的励磁线圈和转子中电枢线圈_____。电流经励磁线圈产生磁场后，再经电刷至电枢线圈，并在其中产生_____带动电枢线圈转动。

5. 滚柱式单向离合器结构

（1）常见单向离合器有_____单向离合器、_____单向离合器、弹簧式单向离合器。目前轿车和中轻型汽车上普遍使用_____单向离合器。

（2）单向离合器的作用是_____。

6. 电磁开关结构

（1）电磁开关主要由_____、_____、接触片、电机接线柱、_____和可移动铁芯等组成。

（2）电磁开关内的弹簧的作用是保证_____和_____的回位。

7. 电磁开关工作原理

（1）起动瞬间：当点火开关置于"START"位置时，接通_____和_____电路。

（2）起动过程：主电路接通后，接触片将_____断路，而保持线圈内仍有电流，且回路不变。此时在保持线圈的作用下，电磁开关仍保持在_____位置上，起动机继续通电运转。

（3）起动后：点火开关回到"ON"位置，由于吸引线圈和保持线圈中的电流方向相反，故_____也相反而相互抵消。活动铁芯在_____的作用下退回原位。接触片退回时切断了起动机的_____，拨叉将处于打滑状态的离合器拨回原位，_____脱离啮合，起动机停止工作。

评价与分析

本学习活动的学习活动过程评价表见表3-0-2。

学习活动过程评价表   表 3-0-2

班级		姓名		学号		日期	年 月 日
序号		评价要点			配分	得分	总评
1		能正确认读查阅相关的资料,明确起动系统的功用			10		
2		能写出起动系统各部件作用			15		
3		能说出起动机结构			10		A□(86~100 分)
4		能说出起动机各部分工作过程			15		B□(76~85 分)
5		能查阅相关资料,明确车辆起动的正确规范			10		C□(60~75 分)
6		能遵守劳动纪律,以积极的态度接受工作任务			10		D□(60 分以下)
7		能积极参与小组讨论和团队间相互合作			15		
8		能及时完成教师布置的任务			15		
		总分			100		
小结建议							

学习活动 2 制订检查方案

学习目标

1. 能在老师指导下,制定认识起动系统的检查流程。
2. 能以小组合作的方式完成起动系统检查方案的制作。

学习准备

工具:常用拆装工具、数字式万用表、辅助工具等。
设备:福田戴姆勒 EST 载货汽车、尾气收集装置、多媒体教学设备等。
资料及耗材:汽车维修手册、教材、工作页及互联网资源等。

学习过程

问题 1:如何进行起动系统结构识别及认识部件?
查阅维修手册,对照实车,制订认识起动系统组件的方案及步骤。
步骤 1:＿＿＿＿＿＿＿＿＿＿＿＿＿＿＿＿＿＿＿＿＿
步骤 2:＿＿＿＿＿＿＿＿＿＿＿＿＿＿＿＿＿＿＿＿＿
步骤 3:＿＿＿＿＿＿＿＿＿＿＿＿＿＿＿＿＿＿＿＿＿
步骤 4:＿＿＿＿＿＿＿＿＿＿＿＿＿＿＿＿＿＿＿＿＿
步骤 5:＿＿＿＿＿＿＿＿＿＿＿＿＿＿＿＿＿＿＿＿＿
步骤 6:＿＿＿＿＿＿＿＿＿＿＿＿＿＿＿＿＿＿＿＿＿

步骤7：_____
步骤8：_____

问题2：如何进行起动系统的全面检查？

查阅维修手册，根据起动机工作原理，制订起动系统检查方案。

步骤1：_____
步骤2：_____
步骤3：_____
步骤4：_____
步骤5：_____
步骤6：_____
步骤7：_____
步骤8：_____

问题3：如何优化检查方案？

各小组派代表展示交流，讨论学习后，重新调整自己的检查流程并说明原因。

_____
_____
_____
_____

评价与分析

本学习活动的学习活动过程评价表见表3-0-3。

学习活动过程评价表 表3-0-3

班级		姓名		学号		日期	年 月 日
序号	评价要点			配分	得分	总评	
1	能够明确起动系统检查方案的制作要求			10			
2	能够制作起动系统检查方案			10		A□(86~100分)	
3	能在实车上找到起动系统所有组件位置			15		B□(76~85分)	
4	能写出起动系统检查活动的基本流程和组织方法			15		C□(60~75分)	
5	能查阅相关资料，明确设备正常使用规范			10		D□(60分以下)	
6	能遵守劳动纪律，以积极的态度接受工作任务			10			
7	能积极参与小组讨论和团队间相互合作			15			
8	能及时完成教师布置的任务			15			
	总分			100			
小结建议							

学习活动 3　起动系统的检测

学习目标

1. 能够就车指认起动系统组件。
2. 准确叙述起动系统的电路原理。
3. 能根据维修手册检测起动系统电路。

学习准备

工具：常用拆装工具、数字式万用表、辅助拆装设备等。
设备：福田戴姆勒 EST 载货汽车、尾气收集系统、多媒体教学设备等。
资料及耗材：汽车维修手册、教材、工作页及互联网资源等。

学习过程

引导问题 1　完成本任务，需要使用的主要工、量具有哪些？

完成本任务，必须准备好以下工具及设备：
(1) 防护装备：工作服、工作鞋。
(2) 车辆。
(3) 专用工具、设备。
(4) 手工工具：组合工具。
(5) 辅助材料：干净的抹布、汽车维修手册。

引导问题 2　车辆不能正常起动的原因可能有哪些？

起动机不转时，分别根据起动系统控制电路图（图 3-0-3、图 3-0-4），分析可能的故障原因。

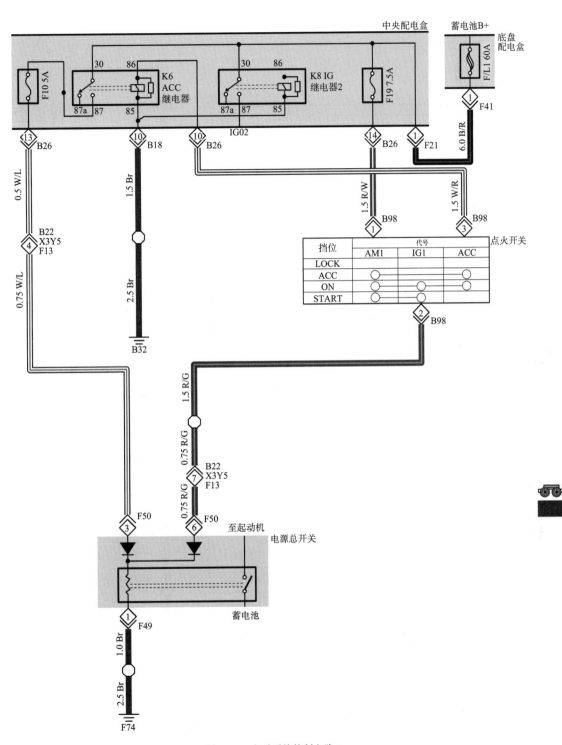

图 3-0-3 起动系统控制电路 1

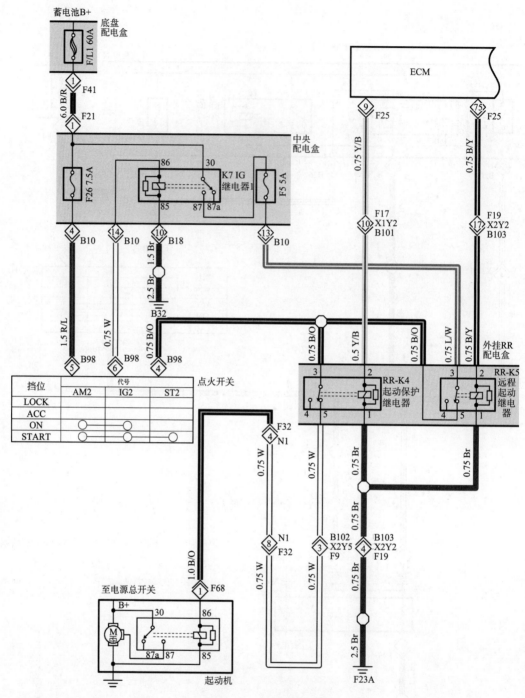

图 3-0-4 起动系统控制电路 2

> **引导问题 ❸** 制订、完善检查计划,对起动系统进行检测

1. 前期准备

(1) _____

(2) _____

(3)_____
(4)_____
(5)_____

2. 检测项目

(1) 检查蓄电池。

①检查蓄电池电缆接头与极柱、连接导线(有)(无)松动,如有,应紧固或更换电缆接头。

②测量蓄电池电压值为_____。

(2) 检查保险装置。

断开蓄电池____极,拔下熔断丝_____,测量阻值为_____。

(3) 检查起动继电器。

①断开起动机上的插接器,查看线头是否被锈蚀或腐蚀,如果有,则需要更换新的配线。

②拔下起动继电器,做部件测试,测试结果为:_____
_____

(4) 检查点火开关。

测量点火开关上插接器接头各端子间的电阻,填写完成表 3-0-4。

插接器接头端子间电阻检查表　　　　　表 3-0-4

检测端子	开关状态	规定状态	检测结果
所有端子之间	LOCK	10 kΩ 或更大	
	START	小于 1 Ω	

(5) 检查起动控制电路线束。

根据检测情况,填写完成表 3-0-5。

起动控制电路线束检查表　　　　　表 3-0-5

检测端子或导线	电池通电状态	点火开关状态	检测结果

3. 整理工位

(1) 取下尾气抽排管。

(2) 回收车内"三件套"。

(3) 回收车轮挡块。

(4)对整理之后留在现场的必要的物品分门别类放置,排列整齐。
(5)对使用的工具和设备进行清洁。
(6)将工作场所清扫干净,使施工现场始终处于无垃圾、无灰尘的整洁状态。

本学习活动的学习活动过程评价表见表3-0-6。

学习活动过程评价表 表3-0-6

班级		姓名		学号		日期	年 月 日
序号	评价要点				配分	得分	总评
1	能正确识读起动系统组件的名称和安装位置				10		A□(86~100分) B□(76~85分) C□(60~75分) D□(60分以下)
2	能正确使用各种拆装工具设备,找到测量部位				15		
3	能够规范使用万用表				15		
4	检查步骤逻辑清晰				20		
5	现场7S管理执行情况				20		
6	能积极参与小组讨论和团队间相互合作				10		
7	能及时完成教师布置的任务				10		
	总分				100		
小结建议							

学习活动4 评价反馈

1. 能以小组为单位进行学习成果展示。
2. 培养学生的口头表达能力及质量意识。

学习准备

书籍、互联网资源、多媒体设备、展示板。

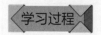

作业完成后,你认为在起动系统检查过程中需要注意什么?

_____

_____

如果你需要针对起动性能向客户进行说明,你会向客户提出什么建议?

_____

_____

问题1：以小组为单位，进行整个项目的学习成果汇报展示。展示中相互学习，列出其他小组中有哪些方面值得学习，自己小组存在什么问题与不足？

其他小组值得学习的地方：

_____

_____

自己小组存在的问题与不足：

_____

_____

问题2：成果展示中，开展小组自评、互评及教师讲评，评价应包含专业知识技能、关键能力及方法能力评价。将评价结果记录在下面。

_____

_____

学习活动5 任务评价

本任务的任务评价表见表3-0-7。

任务评价表　　　　　　　　　表3-0-7

班级：_____　　姓名：_____　　学号：_____

项　目	自我评价			小组评价			教师评价		
	9~10	6~8	1~5	9~10	6~8	1~5	9~10	6~8	1~5
	得分占总评的10%			得分占总评的30%			得分占总评的60%		
学习活动1									
学习活动2									
学习活动3									
协作精神									
纪律观念									
表达能力									
工作态度									
安全意识									
任务总体表现									
小计									
总评									

任课教师：_____　　年　月　日

项目四

照明装置与信号装置故障诊断与排除

任务一　前照灯工作异常的故障诊断与排除

 **学习目标**

通过本任务的学习,应当能:

1. 识读常规车型照明系统电路图、实车查找相关电路。
2. 叙述照明系统的组成、结构、功用;能正确使用和检查前照灯。
3. 根据故障现象分析原因,制订照明系统的检修计划,并按专业要求独立或合作完成照明系统的电路检修。
4. 修复照明系统电路及更换故障部件。
5. 进行前照灯的检测与调整。
6. 进行团队成员的有效沟通与协作作业。

工作情境描述

一辆福田戴姆勒 EST 载货汽车因前照灯不亮,驾驶员将车开到维修站。你作为机修组维修技师,需在规定时间(参照维修资料)内按专业要求对上述故障进行检修与零部件的更换,并做好记录,交付服务顾问试车验收。

工作流程与活动

学习活动 1:任务分析及信息收集;
学习活动 2:制订检查方案;
学习活动 3:前照灯不亮故障检测与维修;
学习活动 4:评价反馈;
学习活动 5:任务评价。

常用工具:常用工具组套、电工工具组套等。
常用量具:万用表等。
设备:车辆或汽车电气台架。
资料:维修手册、维修工单。

学习活动1　任务分析及信息收集

1. 能明确故障的现象及相关的原因。
2. 能叙述照明系统的组成、结构、功用。
3. 能叙述前照灯的种类、结构和特点。
4. 懂得利用各种途径查找照明系统相关信息。

学习准备

汽车维修手册、互联网资源、简单电路元件、多媒体设备。

学习过程

汽车照明系统是汽车的重要组成部分,主要用于夜间照明道路、标示车辆宽度、车辆内部照明、仪表及控制台照明等,其状态是否正常直接决定行驶安全。现代汽车主灯光系统基本相同,但是各车型的区别较大,所以在检修某车型的灯光系统时,要参考相应车型的维修手册。

在排除汽车灯光系统故障时,必然要涉及电路图的识读,这是检修照明系统的基础。

问题1:请查阅相关资料,说明前照灯不亮的故障的现象是什么?

_____
_____

问题2:前照灯的控制电路中有哪些控制元件？它们是如何工作的？

_____
_____

问题3:请描述客户所报修车辆出现的故障现象,并简单叙述你是如何检查出该故障的。

_____
_____
_____

1. 汽车上的灯具

在实训用车上观察外部照灯具的安装位置，指认车上的各种外部灯具并填空。

在晚上或者在隧道内行驶时，_____灯可通知后面的车辆前方有车在行驶。

_____灯可通知后面的车辆本车正在制动。

_____灯可告知附近的其他车辆本车正准备右转或左转或者准备改变行驶方向。

_____灯可告知附近的其他车辆本车已准备紧急停车或者已经停车。

_____灯可在车辆倒车时打开。

_____灯可告知附近的其他车辆本车的位置和宽度。

_____灯使得车辆在夜间行驶时，其牌照清晰可见。

_____灯当车辆在较低的能见度条件下使用。

2. 灯光开关

灯光操作杆通常在转向盘_____侧_____方，请写出图 4-1-1 所示中数字所指示开关的名称及功能。

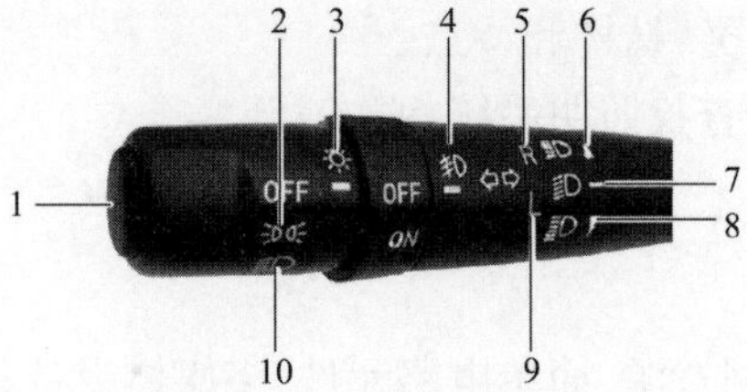

图 4-1-1　灯光操作杆

1-_____；2-_____；3-_____；4-_____；5-_____；6-_____；7-_____；8-_____；9-_____；10-_____

3. 前照灯功用

前照灯位于汽车头部的两侧，主要用于夜间、隧道内行车道路的照明，是照明汽车前方道路的主要_____工具，也是_____提示工具。

4. 前照灯组成及其类型

（1）前照灯主要由_____、_____及_____组成。

（2）_____又称反光镜，其作用是最大限度地将灯泡发出的光线聚合成强光束，以增强照射距离。

（3）_____又称散光玻璃，装于反射镜之前，可将反射光束扩散分配，使路段的照明更加均匀。

（4）汽车前照灯的灯泡主要使用三种，即_____灯泡、_____灯泡和高压放电氙灯。

5. 前照灯防炫目措施

前照灯防炫目措施一般有以下几种：①_____；②利用法规强制约束；③_____。

6. 前照灯电路原理

根据图 4-1-2，回答下面的问题。

当点火开关在"ON"挡时，打开灯光开关 E1 的前照灯位置，电流从蓄电池正极→熔断器（FL/5）→_____→熔断器（F42、F43）→左右两侧的近光灯→搭铁→蓄电池负极，近光灯亮。

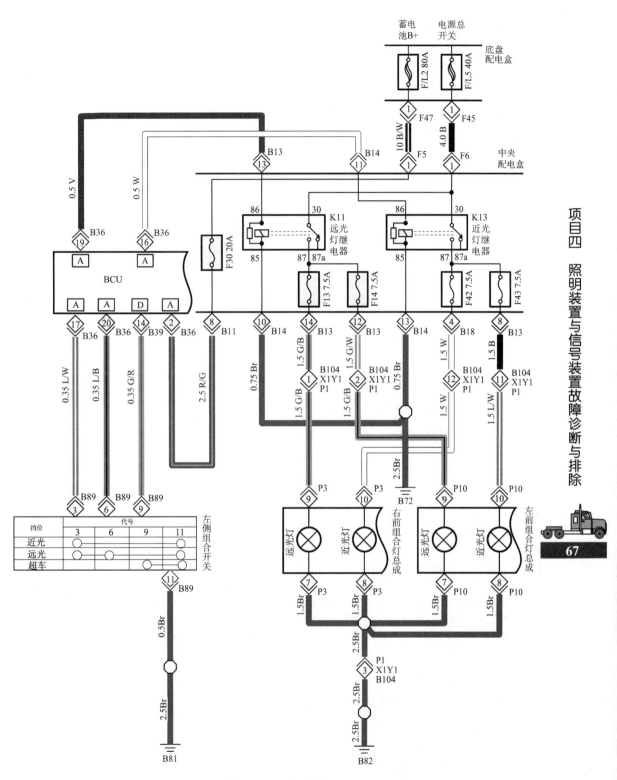

图 4-1-2 前照灯电路

当点火开关在"ON"挡时,打开左侧组合开关至远光灯挡位,此时电流从蓄电池正极→熔断器(FL/5)→_____→熔断器(F13、F14)→左右两侧的_____→搭铁→

蓄电池负极,远光灯亮。

当打开左侧组合开关至"超车"挡位时,远光灯亮。随着开关断开,线路被_____,远光灯继电器 K11 的_____号端子断电,因此远光灯只亮 2~3s 随即_____。

7. 前照灯继电器

由于前照灯的工作电流大,如果用开关直接去控制,车灯开关易烧坏,因此安装了继电器。继电器的控制原理是:用开关去控制继电器线圈的小电流,而由继电器触点去控制前照灯的大电流。继电器的结构及符号如图 4-1-3 所示。

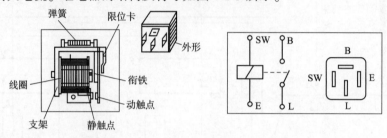

图 4-1-3 继电器

根据上述原理,请简述判断继电器是否正常有效工作的方法和步骤。

_____
_____

8. 前照灯灯泡的更换

如果前照灯灯泡坏了,该如何更换?请查询维修手册写出更换步骤。

_____
_____

本学习活动的学习活动过程评价表见表 4-1-1。

学习活动过程评价表 表 4-1-1

班级		姓名		学号		日期	年 月 日
序号	评价要点			配分	得分	总评	
1	能在实训车上正确地指出各个灯具			20		A□(86~100 分) B□(76~85 分) C□(60~75 分) D□(60 分以下)	
2	会使用灯光开关进行灯光控制			20			
3	能规范地更换前照灯灯泡			30			
4	能遵守劳动纪律,以积极的态度接受工作任务			10			
5	能积极参与小组讨论和团队间相互合作			10			
6	能及时完成教师布置的任务			10			
总分				100			
小结 建议							

学习活动2 制订检查方案

学习目标

1. 能查阅维修手册,列举照明系统的基本检查方法,并进行操作。
2. 能够利用各种途径查找照明系统相关信息。
3. 能在教师指导下,制订前照灯不亮的故障维修方案。

学习准备

汽车维修手册、互联网资源、车辆、万用表等电工工具组套等。

学习过程

一辆福田戴姆勒 EST 载货汽车因前照灯不亮被送至维修站修理,请你参照相应的维修资料,分析故障原因,制订检修计划。

1. 制订计划

请根据任务要求,确定所需要的检测仪器、工具,并对小组成员进行合理分工,制订详细的作业计划,填写完成表4-1-2。

作业计划表 表 4-1-2

小组分工	
时间安排	
设备和工具	
实施路径	

2. 检查步骤设计

问题1:作为维修人员,在遇到前照灯不亮故障时,你将通过怎样的检查步骤确定故障的部位呢？请设计你的检查步骤。

步骤1:＿＿＿＿＿＿＿＿＿＿＿＿＿＿＿＿＿＿＿＿＿＿＿＿＿＿＿＿＿＿＿＿＿＿＿
步骤2:＿＿＿＿＿＿＿＿＿＿＿＿＿＿＿＿＿＿＿＿＿＿＿＿＿＿＿＿＿＿＿＿＿＿＿
步骤3:＿＿＿＿＿＿＿＿＿＿＿＿＿＿＿＿＿＿＿＿＿＿＿＿＿＿＿＿＿＿＿＿＿＿＿
步骤4:＿＿＿＿＿＿＿＿＿＿＿＿＿＿＿＿＿＿＿＿＿＿＿＿＿＿＿＿＿＿＿＿＿＿＿
步骤5:＿＿＿＿＿＿＿＿＿＿＿＿＿＿＿＿＿＿＿＿＿＿＿＿＿＿＿＿＿＿＿＿＿＿＿
步骤6:＿＿＿＿＿＿＿＿＿＿＿＿＿＿＿＿＿＿＿＿＿＿＿＿＿＿＿＿＿＿＿＿＿＿＿
步骤7:＿＿＿＿＿＿＿＿＿＿＿＿＿＿＿＿＿＿＿＿＿＿＿＿＿＿＿＿＿＿＿＿＿＿＿
步骤8:＿＿＿＿＿＿＿＿＿＿＿＿＿＿＿＿＿＿＿＿＿＿＿＿＿＿＿＿＿＿＿＿＿＿＿
步骤9:＿＿＿＿＿＿＿＿＿＿＿＿＿＿＿＿＿＿＿＿＿＿＿＿＿＿＿＿＿＿＿＿＿＿＿
步骤10:＿＿＿＿＿＿＿＿＿＿＿＿＿＿＿＿＿＿＿＿＿＿＿＿＿＿＿＿＿＿＿＿＿＿

问题2：近光灯亮、远光灯不亮的故障，可能是由哪些原因造成的？请在下方空白处画出近光灯亮、远光灯不亮故障原因分析思维导图。

问题3：造成前照灯不亮的故障原因有哪些？请通过信息收集后绘制完成"鱼骨图"（图4-1-4，请在"鱼骨头"中对应的地方填写相应内容及标号）。

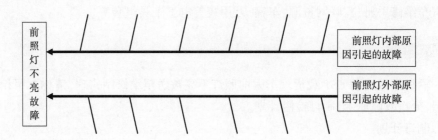

图 4-1-4　前照灯不亮故障"鱼骨图"

评价与分析

本学习活动的学习活动过程评价表见表4-1-3。

学习活动过程评价表　　　　　　　　表 4-1-3

班级		姓名		学号		日期	年　月　日
序号	评价要点				配分	得分	总评
1	能够制订出具有可操作性的检查步骤				20		A□（86～100分） B□（76～85分） C□（60～75分） D□（60分以下）
2	能有条理地分析近光灯亮,远光灯不亮的原因				20		
3	能够从内部、外部两个方面分析出前照灯不亮的可能故障原因				30		
4	能遵守劳动纪律,以积极的态度接受工作任务				10		
5	能积极参与小组讨论和团队间相互合作				10		
6	能及时完成教师布置的任务				10		
总分					100		
小结建议							

学习活动3　前照灯不亮故障检测与维修

学习目标

1. 能查阅维修手册,在教师指导下完成前照灯不亮的检修。
2. 能描述汽车照明系统检查所使用工量具及仪器的名称、种类、用途及其使用方法,并正确使用。
3. 能搜集车辆相关信息数据。
4. 能实车查找照明系统相关电路。

学习准备

汽车维修手册、互联网资源、万用表等常用电工工具组套等。

学习过程

1. 前期准备

(1)车辆进入工位前,参训学生将工位卫生清理干净,清除故障物,准备好相关的工具、物品等。
(2)安装两侧车轮挡块。
(3)打开车门,安装车内"三件套"。
(4)检查车辆挡位是否在"停车"挡,驻车制动器操纵杆是否拉起。
(5)将点火开关旋至"ON"挡,降下车窗玻璃。
(6)对万用表进行校核,确认仪器良好,并对车辆进行常规检查。
(7)安装尾气抽排管。

注意:在检测前确保所有的用电设备均已关闭。

2. 检查灯泡

如果目测不出灯泡是否损坏应该怎么办?

_____

_____

_____

_____

检查灯丝是否破损,若灯丝烧断和灯泡损坏,则更换新灯泡。若无法目测,比如卤素灯,则可采用_____法检查是否良好,若不正常则需更换新灯泡。

3. 检查前照灯近光灯继电器、远光灯继电器

(1)查询维修手册,找到近光灯继电器或远光灯继电器。
(2)从继电器盒中拆下近光灯继电器或远光灯继电器。
(3)对继电器进行测量,并将检测结果填入表4-1-4。

注意:拔出灯光继电器时,要同时检查集成继电器各插座是否有烧灼、损坏现象。

继电器检查表　　　　　　　　　　　　　　　表 4-1-4

检测位置	测量内容及条件	标准值	测量值	是否正常

4. 检查熔断丝

熔断丝的阻值为多少时表示其已损坏？
_____

(1) 打开熔断丝盒,找到和前照灯系统相关的熔断丝。
(2) 使用熔断丝夹将该熔断丝取下。
(3) 目测熔断丝是否烧断。
(4) 测量各熔断丝加载槽与车身搭铁之间的_____。
(5) 如无法通过目测判断熔断丝是否烧坏,则可选用万用表测量熔断丝电阻,若阻值为∞,说明熔断丝已坏,需更换熔断丝。
熔断丝检查表见表 4-1-5。

熔断丝检查表　　　　　　　　　　　　　　　表 4-1-5

熔断丝名称	标准值	测量值	是否正常

(6) 更换新熔断丝。
① 确认熔断丝载流量,按照对应颜色和规格选用熔断丝。
② 观察熔断丝外部和端子处是否有烧灼现象。
③ 用数字式万用表"Ω"挡检测熔断丝两端子之间的电阻,正常情况下应小于_____Ω。

5. 检查前照灯组合开关

(1) 关闭点火开关。
(2) 正确使用工具_____蓄电池负极端子电缆。

注意：按照先拆负极、后拆正极电缆的要求,否则容易引起正极电缆搭铁,导致电控单元等因瞬时高电压而损坏;断开蓄电池电缆后至少要等待 90s,以防不正当操作引爆安全气囊。

(3) 拆卸转向盘下盖。
(4) 拆卸转向盘总成。
(5) 拆下转向柱护罩。
(6) 断开组合开关总成连接器,进行组合开关连接器端子侧的线路检查;用万用表检测变光插接器元件一侧的连接端子的电阻值;检测的电阻值可参照表 4-1-6 规定的数值。

表 4-1-6

端子号	开关状态	标准值	测量值	结果判断
11-3	打开近光灯	小于1Ω		
6-3,11-3	打开远光灯	小于1Ω		
9-11	打开超车灯	小于1Ω		

（7）用万用表检查组合开关孔端搭铁回路的电阻值是否符合规定值，标准值应小于1Ω。用万用表红笔搭组合开关连接器11号端子，黑笔搭驾驶室的搭铁点，测两者之间的电阻值，标准电阻应小于1Ω。

（8）检测驾驶室的搭铁电阻，拆除塑料护板，在不带电的情况下测量搭铁电阻，若存在电阻或电阻偏大，则说明_____，需修复搭铁，再试车检查故障是否排除。

6. 检查线束和连接器

检查线路连接情况时，需要检查几处，分别是什么？

_____

检查线路连接情况：用手振动或晃动连接远光灯到灯光开关的线路，检查线路连接处是否松动，导线是否脱开，如果有，则需紧固；必要时更换新的配线。

将各个测量点所测数据填入表4-1-7。

线束和连接器检查表　　　　　表 4-1-7

检测仪器/工具	测量点	理论值	实际值	是否正常

注意：（1）如果只有一侧远光前照灯不亮，则检查相关熔断丝、灯泡或与灯泡相关的线束。

（2）执行远光前照灯控制系统故障排除前，检查并确认近光前照灯工作是否正常。

7. 判断故障位置并修复故障

完成电路和元件检测后，将检测结论填入表4-1-8，并确定需要修复或更换的元件或线路。

电路和元件检测表　　　　　表 4-1-8

检测部位	灯光开关	变光开光	熔断丝	线路	灯泡
故障部位					

8. 整理工位

（1）取下尾气抽排管。

（2）回收车内"三件套"。

（3）关闭车窗并取下钥匙。

(4) 回收车轮挡块。

(5) 将车间现场内需要和不需要的物品分类,丢弃或处理不需要的物品,管理好需要的物品。

(6) 对整理之后留在现场的必要的物品分门别类放置,排列整齐。

(7) 将工作场所清扫干净,使施工现场始终处于无垃圾、无灰尘的整洁状态。

(8) 对使用的工具和设备进行清洁。

评价与分析

本学习活动的学习活动过程评价表见表4-1-9。

学习活动过程评价表   表4-1-9

班级		姓名		学号		日期	年 月 日
序号	评价要点				配分	得分	总评
1	能正确地完成前期准备工作				10		A□(86~100分) B□(76~85分) C□(60~75分) D□(60分以下)
2	能够对灯泡、继电器、熔断丝进行正确、规范地检查				15		
3	能规范地完成电路的检查和检测				15		
4	能够判断故障位置,并且对故障进行修复				30		
5	能遵守劳动纪律,以积极的态度接受工作任务				10		
6	能积极参与小组讨论和团队间相互合作				10		
7	能完成现场7S工作				10		
	总分				100		
小结建议							

学习活动4 评价反馈

学习目标

1. 能以小组为单位进行学习成果展示。
2. 培养学生的口头表达能力及质量意识。

学习准备

书籍、互联网资源、多媒体设备、展示板。

学习过程

作业完成后,你认为在前照灯系统检查过程中需要注意些什么?

问题1：以小组为单位，进行整个项目的学习成果汇报展示。展示中相互学习，列出其他小组中有哪些方面值得学习，自己小组存在什么问题与不足？

其他小组值得学习的地方：

自己小组存在的问题与不足：

问题2：成果展示中，开展小组自评、互评及教师讲评，评价应包含专业知识技能、关键能力及方法能力评价。将评价结果记录在下面。

学习活动5　任务评价

本任务的任务评价表见表4-1-10。

任务评价表　　　　　　　表4-1-10

班级：_____　　姓名：_____　　学号：_____

项目	自我评价			小组评价			教师评价		
	9~10	6~8	1~5	9~10	6~8	1~5	9~10	6~8	1~5
	得分占总评的10%			得分占总评的30%			得分占总评的60%		
学习活动1									
学习活动2									
学习活动3									
协作精神									
纪律观念									
表达能力									
工作态度									
安全意识									
任务总体表现									
小计									
总评									

任课教师：_____　　　　年　月　日

任务二 前雾灯不亮的故障诊断与排除

学习目标

通过本任务的学习,应当能:
1. 就车正确指认汽车前、后雾灯的位置。
2. 借助相关工具、设备,完成对前雾灯的拆装与更换。
3. 在教师的指导下,查阅维修手册,制订前雾灯电路故障的检查方案。
4. 通过学生对方案的制作及交流展示,培养学生的团队合作和语言表达能力。
5. 根据任务的实施情况进行自我评价与总结,培养分析问题、解决问题及归纳总结的能力。

工作情境描述

一辆福田戴姆勒 EST 载货汽车,驾驶员在雾天行车时,打开雾灯开关,发现前雾灯不亮,需要进行维修。你作为机电组维修人员,需在规定时间(参照维修资料)内按专业要求对上述故障进行检修与零部件的更换,并做好记录,交付服务顾问试车验收。

工作流程与活动

学习活动1:任务分析及信息收集;
学习活动2:制订检查方案;
学习活动3:前雾灯不亮故障检测与维修;
学习活动4:评价反馈;
学习活动5:任务评价。

学习准备

常用工具:常用工具组套、电工工具组套等。
常用量具:万用表等。
设备:车辆或汽车电气台架。
资料:维修手册、维修工单。

学习活动1　任务分析及信息收集

1. 能明确故障的现象及相关的原因。
2. 能叙述雾灯电路的组成及其功用。
3. 能识读前、后雾灯的电路图并指明电流走向。
4. 懂得利用各种途径查找汽车前、后雾灯的相关信息。

汽车维修手册、互联网资源、简单电路元件、多媒体设备。

学习过程

汽车雾灯安装于汽车的前部和后部，用于在雨雾天气行车时照明道路与进行安全警示，其工作状态和行驶安全息息相关。在检修车辆的雾灯时，需要参考其维修手册。

问题1：请查阅相关资料，叙述前雾灯不亮的故障的现象是什么？

_____
_____
_____
_____

问题2：前雾灯的控制电路中有哪些控制元件？它们是如何工作的？

_____
_____
_____
_____
_____

问题3：请描述客户所报修车辆出现的故障现象，并简单叙述你是如何检查出该故障的。

_____
_____
_____
_____

1. 雾灯的作用

雾灯用于在雨雾天气行车时_____与_____。

前雾灯装于汽车前部比前照灯稍____的位置,用于雨雾天气行车时提供道路照明。前雾灯一般为____色。后雾灯装在汽车尾部,主要为了在能见度较低的环境中,使车辆后方其他道路交通参与者易于发现,后雾灯为____色。

2. 雾灯开关

欧曼载货汽车的前雾灯开关位于转向盘____侧转向灯控制杆上,后雾灯开关位于仪表盘侧,是一个翘板开关。

在实训用车上找到前、后雾灯的开关并试着打开、关闭雾灯。

前雾灯只有在打开____灯后方能开启,后雾灯只有在____灯、____灯或前雾灯打开时才能开启。

3. 前雾灯电路原理

根据图4-2-1,回答下面的问题。

(1)前雾灯控制电路。

由BCU和左侧组合开关共同控制K18前雾灯继电器线圈。当左侧组合开关打到"前雾灯"挡位时,接通电路,将控制信号传输至_____,继电器线圈通电,触点闭合,接通前雾灯电路。

(2)前雾灯供电电路。

当左侧组合开关打到前雾灯挡位时,_____的30号端子和87号端子接通,并通过中央配电盒的7号端子与左、右前雾灯接通,两个前雾灯并联并通过B82搭铁,回到电源负极,形成回路,前雾灯亮。

4. 后雾灯电路识读

根据图4-2-1,回答下面的问题。

(1)后雾灯控制电路。由_____和左侧组合开关共同控制K19后雾灯继电器线圈。当左侧组合开关打到"后雾灯"挡位时,控制信号经BCU传输至_____,继电器线圈通电,触点闭合,接通后雾灯电路。

(2)后雾灯供电电路:当左侧组合开关打到后雾灯挡位时,_____的30号端子和87号端子接通,并通过中央配电盒的5号端子与左、右前雾灯接通,两个前雾灯并联并通过B82搭铁,回到电源负极,形成回路,后雾灯亮。

5. 雾灯继电器

雾灯继电器类似前照灯继电器,请根据继电器原理,回顾继电器检测的方法和步骤。

_____
_____
_____
_____
_____
_____
_____
_____

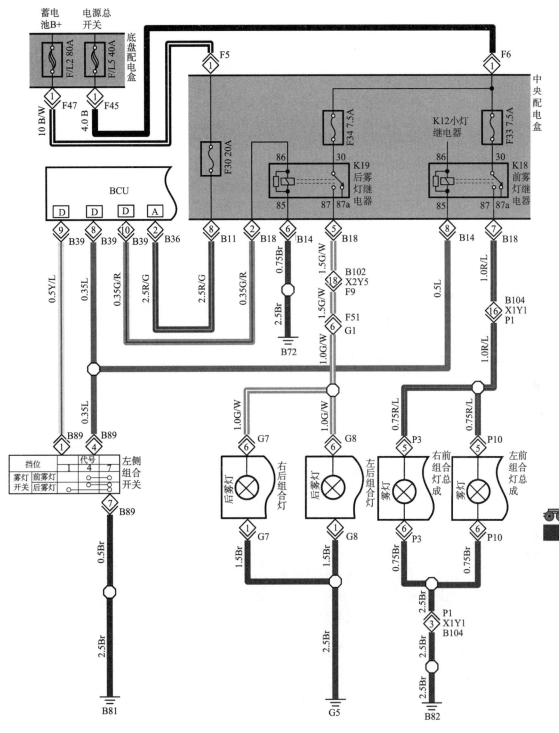

图 4-2-1　前、后雾灯系统电路图

6. 前雾灯灯泡的更换

如果前雾灯灯泡坏了,该如何更换?请查询维修手册写出更换步骤。

本学习活动的学习活动评价表见表4-2-1。

学习活动过程评价表　　　　　　表 4-2-1

班级		姓名		学号		日期	年　月　日
序号	评价要点			配分	得分	总评	
1	能通过查阅资料,明确相关故障现象及原因			20		A□(86～100 分) B□(76～85 分) C□(60～75 分) D□(60 分以下)	
2	能够说出雾灯电路的组成并描述其功用			20			
3	能根据前后雾灯的电路图,指出电流方向			30			
4	能遵守劳动纪律,以积极的态度接受工作任务			10			
5	能积极参与小组讨论和团队间相互合作			10			
6	能及时完成教师布置的任务			10			
	总分			100			
小结建议							

学习活动 2　制订检查方案

1. 能查阅维修手册,列举前雾灯系统的基本检查方法,并进行操作。
2. 懂得利用各种途径查找关于汽车雾灯的相关信息。
3. 能在教师指导下,制订前雾灯不亮的故障维修方案。

汽车维修手册、互联网资源、车辆、万用表等电工工具组套等。

一辆福田戴姆勒 EST 载货汽车因前雾灯不亮被送至维修站修理,请你参照相应的维修资料,分析故障原因,制订检修计划。

1. 制订计划

请根据任务要求,确定所需要的检测仪器、工具,并对小组成员进行合理分工,制订详细的作业计划,填写完成表4-2-2。

作业计划表　　　　　　　　　表4-2-2

小组分工	
时间安排	
设备和工具	
实施路径	

2. 检查步骤设计

问题1:作为维修人员,在遇到前雾灯不亮故障时,你将通过怎样的检查步骤确定故障的部位呢？请设计你的检查步骤。

步骤1:_____
步骤2:_____
步骤3:_____
步骤4:_____
步骤5:_____
步骤6:_____
步骤7:_____
步骤8:_____
步骤9:_____
步骤10:_____

问题2:一侧雾灯不亮可能是由哪些原因造成的？请在下方空白处画出一侧雾灯不亮故障原因分析的思维导图。

问题3:造成前雾灯不亮的故障原因有哪些？请通过信息收集后绘制完成"鱼骨图"(图4-2-2,请在"鱼骨头"中对应的地方填写相应内容及标号)。

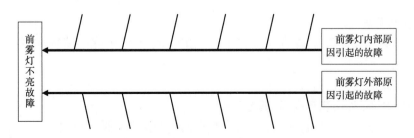

图4-2-2　前雾灯不亮故障"鱼骨图"

本学习活动的学习活动过程评价表见表4-2-3。

学习活动过程评价表　　　　　　表4-2-3

班级		姓名		学号		日期	年　月　日
序号	评价要点				配分	得分	总评
1	能够制定出具有可操作性的检查步骤				20		
2	能有条理地分析一侧雾灯不亮的原因				20		A□（86～100分）
3	能够从内部、外部两个方面分析出前雾灯不亮的可能故障原因				30		B□（76～85分） C□（60～75分）
4	能遵守劳动纪律，以积极的态度接受工作任务				10		D□（60分以下）
5	能积极参与小组讨论和团队间相互合作				10		
6	能及时完成教师布置的任务				10		
总分					100		
小结建议							

学习活动3　前雾灯不亮故障检测与维修

1. 能查阅维修手册，在教师指导下完成前雾灯不亮的故障检修。
2. 能描述汽车雾灯系统检查所使用工量具及仪器的名称、种类、用途及其使用方法，并正确使用。
3. 能搜集车辆相关信息数据。
4. 实车查找雾灯的相关电路。

学习准备

汽车维修手册、互联网资源、万用表等常用电工工具组套等。

学习过程

1. 前期准备

（1）车辆进入工位前，参训学生将工位卫生清理干净，清除故障物，准备好相关的工具、物品等。

（2）安装两侧车轮挡块。

（3）打开车门，安装车内"三件套"。

（4）检查车辆挡位是否在"停车"挡，驻车制动器操纵杆是否拉起。

（5）将点火开关旋至"ON"挡，降下车窗玻璃。

(6)对万用表进行校核,确认仪器良好,并对车辆进行常规检查。
(7)安装尾气抽排管。
注意: 在检测前确保所有的用电设备均已关闭,检测方法与前照灯电路检测方法相似。

2. 检查灯泡
如果目测不出灯泡是否损坏应该怎么办?
_____

检查灯丝是否破损,若灯丝烧断和灯泡损坏,则更换新灯泡。若无法目测,比如卤素灯,则可采用_____法进行检查是否良好,若不正常,则需更换新灯泡。

3. 检查雾灯继电器
(1)查询维修手册,找到雾灯继电器。
(2)从继电器盒中拆下雾灯继电器。
(3)对继电器进行测量,并将检测结果填入表4-2-4。
注意: 拔出灯光继电器时,要同时检查集成继电器各插座是否有烧灼、损坏现象。

雾灯继电器检查表　　　　　　　　　　表4-2-4

检测位置	测量内容及条件	标准值	测量值	结果判断

4. 检查熔断丝
熔断丝的阻值为多少时表示其已损坏?
_____
_____

(1)打开熔断丝盒,找到和前雾灯系统相关的熔断丝。
(2)使用熔断丝夹将该熔断丝取下。
(3)目测熔断丝是否烧断。
(4)测量各熔断丝加载槽与车身搭铁之间的_____。
(5)如无法通过目测判断熔断丝是否烧坏,则可选用万用表测熔断丝电阻。若阻值为∞,说明熔断丝已坏,需更换熔断丝。

熔断丝检查表见表4-2-5。

熔断丝检查表　　　　　　　　　　表4-2-5

熔断丝名称	标准值	测量值	结果判断

(6)更换新熔断丝。
①确认熔断丝载流量,按照对应颜色和规格选用熔断丝。
②观察熔断丝外部和端子处是否有烧灼现象。
③用数字式万用表"Ω"挡检测熔断丝两端子之间的电阻,正常情况下应小于____Ω。

5. 检查雾灯开关

(1)关闭点火开关。
(2)正确使用工具_____拆卸蓄电池负极端子电缆。
注意:按照先拆负极、后拆正极电缆的要求,否则容易引起正极电缆搭铁,导致电控单元因瞬时高电压而损坏;断开蓄电池电缆后至少要等待90s,以防不正当操作引爆安全气囊。
(3)拆卸转向盘下盖。
(4)拆卸转向盘总成。
(5)拆下转向柱护罩。
(6)断开组合开关总成连接器,进行组合开关连接器端子侧的线路检查;用万用表检测变光插接器原件一侧的连接端子的电阻值;检测的电阻值可参照表4-2-6规定的数值。

雾灯开关检测表　　　　　　　　　　　　　　　　表4-2-6

端子号	开关状态	标准值	测量值	结果判断
4-7	打开前雾灯	小于1Ω		
4-7,1-7	打开后雾灯	小于1Ω		

(7)用万用表检查组合开关孔端搭铁回路的电阻值是否符合规定值,标准电阻小于1Ω。用万用表红笔搭组合开关连接器7号端子,黑笔搭驾驶室的搭铁点,测两者之间的电阻值,标准电阻小于1Ω。
(8)检测驾驶室的搭铁电阻,拆除塑料护板,在不带电的情况下测量搭铁电阻,若存在电阻或电阻偏大,则说明_____,需修复搭铁,再试车检查故障是否排除。

6. 检查线束和连接器

检查线路连接情况时,需要检查几处,分别是什么?
_____
_____

用手振动或晃动连接前雾灯到灯光开关的线路,检查线路连接处是否松动、导线是否脱开,如果有,则需紧固;必要时更换新的配线。
用万用表测量各个元件的接线线路之间的电阻,或测量某处的电压,如有异常需更换线束或连接器;如正常则进行下一步检查。
将各个测量点所测数据填入表4-2-7。

7. 判断故障位置并修复故障

完成电路和元件检测后,将检测结论填入表4-2-8,并确定需要修复或更换的元件或线路。

线束和连接器检查表 表 4-2-7

检测仪器/工具	测 量 点	理 论 值	实 际 值	是否正常

电路和元件检测表 表 4-2-8

检测部位	雾灯开关	继电器	熔断丝	线路	灯泡
故障部位					

8. 整理工位

(1) 取下尾气抽排管。

(2) 回收车内"三件套"。

(3) 关闭车窗并取下钥匙。

(4) 回收车轮挡块。

(5) 将车间现场内需要和不需要的物品分类,丢弃或处理不需要的物品,管理好需要的物品。

(6) 对整理之后留在现场的必要的物品分门别类放置,排列整齐。

(7) 将工作场所清扫干净,使施工现场始终处于无垃圾、无灰尘的整洁状态。

(8) 对使用的工具和设备进行清洁。

评价与分析

本学习活动的学习活动过程评价表见表 4-2-9。

学习活动过程评价表 表 4-2-9

班级		姓名		学号		日期	年 月 日
序号	评价要点				配分	得分	总评
1	能正确地完成前期准备工作				10		A□(86~100分) B□(76~85分) C□(60~75分) D□(60分以下)
2	能够对灯泡、继电器、熔断丝进行正确、规范地检查				15		
3	能规范地完成电路的检查和检测				15		
4	能够判断故障位置,并且对故障进行修复				30		
5	能遵守劳动纪律,以积极的态度接受工作任务				10		
6	能积极参与小组讨论和团队间相互合作				10		
7	能完成现场7S工作				10		
	总分				100		
小结建议							

学习活动 4　评价反馈

学习目标

1. 能以小组为单位进行学习成果展示。
2. 培养学生的口头表达能力及质量意识。

学习准备

书籍、互联网资源、多媒体设备、展示板。

学习过程

作业完成后,你认为在雾灯系统检查过程中需要注意些什么?
_____
_____
_____

问题1:以小组为单位,进行整个项目的学习成果汇报展示。展示中相互学习,列出其他小组中有哪些方面值得学习,自己小组存在什么问题与不足?

其他小组值得学习的地方:
_____
_____
_____
_____

自己小组存在的问题与不足:
_____
_____
_____
_____

问题2:成果展示中,开展小组自评、互评及教师讲评,评价应包含专业知识技能、关键能力及方法能力评价。将评价结果记录在下面。
_____
_____
_____
_____

学习活动 5　任务评价

本任务的任务评价表见表 4-2-10。

任务评价表　　　　　　　　　　　　　　表 4-2-10

班级：_____　　　姓名：_____　　　学号：_____

项　目	自我评价			小组评价			教师评价		
	9~10	6~8	1~5	9~10	6~8	1~5	9~10	6~8	1~5
	得分占总评的10%			得分占总评的30%			得分占总评的60%		
学习活动1									
学习活动2									
学习活动3									
协作精神									
纪律观念									
表达能力									
工作态度									
安全意识									
任务总体表现									
小计									
总评									

任课教师：_____　　年　　月　　日

任务三　转向灯不亮的故障诊断与排除

学习目标

通过本任务的学习，应当能：

1. 就车正确指认汽车转向灯的位置。
2. 借助相关工具、设备完成对各个转向灯的拆装更换。
3. 在教师的指导下，查阅维修手册，制订转向灯电路故障的检查方案。
4. 通过学生对方案的制作及交流展示，培养学生的团队合作和语言表达能力。
5. 根据任务的实施情况进行自我评价与总结，培养分析问题、解决问题及归纳总结的能力。

工作情境描述

一辆福田戴姆勒 EST 载货汽车，驾驶员发现左转弯时，发现左侧转向灯不工作，需要进行维修。你作为机电组维修技师，需在规定时间(参照维修资料)内按专业要求对上述故障进行检修与零部件的更换,并做好记录,交付服务顾问试车验收。

工作流程与活动

学习活动1:任务分析及信息收集;
学习活动2:制订检查方案;
学习活动3:转向灯不工作故障检测与维修;
学习活动4:评价反馈;
学习活动5:任务评价。

学习准备

常用工具:常用工具组套、电工工具组套等。
常用量具:万用表等。
设备:车辆或汽车电气台架。
资料:维修手册、维修工单。

学习活动1　任务分析及信息收集

学习目标

1. 能明确故障现象及相关原因。
2. 能叙述转向灯的作用及转向灯电路组成。
3. 懂得利用各种途径查找相关信息。

学习准备

汽车维修手册、互联网资源、简单电路元件、多媒体设备。

学习过程

信号系统是汽车的重要组成部分,主要作用是向外界提供行车信息,以提高行车安全性,减少交通事故的发生。转向灯位于车辆的四角,当车辆转弯或变换车道时,转向灯闪烁示意车辆的行驶方向,转向灯常常和危险报警闪光灯结合在一起使用,由不同的开关控制。

在对其进行检修时,要参考维修手册。

问题1:请查阅相关资料,叙述转向灯不亮的故障现象是什么?

问题 2：转向灯的控制电路中有哪些控制元件？它们是如何工作的？

_____
_____
_____

问题 3：请描述客户所报修车辆出现的故障现象，并简单叙述你是如何检查出该故障的。

_____
_____
_____
_____

1. 转向信号灯系统组成

欧曼载货汽车转向信号系统主要由_____、指示灯、_____、_____和闪光器组成。

2. 转向信号灯

转向信号灯功率约为20W，光色为_____，要求前后白天_____m可见，侧面_____m可见，俗称转向灯。当汽车转向时，通过_____使左边和右边的前后转向信号灯闪烁发光，提醒前后车辆行人自己行驶的方向。在紧急遇险状态需其他车辆注意避让时，全部转向灯通过_____接通同时闪烁。

3. 灯光开关

灯光开关作用是根据车辆行驶条件的需要，驾驶员通过灯光开关来控制转向灯或危险报警闪光灯的工作情况。灯光开关主要有_____灯光开关和_____灯光开关。

4. 闪光器

闪光器闪光频率一般为_____次/min。闪光器按结构不同可分为电子式、电容式、电热式三种类型。电子式闪光器通常由多谐振荡器、功率放大器和继电器三大部分组成。它具有闪光频率稳定、使用寿命长的优点，目前小轿车和载货汽车普遍采用_____式闪光器。

5. 转向灯电路原理

根据图 4-3-1，回答下面的问题。

BCU 通过接收灯光开关的指令，来给不同的端子供电，以达到控制车辆左、右转向信号灯闪烁的目的。

当转向灯开关拨至右转向/右变道位置时，左侧组合开关给 BCU 提供一个右转向/右变道信号，_____的 16 号端子、19 号端子获得间歇电压信号，并经过右前、侧、后转向灯、挂车转向灯搭铁，形成闭合回路，灯泡通电并闪烁。

当转向灯开关拨至左转向/左变道位置时，左侧组合开关给_____左转向/左变道信号，BCU 的 4 号端子、7 号端子、9 号端子获得间歇电压信号，并经过左前、侧、后转向灯、挂车转向灯搭铁，形成闭合回路，灯泡通电并闪烁。

6. 危险报警闪光灯电路原理

根据图 4-3-2，回答下面的问题。

蓄电池经底盘配电盒内的_____熔断丝、中央供电盒内的_____熔断丝向危险报警闪光灯开关的____号端子供电。

按下危险报警闪光灯开关时,其_____号端子和_____号端子短接,_____号端子和_____号端子短接,_____的 12 号端子接收到电压信号,BCU 获得危险报警闪光灯点亮的信号。此时,通过 BCU 的多个端子,车辆的各个转向灯及危险报警闪光灯指示灯获得_____,搭铁后形成闭合回路,所有转向灯均通电并闪烁。

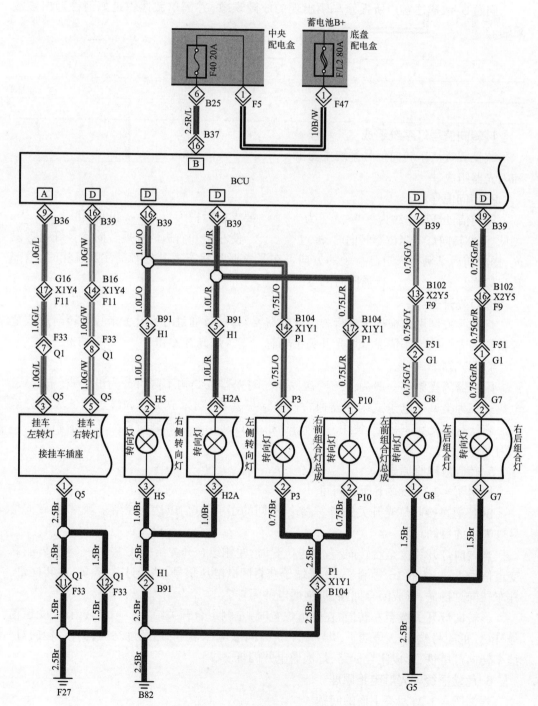

图 4-3-1　汽车转向灯/危险报警闪光灯电路 1

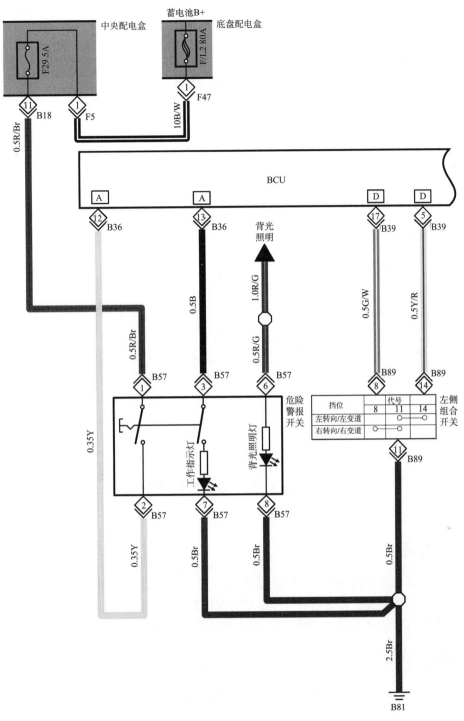

图 4-3-2 汽车转向灯/危险报警闪光灯电路 2

7. 灯泡的更换

如果转向灯灯泡坏了,该如何更换?请查询维修手册写出更换步骤。

本学习活动的学习活动过程评价表见表4-3-1。

学习活动过程评价表　　　　　　　　表4-3-1

班级		姓名		学号		日期	年　月　日
序号	评价要点				配分	得分	总评
1	能通过查阅资料,明确相关故障现象及原因				20		A□(86~100分) B□(76~85分) C□(60~75分) D□(60分以下)
2	能够说出转向灯及危险报警闪光灯电路的组成并描述其功用				20		
3	能通过查阅资料,规范地对转向灯灯泡进行更换				30		
4	能遵守劳动纪律,以积极的态度接受工作任务				10		
5	能积极参与小组讨论和团队间相互合作				10		
6	能及时完成教师布置的任务				10		
	总分				100		
小结建议							

学习活动2　制订检查方案

1. 能查阅维修手册,列举转向灯电路的基本检查方法,并进行操作。
2. 懂得利用各种途径查找转向灯电路相关信息。
3. 能在教师指导下,制订转向灯不工作的故障检修方案。

学习准备

汽车维修手册、互联网资源、车辆、万用表等电工工具组套等。

学习过程

一辆福田戴姆勒EST载货汽车因转向灯不工作被送至维修站修理,请你参照相应的维修资料,分析故障原因,制订检修计划。

请根据任务要求,确定所需要的检测仪器、工具,并对小组成员进行合理分工,制订详细的作业计划,填写完成表4-3-2。

作业计划表	表 4-3-2
小组分工	
时间安排	
设备和工具	
实施路径	

问题1：作为维修人员，在遇到转向灯不工作故障时，你将通过怎样的检查步骤确定故障的部位呢？请设计你的检查步骤。

步骤1：_____
步骤2：_____
步骤3：_____
步骤4：_____
步骤5：_____
步骤6：_____
步骤7：_____
步骤8：_____
步骤9：_____
步骤10：_____

问题2：转向灯不工作可能是由哪些原因造成的？请在下方空白处画出转向灯不工作故障原因分析的思维导图。

项目四 照明装置与信号装置故障诊断与排除

问题3：造成转向灯不工作故障的原因有哪些？请通过信息收集后绘制完成"鱼骨图"（图4-3-3，请在鱼骨头中对应的地方填写相应内容及标号）。

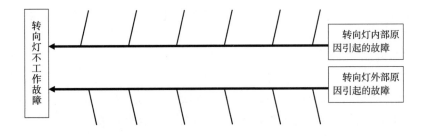

图4-3-3 转向灯不工作故障"鱼骨图"

本学习活动的学习活动过程评价表见表4-3-3。

学习活动过程评价表　　　　　　　　　　　　　　　　表4-3-3

班级		姓名		学号		日期	年 月 日
序号	评价要点				配分	得分	总评
1	能够制定出具有可操作性的检查步骤				20		A□（86~100分） B□（76~85分） C□（60~75分） D□（60分以下）
2	能有条理地分析近光灯亮,远光灯不亮的原因				20		
3	能够从内部、外部两个方面分析出前照灯不亮的可能故障原因				30		
4	能遵守劳动纪律,以积极的态度接受工作任务				10		
5	能积极参与小组讨论和团队间相互合作				10		
6	能及时完成教师布置的任务				10		
总分					100		
小结建议							

学习活动3　转向灯不工作故障检测与维修

1. 能查阅维修手册,在教师指导下完成转向灯不工作故障的检测与维修。
2. 能搜集车辆相关信息数据。
3. 实车查找转向灯及危险报警闪光灯相关电路。

学习准备

汽车维修手册、互联网资源、万用表等常用电工工具组套等。

学习过程

1. 前期准备

（1）车辆进入工位前,参训学生将工位卫生清理干净,排除故障物,准备好相关的工具、物品等。

（2）安装两侧车轮挡块。

（3）打开车门,安装车内"三件套"。

（4）检查车辆挡位是否在"停车"挡,驻车制动器操纵杆是否拉起。

（5）将点火开关旋至"ON"挡,降下车窗玻璃,关闭点火开关。

（6）使用万用表进行校核,确认仪器良好,并对车辆进行常规检查。

（7）安装尾气抽排管。

注意：在检测前确保所有的用电设备均已关闭。

2. 检查灯泡
如果目测不出灯泡是否损坏应该怎么办？

_____

_____

_____

检查灯丝是否破损，若灯丝烧断和灯泡损坏，则更换新灯泡。若无法目测，比如卤素灯，则可采用_____法进行检查是否良好，若不正常，则需更换新灯泡。

3. 检查熔断丝
(1) 检查哪几个熔断丝？

_____

_____

_____

(2) 如目测无法判断熔断丝是否烧坏，则可选用万用表测量熔断丝电阻，若阻值为∞，说明熔断丝已坏，需更换熔断丝。

熔断丝检查表见表 4-3-4。

熔断丝检查表　　　　　　　　　　　　　表 4-3-4

熔断丝名称	标 准 值	测 量 值	是否正常

(3) 更换新熔断丝。
① 确认熔断丝额定电流，按照对应颜色和规格选用熔断丝。
② 观察熔断丝外部和端子处是否有烧灼现象。
③ 用数字式万用表"Ω"挡检测熔断丝两端子之间的电阻，正常情况下应小于____Ω。

4. 检查转向灯信号开关
测量电阻时，开关断开后的阻值应为多少？

_____

_____

(1) 拆卸转向灯信号开关。
(2) 检查转向灯信号开关。
(3) 测量转向灯开关总成端子间的电阻，若有异常则更换转向信号灯开关。
用万用表检测变光插接器原件一侧连接端子的电阻值，检测的电阻值可参照

表 4-3-5 规定的数值。

转向灯信号开关检测表　　　　　表 4-3-5

端子号	开关状态	标 准 值	测 量 值	结 果 判 断
11-14, 8-11	OFF	OL		
11-14	左	小于1Ω		
8-11	右	小于1Ω		

（4）用万用表检查组合开关孔端的搭铁回路的电阻值是否符合规定值,标准值应小于1Ω。用万用表红笔搭组合开关连接器 11 号端子,黑笔搭驾驶室的搭铁点,测量两者之间的电阻值,标准值应小于1Ω。

（5）按照与拆卸相反的顺序安装转向灯信号开关。

5. 检查闪光继电器

（1）拔下闪光继电器,检查是否损坏,如有损坏,则更换新的闪光继电器。

（2）若无法观察闪光继电器是否损坏,用跨接线连接电源与闪光器插座"L"端子,如果转向灯在打转向开关的两个位置都_____,则闪光继电器失效,应更换。

6. 检查线束和连接器

检查线路连接情况时,需要检查几处,分别是什么？

_____

用手振动或晃动连接远光灯到灯光开关的线路,检查线路连接处是否松动,导线是否脱开,如果有,则需紧固；必要时更换新的配线。

将各个测量点所测数据填入表 4-3-6。

线束和连接器检测表　　　　　表 4-3-6

检测仪器/工具	测量点	理论值	实际值	结果判断

7. 判断故障位置并修复故障

完成电路和元件检测后,将检测结论填入表 4-3-7,并确定需要修复或更换的元件或线路。

电路和元件检测表　　　　　表 4-3-7

检测部位	转向灯开关	危险报警 闪光灯开关	熔断丝	线路	灯泡
故障部位					

8. 整理工位

（1）取下尾气抽排管。

（2）回收车内"三件套"。

（3）关闭车窗并取下钥匙。

（4）回收车轮挡块。

（5）将车间现场内需要和不需要的物品分类，丢弃或处理不需要的物品，管理需要的物品。

（6）对整理之后留在现场的必要的物品分门别类放置，排列整齐。

（7）将工作场所清扫干净，使施工现场始终处于无垃圾、无灰尘的整洁状态。

（8）对使用的工具和设备进行清洁。

本学习活动的学习活动过程评价表见表4-3-8。

学习活动过程评价表　　　表4-3-8

班级		姓名		学号		日期	年　月　日
序号	评价要点				配分	得分	总评
1	能正确地完成前期准备工作				10		A□（86～100分） B□（76～85分） C□（60～75分） D□（60分以下）
2	能够对灯泡、继电器、熔断丝进行正确、规范地检查				15		
3	能规范地完成电路的检查和检测				15		
4	能够判断故障位置，并且对故障进行修复				30		
5	能遵守劳动纪律，以积极的态度接受工作任务				10		
6	能积极参与小组讨论和团队间相互合作				10		
7	能完成现场7S工作				10		
总分					100		
小结 建议							

学习活动4　评价反馈

1. 能以小组为单位进行学习成果展示。
2. 培养学生的口头表达能力及质量意识。

学习准备

书籍、互联网资源、多媒体设备、展示板。

作业完成后,你认为在转向灯及危险报警闪光灯系统检查过程中需要注意什么?

问题1:以小组为单位,进行整个项目的学习成果汇报展示。展示中相互学习,列出其他小组中有哪些方面值得学习,自己小组存在什么问题与不足?

其他小组值得学习的地方:

自己小组存在的问题与不足:

问题2:成果展示中,开展小组自评、互评及教师讲评,评价应包含专业知识技能、关键能力及方法能力评价。将评价结果记录在下面。

学习活动5 任务评价

本任务的任务评价表见表4-3-9。

任 务 评 价 表   表4-3-9

班级:＿＿＿＿＿   姓名:＿＿＿＿＿   学号:＿＿＿＿＿

项 目	自 我 评 价			小 组 评 价			教 师 评 价		
	9~10	6~8	1~5	9~10	6~8	1~5	9~10	6~8	1~5
	得分占总评的10%			得分占总评的30%			得分占总评的60%		
学习活动1									
学习活动2									
学习活动3									
协作精神									
纪律观念									
表达能力									
工作态度									
安全意识									
任务总体表现									
小计									
总评									

任课教师:＿＿＿＿＿   年　月　日

任务四　喇叭工作异常的故障诊断与排除

学习目标

通过本任务的学习,应当能:
1. 说出福田戴姆勒 EST 载货汽车喇叭的功用、组成和分类。
2. 能独立检查福田戴姆勒 EST 载货汽车喇叭控制电路。
3. 能更换福田戴姆勒 EST 载货汽车喇叭。
4. 根据任务的实施情况进行自我评价与总结,培养分析问题、解决问题及归纳总结的能力。

工作流程与活动

学习活动 1:任务分析及信息收集;
学习活动 2:制订检查方案;
学习活动 3:喇叭系统的检测;
学习活动 4:评价反馈;
学习活动 5:任务评价。

学习准备

工具:常用拆装工具、汽车专用数字式万用表、辅助工具等。
设备:福田戴姆勒 EST 载货汽车、尾气收集系统、多媒体教学设备等。
资料及耗材:汽车维修手册、教材、工作页及互联网资源等。

学习活动 1　任务分析及信息收集

学习目标

1. 能收集并记录喇叭相关信息。
2. 能叙述喇叭系统的结构组成及工作原理。

学习准备

工具:常用拆装工具、汽车专用数字式万用表、诊断仪等。
设备:欧曼载货汽车、维修手册、多媒体教学设备等。

资料及耗材:汽车维修手册、教材、工作页及互联网资源等。

 学习过程

询问客户车辆在什么状态下出现这种情况？

___

___

___

不同人对相同故障的描述可能不同,问询的方式很重要。
询问客户在平时的驾驶过程中是否发现什么其他异常问题？

___

___

___

根据这些信息,在试车驾驶再现该故障。

引导问题 1 喇叭的使用条件是什么？何时应切换电喇叭和气喇叭？

请你写出喇叭的使用条件及切换电喇叭和气喇叭的时机。

___

___

___

引导问题 2 电喇叭的控制原理是什么？

根据图 4-4-1 所示喇叭系统电路图写出电喇叭控制电路工作原理。

___

___

___

引导问题 3 气喇叭的控制原理是什么？

根据图 4-4-1 所示喇叭系统电路图写出气喇叭控制电路的工作原理。

___

___

___

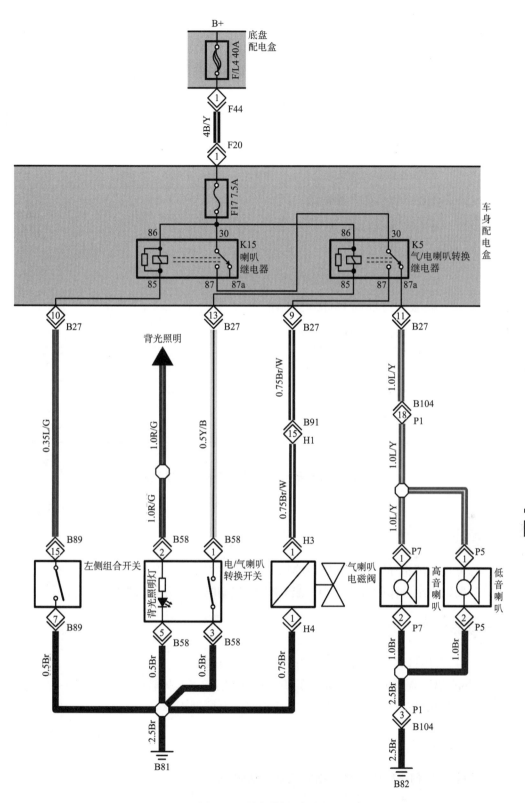

图 4-4-1 喇叭系统电路图

评价与分析

本学习活动的学习活动过程评价表见表4-4-1。

学习活动过程评价表　　　　　　表4-4-1

班级		姓名		学号		日期	年　月　日
序号	评价要点				配分	得分	总评
1	能查阅相关的材料明确电喇叭、气喇叭的使用条件				10		
2	能说出电喇叭的工作条件				15		A□（86~100分） B□（76~85分） C□（60~75分） D□（60分以下）
3	能说出气喇叭的工作条件				15		
4	能说出电喇叭的工作过程				15		
5	能说出气喇叭的工作过程				15		
6	能遵守劳动纪律，以积极的态度接受工作任务				10		
7	能积极参与小组讨论和团队间相互合作				10		
8	能及时完成教师布置的任务				10		
总分					100		
小结建议							

学习活动2　制订检查方案

学习目标

1. 能在老师指导下，制订认识喇叭系统的检查方案。
2. 能以小组合作的方式分别完成电喇叭、气喇叭检查方案的制作。

学习准备

工具：常用拆装工具、数字式万用表、辅助工具等。
设备：福田戴姆勒EST载货汽车、尾气收集装置、多媒体教学设备等。
资料及耗材：汽车维修手册、教材、工作页及互联网资源等。

学习过程

问题1：如何进行喇叭系统结构识别及认识部件？
查阅维修手册，对照实车，制订认识喇叭系统组件的方案及步骤。
步骤1：

步骤2：_____
步骤3：_____
步骤4：_____
步骤5：_____
步骤6：_____
步骤7：_____
步骤8：_____

问题2：如何对电喇叭进行全面的检查？

查阅维修手册，根据喇叭工作原理，制订电喇叭的检查方案。

步骤1：_____
步骤2：_____
步骤3：_____
步骤4：_____
步骤5：_____
步骤6：_____
步骤7：_____

问题3：如何对气喇叭进行全面的检查？

查阅维修手册，根据气喇叭工作原理，制订气喇叭检查方案。

步骤1：_____
步骤2：_____
步骤3：_____
步骤4：_____
步骤5：_____
步骤6：_____
步骤7：_____
步骤8：_____
步骤9：_____

问题4：如何优化检查方案？

各小组派代表展示交流，经讨论学习后，重新调整自己的检查流程并说明原因。

_____
_____
_____
_____
_____
_____

评价与分析

本学习活动的学习活动过程评价表见表4-4-2。

学习活动过程评价表　　　　　表 4-4-2

班级		姓名		学号		日期	年　月　日
序号	评价要点			配分	得分	总评	
1	能够明确喇叭系统检查方案的制作要求			10		A□（86~100 分） B□（76~85 分） C□（60~75 分） D□（60 分以下）	
2	能够制作喇叭系统检查方案			10			
3	能在实车上找到喇叭系统所有组件位置			15			
4	能写出喇叭系统检查活动的基本流程和组织方法			15			
5	能查阅相关资料，明确设备正常使用规范			10			
6	能遵守劳动纪律，以积极的态度接受工作任务			10			
7	能积极参与小组讨论和团队间相互合作			15			
8	能及时完成教师布置的任务			15			
	总分			100			
小结建议							

学习活动 3　喇叭系统的检测

1. 能够就车指认喇叭系统组件。
2. 能根据维修手册检测喇叭系统电路。

工具：常用拆装工具、数字式万用表、辅助拆装设备等。
设备：福田戴姆勒 EST 载货汽车、尾气收集系统、多媒体教学设备等。
资料及耗材：汽车维修手册、教材、工作页及互联网资源等。

引导问题 ❶　完成本任务，需要使用的主要工、量具有哪些？

完成本任务，必须准备好以下工具及设备：
（1）防护装备：工作服、工作鞋。
（2）专用车辆。
（3）专用工具、设备。
（4）手工工具：组合工具。
（5）辅助材料：干净的抹布、汽车维修手册。

引导问题 ❷ 车辆不能正常鸣喇叭的原因可能有哪些?

根据喇叭系统电路分析车辆不能正常鸣喇叭可能的故障原因。
_____
_____
_____
_____

引导问题 ❸ 根据检查计划,对喇叭系统进行检测

1. 前期准备
(1) _____
(2) _____
(3) _____
(4) _____
(5) _____

2. 检测项目
(1) 检测电喇叭。
① 检测蓄电池。
② 检测熔断装置。
断开蓄电池____极,拔下熔断丝_____,测量阻值为_____。
③ 检测喇叭继电器 K4。
拔下起动继电器,做部件测试,测试结果为_____
_____
_____
_____
_____

④ 检测喇叭转换继电器 K5。
拔下起动继电器,做部件测试,测试结果为_____
_____
_____
_____
_____

⑤ 检测喇叭开关。
拆开喇叭开关,检测触点接通情况,测试结果为_____。
⑥ 做电喇叭通电测试,测试结果为_____。
⑦ 检测电喇叭控制电路线束,将检测结果填入表 4-4-3。

电喇叭控制线束检测表　　　　　表4-4-3

检测端子或导线	电池通电状态	点火开关状态	检测结果

（2）检测气喇叭。
①检测电、气喇叭转换开关,测试结果为 _____。
②拆下气喇叭电磁阀并检查,测试结果为 _____。
③检测气喇叭控制电路线束,将检测结果填入表4-4-4。

气喇叭控制线束检测表　　　　　表4-4-4

检测端子或导线	电池通电状态	点火开关状态	检测结果

3. 整理工位

（1）取下尾气抽排管。
（2）回收车内"三件套"。
（3）回收车轮挡块。
（4）对整理之后留在现场的必要的物品分门别类放置,排列整齐。
（5）对使用的工具和设备进行清洁。
（6）将工作场所清扫干净,使施工现场始终处于无垃圾、无灰尘的整洁状态。

本学习活动的学习活动过程评价表见表4-4-5。

学习活动过程评价表　　　　　表4-4-5

班级		姓名		学号		日期	年　月　日
序号	评价要点				配分	得分	总评
1	能正确识读喇叭系统组件的名称和安装位置				15		A□（86~100分） B□（76~85分） C□（60~75分） D□（60分以下）
2	能正确使用各种拆装工具设备,找到测量部位				15		
3	能够规范使用万用表				10		
4	检查步骤逻辑清晰				20		
5	7S 管理执行情况				20		
6	能积极参与小组讨论和团队间相互合作				10		
7	能及时完成教师布置的任务				10		
总分					100		
小结建议							

学习活动4 评价反馈

学习目标

1. 能以小组为单位进行学习成果展示。
2. 培养学生的口头表达能力及质量意识。

学习准备

书籍、互联网资源、多媒体设备、展示板。

学习过程

作业完成后,你认为在喇叭系统检查过程中需要注意些什么?

_____
_____
_____

任务评价

问题1:以小组为单位,进行整个项目的学习成果汇报展示。展示中相互学习,列出其他小组中有哪些方面值得学习,自己小组存在什么问题与不足?

其他小组值得学习的地方:

_____
_____
_____

自己小组存在的问题与不足:

_____
_____
_____

问题2:成果展示中,开展小组自评、互评及教师讲评,评价应包含专业知识技能、关键能力及方法能力评价。将评价结果记录在下面。

_____
_____
_____
_____

学习活动 5　任务评价

本任务的任务评价表见表 4-4-6。

任务评价表　　　　　　　　　　　　　　表 4-4-6

班级：_____　　姓名：_____　　学号：_____

项目	自我评价			小组评价			教师评价		
	9~10	6~8	1~5	9~10	6~8	1~5	9~10	6~8	1~5
	得分占总评的 10%			得分占总评的 30%			得分占总评的 60%		
学习活动 1									
学习活动 2									
学习活动 3									
协作精神									
纪律观念									
表达能力									
工作态度									
安全意识									
任务总体表现									
小计									
总评									

任课教师：_____　　　年　月　日

项目五

组合仪表工作异常故障诊断与排除

任务一 车速表不指示的故障诊断与排除

学习目标

通过本任务的学习,应当能:

1. 通过查阅维修手册和教师讲解,描述组合仪表中各仪表的功用、组成、工作原理等。
2. 陈述各仪表的功能及种类,并就车正确指认各类仪表。
3. 在教师的指导下,分析仪表系统故障原因,查阅维修手册,制订仪表系统的检查方案。
4. 通过学生对方案的制作及交流展示,培养学生的团队合作和语言表达能力。
5. 能够借助相关的工具设备完成仪表盘的拆装。
6. 根据任务的实施情况进行自我评价与总结,培养分析问题、解决问题及归纳总结的能力。

工作情境描述

一辆福田戴姆勒 EST 载货汽车在行驶中,驾驶员发现仪表中车速表归零不再指示车速,初步检查发现车速传感器出现故障。你需要更换车速传感器,并做好记录,最终交付客户试车验收。

工作流程与活动

学习活动 1:任务分析及信息收集;
学习活动 2:制订检查方案;
学习活动 3:仪表盘的拆装;
学习活动 4:评价反馈;

学习活动5:任务评价。

 学习准备

工具:常用拆装工具、汽车专用数字式万用表、辅助工具等。
设备:欧曼载货汽车、多媒体教学设备等。
资料及耗材:汽车维修手册、教材、工作页及互联网资源等。

学习活动1　任务分析及信息收集

学习目标

1. 能收集并记录仪表系统相关信息。
2. 能叙述主要仪表的功能。
3. 能够就车正确认识车速表。
4. 能查阅维修手册制订车速表电路故障的检查方案。
5. 能够懂得工作安全和现场生产规范管理。

 学习准备

工具:常用拆装工具、汽车专用数字式万用表、辅助工具等。
设备:福田戴姆勒 EST 载货汽车、多媒体教学设备等。
资料及耗材:汽车维修手册、教材、工作页及互联网资源等。

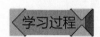 学习过程

汽车仪表系统是驾驶员获取驾驶信息的主要来源,是汽车的"晴雨表",在汽车上发挥着非常重要的作用。因此,认识与学习汽车仪表系统如何工作对于学习汽车的整体构造非常重要。本项目主要介绍车速表的分类、组成部分、工作原理,以及仪表盘的拆装、更换等。

询问客户车辆在什么状态下出现这种情况?
_____
_____
_____

不同人对相同故障的描述可能不同,问询的方式很重要。
询问客户在平时的驾驶过程中是否发现什么其他异常问题?
_____
_____
_____

根据这些信息,在试车驾驶中再现该故障。
查阅车辆相关信息,填写故障诊断单(表5-1-1)。使用故障诊断单以避免遗漏信息是非常重要的。

故 障 诊 断 单　　　　　　　　表 5-1-1

客户姓名		车型或年份		VIN 码	
发动机号		变速器		里程	
故障日期		制造日期		维修日期	
故障症状	□车速表不指示 □冷却液温度表指示异常 □转速表指示异常			□机油压力灯异常 □充电指示灯异常	
路况	□低摩擦路面(□雪地、□沙砾路面、□其他路面) □颠簸/坑洼路面				
备注					

引导问题 ❶ 汽车中仪表系统有什么作用？

请你写出汽车中仪表系统的作用。

引导问题 ❷ 汽车仪表系统的种类有哪些？目前使用最多的汽车仪表系统有哪些特点？

请你写出仪表系统的种类以及目前使用最多的汽车仪表系统的特点。

引导问题 ❸ 汽车上都有哪些仪表与指示灯？

填写完成图 5-1-1 所示仪表、指示灯名称。

图 5-1-1　仪表指示灯

1-_____ ;2-_____ ;3-_____ ;4-_____ ;5-_____ ;6-_____ ;
7-_____ ;8-_____ ;9-_____

引导问题 ❹ 车速表的功用是什么呢？有哪些种类？都有哪些独特的结构？

(1) 车速表的功用是_____
_____。

(2) 根据车速表表头的工作原理不同，车速表可分为_____和_____两种。

(3) 根据车速传感器获取车速信号的不同，车速表可分为_____、_____和
_____三种。

(4) 光电式车速传感器是利用_____元器件制成。

(5) 如图 5-1-2 所示，请你标注该光电传感器的结构名称。

(6) 磁电式车速传感器由_____和_____组成，利用_____原理制成。

(7) 简述霍尔式传感器中霍尔元件的工作原理。
_____
_____
_____

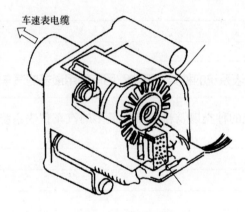

图 5-1-2　光电传感器

知识拓展

请你简述霍尔效应的原理。
_____
_____

知识反馈

列举出汽车上的仪表装置及功能。
_____
_____
_____

评价与分析

本学习活动的学习活动过程评价表见表 5-1-2。

学习活动过程评价表　　　　　　　　　表 5-1-2

班级		姓名		学号		日期	年 月 日
序号	评价要点			配分	得分	总评	
1	能正确认读查阅相关的资料,明确仪表系统的功用			10		A□(86~100 分) B□(76~85 分) C□(60~75 分) D□(60 分以下)	
2	能够就车识别各仪表,并说出各仪表名称			10			
3	能够就车识别各仪表的功能			15			
4	能了解各不同类型车速表特点			10			
5	能查阅相关资料,说出磁电式车速传感器的工作原理			15			
6	能遵守劳动纪律,以积极的态度接受工作任务			10			
7	能积极参与小组讨论和团队间相互合作			15			
8	能及时完成教师布置的任务			15			
	总分			100			
小结 建议							

学习活动 2　制订检查方案

学习目标

1. 能陈述仪表系统检查方案的制作要求。
2. 能在教师指导下,制订仪表系统认识的检查流程。
3. 能以小组合作的方式完成仪表系统检查方案的制作。
4. 能在检查方案的制作过程中,学会维修方案制作的方法和技巧。

学习准备

工具:常用拆装工具、汽车专用数字式万用表、辅助工具等。
设备:福田戴姆勒 EST 载货汽车、多媒体教学设备等。
资料及耗材:汽车维修手册、教材、工作页及互联网资源等。

学习过程

问题 1:如何进行各个仪表结构识别及认识部件?
查阅维修手册及相关资料,根据不同仪表的构造原理,制订各个仪表结构组成的检查方案及检查步骤。
步骤 1:_____
步骤 2:_____

步骤 3：_____

步骤 4：_____

步骤 5：_____

步骤 6：_____

步骤 7：_____

步骤 8：_____

步骤 9：_____

步骤 10：_____

问题 2：如何优化检查方案？

各小组派代表展示交流，经讨论学习后，重新调整自己的检查流程并说明原因。

_____
_____
_____
_____

评价与分析

本学习活动的学习活动过程评价表见表 5-1-3。

学习活动过程评价表　　　　　　　　　　　　　表 5-1-3

班级		姓名		学号		日期	年　月　日
序号	评价要点			配分	得分	总评	
1	能够明确仪表系统认识检查方案的制作要求			10		A□（86～100 分） B□（76～85 分） C□（60～75 分） D□（60 分以下）	
2	能够掌握仪表系统认识检查方案的制作办法			10			
3	能写出仪表系统检查活动的基本流程和组织方法			15			
4	能全面优化所设计方案			15			
5	能查阅相关资料，明确设备正常使用规范			10			
6	能遵守劳动纪律，以积极的态度接受工作任务			10			
7	能积极参与小组讨论和团队间相互合作			15			
8	能及时完成教师布置的任务			15			
	总分			100			
小结建议							

学习活动 3　仪表盘的拆装

学习目标

1. 能够就车指认仪表系统各原件。
2. 能查阅维修手册说出仪表盘的拆装方法。

学习准备

工具:常用拆装工具、汽车专用数字式万用表、辅助工具等。
设备:福田戴姆勒 EST 载货汽车、多媒体教学设备等。
资料及耗材:汽车维修手册、教材、工作页及互联网资源等。

学习过程

引导问题 1 完成本任务,需要使用的主要工、量具有哪些?

完成本任务,必须准备好以下工具和设备:
(1)防护装备:工作服、工作鞋。
(2)专用车辆。
(3)专用工具、设备。
(4)手工工具:组合工具。
(5)辅助材料:干净的抹布、汽车维修手册。

引导问题 2 怎样规范拆卸仪表盘?

1. 拆卸准备
(1)小组共同清洁工位、清点工具,保持场地、设备、工具等干净、整齐、性能良好。
(2)关闭点火开关并拔下钥匙,将蓄电池负极电缆拆下。

2. 拆卸仪表罩
(1)_____。

注意事项:

(2)_____。

注意事项:

3. 卸仪表总成
(1)_____。

注意事项:

（2）_____。

注意事项：

4. 仪表总成及仪表罩的装复

_____。

注意事项：

评价与分析

本学习活动的学习活动过程评价表见表5-1-4。

学习活动过程评价表　　　　　　　　　　　表5-1-4

班级		姓名		学号		日期	年　月　日
序号	评价要点				配分	得分	总评
1	能正确识别安装位置				10		A□（86~100分） B□（76~85分） C□（60~75分） D□（60分以下）
2	能正确使用各种拆装工具设备,明确设备正常使用规范				10		
3	能够严格执行拆装流程工艺				10		
4	能够正确拆卸仪表罩及仪表总成				20		
5	能够正确安装仪表罩及仪表总成				20		
6	能遵守劳动纪律,以积极的态度接受工作任务				10		
7	能积极参与小组讨论和团队间相互合作				10		
8	能及时完成教师布置的任务				10		
	总分				100		
小结建议							

学习活动4　评价反馈

学习目标

1. 能查阅维修手册进行仪表系统的检查。
2. 能以小组为单位进行学习成果展示。
3. 培养学生的口头表达能力及质量意识。

书籍、互联网资源、多媒体设备、展示板。

引导问题 ❶　维修质量评价

问题1：作业完成后，对各小组学习质量的测试有哪些？评价依据是什么？
评价依据1：_____
评价依据2：_____
评价依据3：_____
评价依据4：_____

问题2：作业完成后，你认为在仪表系统认识过程中需要注意什么？
_____
_____

问题3：如果你需要向客户进行针对仪表系统功能说明，你会如何介绍？
_____
_____

引导问题 ❷　任务评价

问题1：以小组为单位，进行整个项目的学习成果汇报展示。展示中相互学习，列出其他小组中有哪些方面值得学习，自己小组存在什么问题与不足？
其他小组值得学习的地方：
_____
_____

自己小组存在的问题与不足：
_____
_____

问题2：成果展示中，开展小组自评、互评及教师讲评，评价应包含专业知识技能、关键能力及方法能力评价。将评价结果记录在下面。
_____
_____

学习活动5　任　务　评　价

本任务的任务评价表见表5-1-5。

任务评价表　　　　　　　　表 5-1-5

班级：_____　　　姓名：_____　　　学号：_____

项　目	自我评价			小组评价			教师评价		
	9~10	6~8	1~5	9~10	6~8	1~5	9~10	6~8	1~5
	得分占总评的10%			得分占总评的30%			得分占总评的60%		
学习活动1									
学习活动2									
学习活动3									
协作精神									
纪律观念									
表达能力									
工作态度									
安全意识									
任务总体表现									
小计									
总评									

任课教师：_____　　　年　　月　　日

任务二　仪表指示灯的故障诊断与排除

学习目标

通过本任务的学习，应当能：

1. 通过查阅维修手册和教师讲解，描述组合仪表各仪表的功用、组成、工作原理等。
2. 陈述指示灯种类及特点，并就车正确指认各指示灯。
3. 在教师的指导下，分析仪表系统故障原因，查阅维修手册，制订仪表系统的检查方案。
4. 通过学生对方案的制作及交流展示，培养学生的团队合作和语言表达能力。
5. 借助相关的工具设备完成传感器的拆装。
6. 根据任务的实施情况进行自我评价与总结，培养分析问题、解决问题及归纳总结的能力。

工作情境描述

一辆福田戴姆勒 EST 载货汽车，驾驶员将其驶入服务区，发现拉下驻车制动器操纵杆后，驻车制动指示灯不亮。制动系统对于车辆来说非常关键，尤其是商用车自身质量非常大,如果驻车制动失效则对于车辆及行人都是非常危险的。因此,对于驻车制动指示灯不亮的故障需要进行维修。经检查,发现驻车制动的插接器出现故障。你需要拆卸驻车制动手控阀总成后更换,并做好记录,最终交付客户试车验收。

工作流程与活动

学习活动1:任务分析及信息收集;
学习活动2:制订检查方案;
学习活动3:驻车制动警告灯故障的检查;
学习活动4:评价反馈;
学习活动5:任务评价。

学习准备

工具:常用拆装工具、汽车专用数字式万用表、辅助工具等。
设备:福田戴姆勒EST载货汽车、多媒体教学设备等。
资料及耗材:汽车维修手册、教材、工作页及互联网资源等。

学习活动1 任务分析及信息收集

学习目标

1. 能收集并记录仪表系统相关信息。
2. 能叙述主要指示灯的功能。
3. 能通过试车进行指示灯功能的判断。
4. 能叙述制动系统报警装置的种类及特点。
5. 能够懂得工作安全和现场生产规范管理。

学习准备

工具:常用拆装工具、汽车专用数字式万用表、辅助工具等。
设备:福田戴姆勒EST载货汽车、多媒体教学设备等。
资料及耗材:汽车维修手册、教材、工作页及互联网资源等。

学习过程

汽车报警装置是驾驶员获取驾驶信息的主要来源,是汽车正常行驶的保障,在汽车上发挥着非常重要的作用。因此,认识与学习汽车报警装置是如何工作对于学习汽车的整体构造非常重要。本学习活动主要介绍指示灯的分类、组成部分、工作原理,以及传感器的拆装和检查等。

询问客户车辆在什么状态下出现这种情况？

_____

_____

_____

不同人对相同故障的描述可能不同，问询的方式很重要。

询问客户在平时的驾驶过程中是否发现什么其他异常问题？

_____

_____

_____

根据这些信息，在试车驾驶中再现该故障。

查阅车辆相关信息，填写故障诊断单（表 5-2-1）。使用故障诊断单以避免遗漏信息是非常重要的。

故 障 诊 断 单　　　　　　　　　　　　　　　　表 5-2-1

客户姓名		车型或年份		VIN 码	
发动机号		变速器		里程	
故障日期		制造日期		维修日期	
故障症状	□车速表不指示 □冷却液温度表指示异常 □转速表指示异常			机油压力灯异常 □充电指示灯异常	
路况	□低摩擦路面（□雪地、□沙砾路面、□其他路面） □颠簸/坑洼路面				
备注					

引导问题 1　汽车警告灯的作用？

请你写出汽车警告灯的作用。

_____

_____

引导问题 2　汽车仪表系统中有哪些传感器，它们都有哪些作用？

请你填写完成表 5-2-2。

汽车仪表系统中传感器的种类及作用　　　　　　表 5-2-2

种　类	作　用

续上表

种　类	作　用

引导问题 ③ 汽车上都有哪些警示灯？你能正确区分吗？

请将指示灯和对应的名称连起来。

　　　　冷却液温度告警灯

　　　　机油压力告警灯

　　　　制动告警灯

　　　　燃油量告警灯

引导问题 ④ 机油压力报警装置有哪些种类？各自有什么独特的结构呢？

（1）机油压力警告灯为_____警告灯。

（2）目前与机油压力警告灯配套使用的传感器有_____和_____两种。

（3）请将图 5-2-1 的图注补充完整，并说明其工作原理。

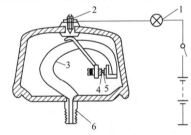

图 5-2-1　机油压力报警装置

1-_____;2-_____;3-_____;4-_____;5-_____;6-_____

工作原理：_____

_____

引导问题 ⑤ 制动系统报警装置有哪些种类？驻车制动报警灯电路是如何工作的？

（1）制动系统警告灯主要包括_____、_____、_____、_____和气动辅助制动指示灯。

（2）驻车制动警告灯电路工作原理是：_____

_____

_____

知识拓展

1. 冷却液温度警告灯传感器有哪些种类？

2. 能回忆一下前边所学充电指示灯的作用吗？

知识反馈

列举汽车上的其他报警指示装置。

评价与分析

本学习活动的学习活动过程评价表见表 5-2-3。

学习活动过程评价表　　　　　　　　　　　表 5-2-3

班级		姓名		学号		日期	年　月　日
序号	评价要点				配分	得分	总评
1	能正确识读查阅相关的资料，明确仪表系统的功用				10		A□(86~100 分) B□(76~85 分) C□(60~75 分) D□(60 分以下)
2	能够就车识别各仪表，并说出各仪表名称				10		
3	能够就车识别各警告指示灯，并说出名称				15		
4	能说出各警告指示灯的作用				10		
5	能查阅相关资料，说出驻车制动警告灯的工作过程				15		
6	能遵守劳动纪律，以积极的态度接受工作任务				10		
7	能积极参与小组讨论和团队间相互合作				15		
8	能及时完成教师布置的任务				15		
总分					100		
小结建议							

学习活动 2　　制订检查方案

学习目标

1. 能陈述报警指示装置检查方案的制作要求。

2. 能在教师指导下,制订报警指示装置认识的检查流程。

3. 能以小组合作的方式完成报警指示装置检查方案的制作。

4. 能在检查方案的制作过程中,学会维修方案制作的方法和技巧。

学习准备

工具:常用拆装工具、汽车专用数字式万用表、辅助工具等。

设备:欧曼载货汽车、多媒体教学设备等。

资料及耗材:汽车维修手册、教材、工作页及互联网资源等。

学习过程

问题1:如何进行各个报警指示装置结构识别及认识部件?

查阅维修手册及相关资料,根据各个报警指示装置的构造原理,制订各个报警指示装置结构组成的检查方案及检查步骤。

步骤1:_____
步骤2:_____
步骤3:_____
步骤4:_____
步骤5:_____
步骤6:_____
步骤7:_____
步骤8:_____
步骤9:_____
步骤10:_____

问题2:如何优化检查方案?

各小组派代表展示交流,经讨论学习后,重新调整自己的检查流程并说明原因。

_____
_____
_____
_____
_____
_____
_____
_____
_____
_____

评价与分析

本学习活动的学习活动过程评价表见表5-2-4。

学习活动过程评价表　　　　　　表 5-2-4

班级		姓名		学号		日期	年　月　日
序号	评价要点				配分	得分	总评
1	能够明确报警指示装置认识检查方案的制作要求				10		A□(86~100 分) B□(76~85 分) C□(60~75 分) D□(60 分以下)
2	能够掌握报警指示装置认识检查方案的制作办法				10		
3	能写出报警指示装置检查活动的基本流程和组织方法				15		
4	能全面优化所设计方案				15		
5	能查阅相关资料,明确设备正常使用规范				10		
6	能遵守劳动纪律,以积极的态度接受工作任务				10		
7	能积极参与小组讨论和团队间相互合作				15		
8	能及时完成教师布置的任务				15		
	总分				100		
小结 建议							

学习活动 3　驻车制动警告灯故障的检查

学习目标

1. 能够就车指认驻车制动手控阀总成。
2. 能查阅维修手册说出驻车制动手控阀总成的拆装及检查方法。

学习准备

工具:常用拆装工具、汽车专用数字式万用表、辅助工具等。
设备:福田戴姆勒 EST 载货汽车、多媒体教学设备等。
资料及耗材:汽车维修手册、教材、工作页及互联网资源等。

学习过程

引导问题 1　完成本任务,需要使用的主要工、量具有哪些?

完成本任务,必须准备好以下工具及设备:
(1)防护装备:工作服、工作鞋。
(2)专用车辆。
(3)专用工具、设备。
(4)手工工具:组合工具。

（5）辅助材料：干净的抹布、汽车维修手册。

引导问题 2 如何检查驻车制动手控阀总成的性能？

1. 准备工作
小组共同清洁工位、清点工具，保持场地、设备、工具等干净、整齐、性能良好。

2. 操作及分析过程
按规范找到驻车制动手控阀总成。

3. 总结注意事项

注意事项：

通过查找资料，说出气动辅助制动指示灯常亮的故障原因。

评价与分析

本学习活动的学习活动过程评价表见表5-2-5。

学习活动过程评价表　　　表5-2-5

班级		姓名		学号		日期	年　月　日
序号	评价要点				配分	得分	总评
1	能正确识别安装位置				5		
2	能正确使用各种拆装工具设备，明确设备正常使用规范				10		
3	能够严格执行拆装流程工艺				10		
4	能够正确拆卸驻车制动手控阀总成				10		A□(86~100分)
5	能够正确安装驻车制动手控阀总成				10		B□(76~85分)
6	能对驻车制动手控阀总成并进行检查				15		C□(60~75分)
7	能对警告灯故障电路进行正常分析				15		D□(60分以下)
8	能遵守劳动纪律，以积极的态度接受工作任务				5		
9	能积极参与小组讨论和团队间相互合作				10		
10	能及时完成教师布置的任务				10		
	总分				100		
小结建议							

学习活动4 评价反馈

学习目标

1. 能查阅维修手册进行仪表系统的检查。
2. 能以小组为单位进行学习成果展示。
3. 培养学生的口头表达能力及质量意识。

学习准备

书籍、互联网资源、多媒体设备、展示板。

学习过程

引导问题1 维修质量评价

问题1：作业完成后，对各小组学习质量的测试有哪些？评价依据是什么？
评价依据1：_____
评价依据2：_____
评价依据3：_____
评价依据4：_____

问题2：作业完成后，你认为在报警指示装置认识过程中需要注意什么？
_____

问题3：如果你需要向客户进行针对报警指示装置功能说明，你会如何介绍？
_____

引导问题2 任务评价

问题1：以小组为单位，进行整个项目的学习成果汇报展示。展示中相互学习，列出其他小组中有哪些方面值得学习，自己小组存在什么问题与不足？
其他小组值得学习的地方：
_____

自己小组存在的问题与不足：
_____

问题2：成果展示中，开展小组自评、互评及教师讲评，评价应包含专业知识技能、关键能力及方法能力评价。将评价结果记录在下面。
_____

学习活动 5　任 务 评 价

本任务的任务评价表见表 5-2-6。

任 务 评 价 表　　　　　　　　表 5-2-6

班级：_____　　　姓名：_____　　　学号：_____

项　目	自我评价			小组评价			教师评价		
	9~10	6~8	1~5	9~10	6~8	1~5	9~10	6~8	1~5
	得分占总评的10%			得分占总评的30%			得分占总评的60%		
学习活动1									
学习活动2									
学习活动3									
协作精神									
纪律观念									
表达能力									
工作态度									
安全意识									
任务总体表现									
小计									
总评									

任课教师：_____　　　年　　月　　日

项目五　组合仪表工作异常故障诊断与排除

项目六

辅助电气系统故障诊断与排除

任务一 风窗玻璃刮水器工作异常的故障诊断与排除

 学习目标

通过本任务的学习,应当能:

1. 借助相关的工具设备完成车辆风窗玻璃刮水器的拆装与更换任务。

2. 陈述风窗玻璃刮水器的检查项目及方法,并能够就车正确指认风窗玻璃刮水器各系统零部件。

3. 在教师的指导下,分析故障原因,查阅维修手册制订风窗玻璃刮水器系统的检查方案。

4. 掌握风窗玻璃刮水器系统的检修方法及工艺流程。

5. 通过学生对方案的制作及交流展示,培养学生的团队合作和语言表达能力。

6. 根据任务的实施情况进行自我评价与总结,培养分析问题、解决问题及总结归纳的能力。

工作情境描述

一辆福田戴姆勒 EST 载货汽车在行驶中,驾驶员发现风窗玻璃刮水器系统不能正常工作,致使下雨天视线受阻无法驾驶车辆。你需要对风窗玻璃刮水器系统附件进行系统检查,并做好记录,最终交付客户试车验收。

工作流程与活动

学习活动1:任务分析及信息收集;
学习活动2:制订检查、维修方案;

学习活动3：规范拆装、检修风窗玻璃刮水器；
学习活动4：评价反馈；
学习活动5：任务评价。

学习准备

工具：常用拆装工具、汽车专用数字式万用表、辅助工具等。
设备：福田戴姆勒 EST 载货汽车、尾气排放系统、多媒体教学设备等。
资料及耗材：汽车维修手册、教材、工作页及互联网资源等。

学习活动1　任务分析及信息收集

学习目标

1. 能收集并记录风窗玻璃刮水器相关信息。
2. 能够就车正确指认商用车风窗玻璃刮水器的位置。
3. 能叙述风窗玻璃刮水器的结构组成及工作原理。
4. 能够懂得工作安全和现场生产规范管理。

学习准备

工具：常用拆装工具、汽车专用数字式万用表、诊断仪等。
设备：福田戴姆勒 EST 载货汽车、多媒体教学设备等。
资料及耗材：汽车维修手册、教材、工作页及互联网资源等。

学习过程

风窗玻璃刮水器用来清除风窗玻璃上的雨水、雪或尘土，以确保为驾驶员提供良好的能见度。本学习活动主要介绍风窗玻璃刮水器的工作原理、风窗玻璃刮水器的总体构造以及风窗玻璃刮水器的拆装和维修等。所以，在检修福田戴姆勒 EST 载货汽车的风窗玻璃刮水器时，要参考相应的汽车维修手册。

询问客户车辆在什么状态下出现的这种情况？
_____
_____

不同人对相同故障的描述可能不同，问询的方式很重要。
询问客户在平时的使用过程中是否发现什么其他异常问题？
_____
_____

根据这些信息，在试车驾驶中再现该故障。

查阅车辆相关信息,填写故障诊断单(表6-1-1)。使用故障诊断单以避免遗漏信息是非常重要的。

电气故障诊断单　　　　　　　　　　　　　　　　表 6-1-1

客户姓名		车型或年份		VIN 码	
发动机号		变速器		里程	
故障日期		制造日期		维修日期	
故障症状					
环境状况					
使用条件					
故障出现状态	□突然		□逐渐		
其他状态	□电气设备操作		□换挡	□其他说明	
备注					

引导问题 1　你知道商用车上风窗玻璃刮水器有什么作用吗?它由哪几部分组成?

(1)请你简述商用车上风窗玻璃刮水器的作用。
_____
_____

(2)请你对照图6-1-1,将商用车上风窗玻璃刮水器的部件名称填入表6-1-2。

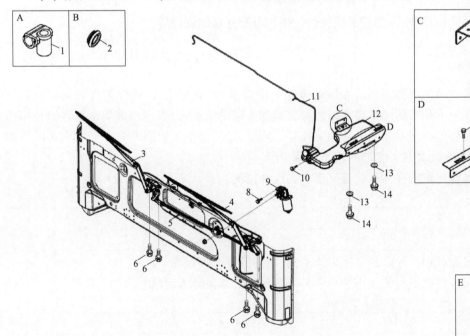

图 6-1-1　风窗玻璃刮水器的结构

风窗玻璃刮水器部件名称　　　　　表 6-1-2

序号	部件名称	序号	部件名称
1		10	
2		11	
3		12	
4		13	
5		14	
6		15	
7		16	
8		17	
9			

引导问题 ❷　你知道风窗玻璃刮水器有几个挡位吗？它是如何控制的？

（1）请你写出风窗玻璃刮水器有几个挡位。

_____

_____

（2）请你用笔在图 6-1-2 中画出电源开关闭合后，风窗玻璃刮水电机低速运行的电流路径。

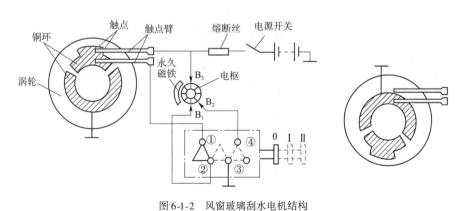

图 6-1-2　风窗玻璃刮水电机结构

引导问题 ❸　你会识读风窗玻璃刮水器电路吗？

请你识读风窗玻璃刮水器电路图（图 6-1-3）。

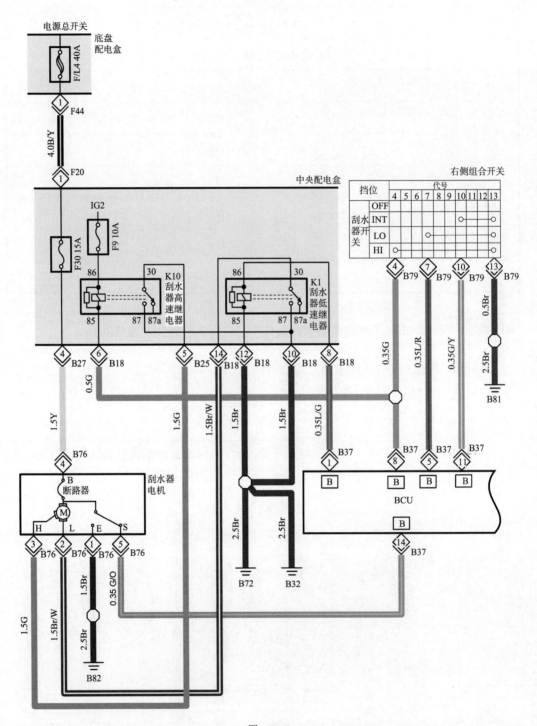

图 6-1-3

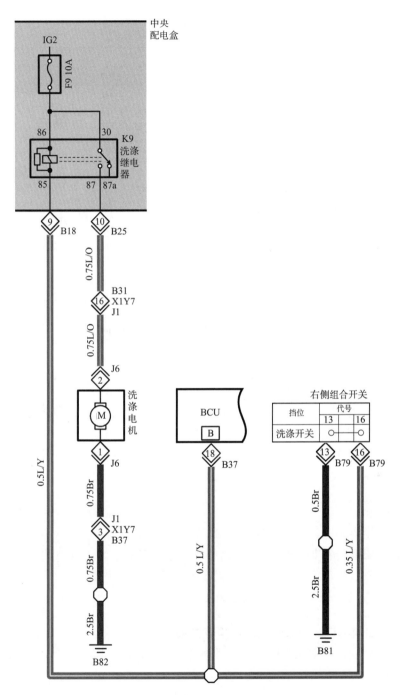

图 6-1-3 风窗玻璃刮水器电路图

本学习活动的学习活动过程评价表见表6-1-3。

学习活动过程评价表　　　　　　　表6-1-3

班级		姓名		学号		日期	年　月　日
序号	评价要点			配分	得分	总评	
1	能正确识读查阅相关的资料,明确风窗玻璃刮水器的作用			10		A□(86~100分) B□(76~85分) C□(60~75分) D□(60分以下)	
2	能够陈述风窗玻璃刮水器由哪几部分组成			10			
3	能够说出风窗玻璃刮水器的类型			15			
4	能了解各不同类型风窗玻璃刮水器的技术特点			15			
5	能查阅相关资料,说出风窗玻璃刮水器的正常使用规范			10			
6	能遵守劳动纪律,以积极的态度接受工作任务			10			
7	能积极参与小组讨论和团队间相互合作			15			
8	能及时完成教师布置的任务			15			
总分				100			
小结 建议							

学习活动2　制订检查、维修方案

学习目标

1. 能陈述风窗玻璃刮水器检查、维修方案的制作要求。
2. 能在教师指导下,制订风窗玻璃刮水器检查、维修方案。
3. 能以小组合作的方式完成风窗玻璃刮水器检查、维修方案的制作。
4. 能在检查方案的制作过程中,学会维修方案制作的方法和技巧。

学习准备

工具:常用拆装工具、汽车专用数字式万用表、诊断仪等。
设备:福田戴姆勒 EST 载货汽车、多媒体教学设备等。
资料及耗材:汽车维修手册、教材、工作页及互联网资源等。

学习过程

问题1:如何制订风窗玻璃刮水器检查方案?

查阅维修手册,根据风窗玻璃刮水器构造原理,制订风窗玻璃刮水器的检查方案及检查步骤。

步骤1:＿＿＿＿＿＿＿＿＿＿＿＿＿＿＿＿＿＿＿＿＿＿＿＿＿＿＿＿＿＿＿＿
步骤2:＿＿＿＿＿＿＿＿＿＿＿＿＿＿＿＿＿＿＿＿＿＿＿＿＿＿＿＿＿＿＿＿
步骤3:＿＿＿＿＿＿＿＿＿＿＿＿＿＿＿＿＿＿＿＿＿＿＿＿＿＿＿＿＿＿＿＿
步骤4:＿＿＿＿＿＿＿＿＿＿＿＿＿＿＿＿＿＿＿＿＿＿＿＿＿＿＿＿＿＿＿＿
步骤5:＿＿＿＿＿＿＿＿＿＿＿＿＿＿＿＿＿＿＿＿＿＿＿＿＿＿＿＿＿＿＿＿

步骤6：_____
步骤7：_____
步骤8：_____
步骤9：_____
步骤10：_____

问题2：如何制订风窗玻璃刮水器维修方案？

查阅维修手册，根据风窗玻璃刮水器工作原理，制订风窗玻璃刮水器维修方案。

步骤1：_____
步骤2：_____
步骤3：_____
步骤4：_____
步骤5：_____
步骤6：_____
步骤7：_____
步骤8：_____
步骤9：_____
步骤10：_____

问题3：如何优化检查维修方案？

各小组派代表展示自己的维修方案，各组互相讨论学习后，重新调整自己的检查、维修流程。

_____
_____

评价与分析

本学习活动的学习活动过程评价表见表6-1-4。

学习活动过程评价表　　　　　　　　表6-1-4

班级		姓名		学号		日期	年　月　日
序号	评价要点				配分	得分	总评
1	能够明确风窗玻璃刮水器检查、维修方案的制作要求				10		A□（86~100分） B□（76~85分） C□（60~75分） D□（60分以下）
2	能够掌握风窗玻璃刮水器检查、维修方案的制作办法				10		
3	能陈述风窗玻璃刮水器检查、维修方案				15		
4	能优化风窗玻璃刮水器检查、维修方案				15		
5	能查阅相关资料，明确设备正常使用规范				10		
6	能遵守劳动纪律，以积极的态度接受工作任务				10		
7	能积极参与小组讨论和团队间相互合作				15		
8	能及时完成教师布置的任务				15		
	总分				100		
小结建议							

学习活动 3　规范拆装、检修风窗玻璃刮水器

学习目标

1. 能够就车指认风窗玻璃刮水器原件。
2. 能查阅维修手册掌握风窗玻璃刮水器的拆装方法。
3. 能够对风窗玻璃刮水器进行检查和维修。

学习准备

工具：常用拆装工具、汽车专用数字式万用表、诊断仪等。
设备：福田戴姆勒 EST 载货汽车、多媒体教学设备等。
资料及耗材：汽车维修手册、教材、工作页及互联网资源等。

学习过程

引导问题 1　完成本任务，需要使用的主要工、量具有哪些？

1. 技术要求与标准

（1）严格按照安全操作规程，熟练、快速地检查风窗玻璃刮水器。
（2）在使用万用表的过程中，要根据测量对象选择正确的挡位。
（3）习惯性使用"三件套"、发动机舱防护罩等汽车防护物品，养成良好的职业习惯。
（4）养成采取安全防护措施维修作业的习惯。
（5）养成工具、零部件、油液"三不落地"的职业习惯，工具及拆下的零部件等均应整齐地放置在工具车及零件盘中。

2. 设备器材

请你写出图 6-1-4、图 6-1-5 所示本学习活动所需设备器材的名称。

图 6-1-4　设备器材 1　　　　图 6-1-5　设备器材 2

3. 场地设施

4. 设备设施

5. 安全防护

6. 耗材

引导问题 2 如何规范拆卸风窗玻璃刮水器?

各小组根据制订的风窗玻璃刮水器检测维修方案以及下列维修手册拆卸步骤(注意阅读注意事项),对风窗玻璃刮水器进行规范拆装。

1. 拆卸准备

(1)小组共同清洁工位、清点工具,保持场地、设备、工具等干净、整齐、性能良好。
(2)关闭点火开关并拔下钥匙。

2. 拆卸风窗玻璃刮水器

(1)打开车门。
(2)断开蓄电池负极电缆,如图 6-1-6 所示。

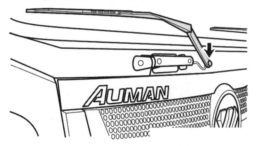

图 6-1-6 断开蓄电池负极电缆

(3)拆卸刮水臂刮片总成。

断开洗涤壶水管(注意扎住水管,防止洗涤液泄漏);撬开刮水器臂上的堵盖,取下刮水臂刮片总成,更换刮水器片。

(4)如图 6-1-7 所示,打开前翻转盖板总成。
(5)如图 6-1-8 所示,拆卸刮水器连杆机构总成。

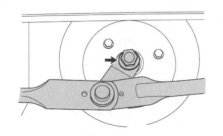

图 6-1-7 打开前翻转盖板总成

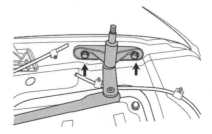

图 6-1-8 拆卸刮水器连杆机构总成

①如图 6-1-9 所示,拆下连杆机构与刮水电机连接的 1 颗固定螺母,脱开连杆机构。
②如图 6-1-10 所示,拆下左刮水器连杆固定座上的 2 颗固定螺栓。

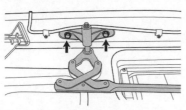
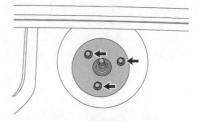

图6-1-9 脱开连杆机构　　　图6-1-10 拆卸固定螺栓

③拆下右刮水器连杆固定座上的2颗固定螺栓,拆下2个固定座的卡簧,取下刮水器连杆机构总成。

(6)拆卸刮水电机总成。

①如图6-1-11所示,拧下在车身前围固定刮水电机总成的3颗螺栓。

②如图6-1-12所示,断开刮水器电机总成线束插接件,取下刮水器电机总成。

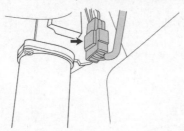
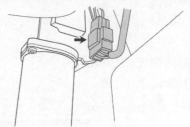

图6-1-11 拧下刮水电机总成螺栓　　　图6-1-12 断开刮水电机总成线束插接件

(7)安装刮水电机总成。

①连接刮水电机总成线束插接件。

②如图6-1-13所示,将刮水器连杆机构安装到刮水器电机轴上,拧紧1颗固定螺母。

③如图6-1-14所示,拧紧在车身前围固定刮水电机总成的3颗螺栓。

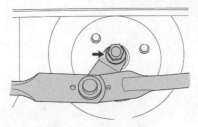
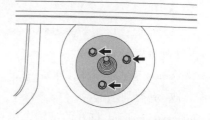

图6-1-13 拧紧固定螺母　　　图6-1-14 拧紧刮水电机总成螺栓

(8)安装刮水器连杆机构总成。

①如图6-1-15所示,拧紧右刮水器连杆固定座上的2颗固定螺栓。

②如图6-1-16所示,拧紧左刮水器连杆固定座上的2颗固定螺栓。

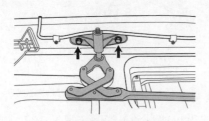
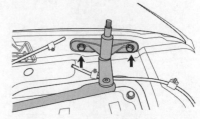

图6-1-15 拧紧右刮水器连杆固定座上的固定螺栓　　　图6-1-16 拧紧左刮水器连杆固定座上的固定螺栓

③如图6-1-17所示,拧紧连杆与刮水器电机轴连接的1颗固定螺母,安装2个固定座的卡簧。

(9)如图6-1-18所示,安装刮水臂刮片总成。

①扣上刮水臂上的堵盖。

②连接洗涤壶水管。

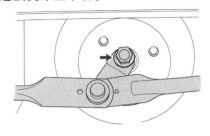 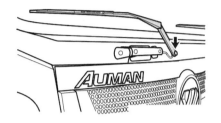

图6-1-17　拧紧固定螺母　　　　图6-1-18　安装刮水臂刮片总成

(10)关闭前翻转盖板总成。

(11)连接蓄电池负极电缆。

(12)关闭车门。

注意:

(1)风窗玻璃干燥时不可操作刮水器,以免划伤风窗玻璃。

(2)如果刮水器被雪粘着或冻结,不可操作,以免损坏刮水系统。

(3)洗涤罐中应加洗涤液,洗涤罐中无洗涤液时不可操作洗涤器,若操作可能会损坏洗涤器电机。

(4)切断电源。

①在拆卸或安装任何电气装置前,以及在工具或设备容易接触到裸露的电气端子时,首先要断开蓄电池负极电缆,以防止人或车辆受损。

②如没有特别说明,必须关闭点火开关。

引导问题 3　如何检修风窗玻璃刮水器?

注意: 在检测前确保所有的用电设备均已关闭。

各小组根据制订的风窗玻璃刮水器检测维修方案以及维修手册,对风窗玻璃刮水器进行检修,绘制检修步骤或检修程序图。

评价与分析

本学习活动的学习活动过程评价表见表6-1-5。

学习活动过程评价表　　　　表6-1-5

班级		姓名		学号		日期	年　月　日
序号	评价要点			配分	得分	总评	
1	能正确拆装风窗玻璃刮水器			10			
2	能正确使用各种拆装工具设备,明确设备正常使用规范			10			
3	能够严格执行风窗玻璃刮水器零部件拆装流程工艺			10		A□（86～100分）	
4	能够正确检测风窗玻璃刮水器故障			20		B□（76～85分）	
5	能够正确排除风窗玻璃刮水器故障			20		C□（60～75分）	
6	能遵守劳动纪律,以积极的态度接受工作任务			10		D□（60分以下）	
7	能积极参与小组讨论和团队间相互合作			10			
8	能及时完成教师布置的任务			10			
	总分			100			
小结建议							

学习活动4　评价反馈

1. 能以小组为单位进行学习成果展示。
2. 能进行小组自我评价、小组互相评价。
3. 培养学生的口头表达能力及质量意识。

书籍、互联网资源、多媒体设备、展示板。

引导问题 1 维修质量评价

问题1：作业完成后,对各小组学习质量的测试有哪些？评价依据是什么？
评价依据1：_____
评价依据2：_____
评价依据3：_____
评价依据4：_____
问题2：作业完成后,你认为本小组在完成任务过程中需要注意什么？

问题3：如果你需要向客户介绍风窗玻璃刮水器的使用规范，你会向客户提供什么样的建议？

_____

引导问题 ❷ 任务评价

问题1：以小组为单位，进行整个项目的学习成果汇报展示。展示中相互学习，列出其他小组中有哪些方面值得学习，自己小组存在什么问题与不足？

其他小组值得学习的地方：

_____

自己小组存在的问题与不足：

_____

问题2：成果展示中，开展小组自评、互评及教师讲评，评价应包含专业知识技能、关键能力及方法能力评价。将评价结果记录在下面。

_____

学习活动 5　任 务 评 价

本任务的任务评价表见表6-1-6。

任 务 评 价 表　　　　　　　　表6-1-6

班级：_____　　姓名：_____　　学号：_____

项 目	自 我 评 价			小 组 评 价			教 师 评 价		
	9~10	6~8	1~5	9~10	6~8	1~5	9~10	6~8	1~5
	得分占总评的10%			得分占总评的30%			得分占总评的60%		
学习活动1									
学习活动2									
学习活动3									
协作精神									
纪律观念									
表达能力									
工作态度									
安全意识									
任务总体表现									
小计									
总评									

任课教师：_____　　年　　月　　日

任务二　电动车窗不能正常升降的故障诊断与排除

 **学习目标**

通过本任务的学习,应当能:
1. 借助相关的工具设备完成车辆电动车窗的拆装与更换任务。
2. 陈述电动车窗系统的检查项目及方法,并就车正确指认电动车窗各系统零部件。
3. 在教师的指导下,分析故障原因,查阅维修手册制订电动车窗系统的检查方案。
4. 掌握电动车窗系统的检修方法及工艺流程。
5. 通过学生对方案的制作及交流展示,培养学生的团队合作和语言表达能力。
6. 根据任务的实施情况进行自我评价与总结,培养分析问题、解决问题及总结归纳的能力。

 **工作情境描述**

一辆福田戴姆勒 EST 载货汽车在行驶中,驾驶员发现电动车窗系统不正常工作,天气寒冷时驾驶室无法封闭。你需要对电动车窗系统附件进行系统检查,并做好记录,最终交付客户试车验收。

工作流程与活动

学习活动 1:任务分析及信息收集;
学习活动 2:制订检查、维修方案;
学习活动 3:规范拆装、检修电动车窗;
学习活动 4:评价反馈;
学习活动 5:任务评价。

学习准备

工具:常用拆装工具、汽车专用数字式万用表、辅助工具等。
设备:福田戴姆勒 EST 载货汽车、尾气排放系统、多媒体教学设备等。
资料及耗材:汽车维修手册、教材、工作页及互联网资源等。

学习活动1　任务分析及信息收集

学习目标

1. 能收集并记录电动车窗相关信息。
2. 能够就车正确指认商用车电动车窗的位置。
3. 能叙述电动车窗的结构组成及工作原理。
4. 能够懂得工作安全和现场生产规范管理。

学习准备

工具：常用拆装工具、汽车专用数字式万用表、诊断仪等。
设备：福田戴姆勒 EST 载货汽车、多媒体教学设备等。
资料及耗材：汽车维修手册、教材、工作页及互联网资源等。

学习过程

电动车窗是由驾驶员操作其开关，使车窗玻璃上升或下降到合适的位置。相比手摇车窗，驾驶员可以更方便地控制车窗升降。本学习活动主要介绍电动车窗的工作原理、电动车窗的总体构造，以及电动车窗的拆装和维修等。所以在检查电动车窗时，要参考相应的汽车维修手册。

询问客户车辆在什么状态下出现的这种情况？

询问客户在平时的使用过程中是否发现什么其他异常问题？

根据这些信息，在试车驾驶中再现该故障。

查阅车辆相关信息，填写故障诊断单（表6-2-1）。使用故障诊断单以避免遗漏信息是非常重要的。

故　障　诊　断　单　　　　　　　　　　表6-2-1

客户姓名		车型或年份		VIN 码	
发动机号		变速器		里程	
故障日期		制造日期		维修日期	
故障症状					
环境状况					
使用条件					
故障出现状态	□突然	□逐渐			
其他状态	□电气设备操作	□换挡	□其他说明		
备注					

引导问题 1 你知道商用车上电动车窗怎么使用吗？它由哪几部分组成？

查阅资料，完成以下问题。
(1) 请你写出商用车上电动车窗的作用。
_____
_____
_____
_____

(2) 电动车窗由哪几部分构成？
_____
_____
_____
_____

(3) 电动车窗有哪几种类型？
_____
_____
_____
_____

引导问题 2 你知道电动车窗有几个挡位吗？它是如何控制的？

查阅资料，完成以下问题。
(1) 电动车窗有几个挡位？
_____
_____
_____

(2) 电动车窗可以实现哪些功能？
_____
_____
_____
_____
_____

引导问题 3 你会识读电动车窗电路吗？

请你分别识读电动车窗电路图（图 6-2-1、图 6-2-2）。

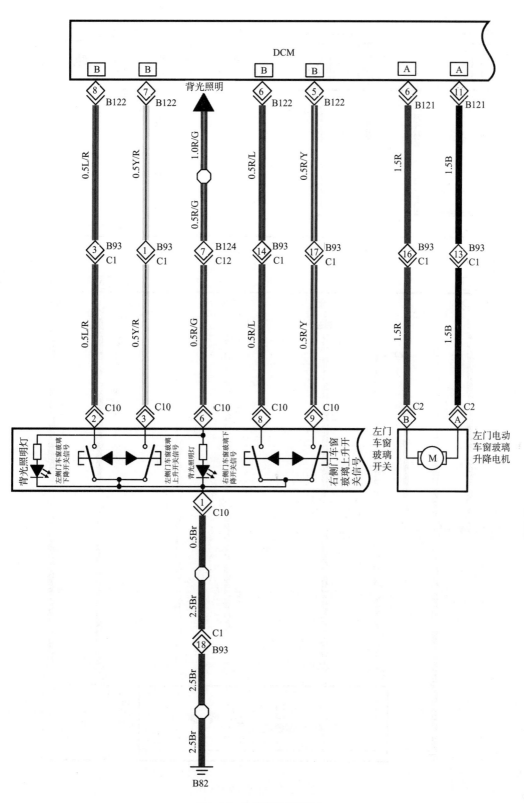

图 6-2-1 电动车窗电路图 1

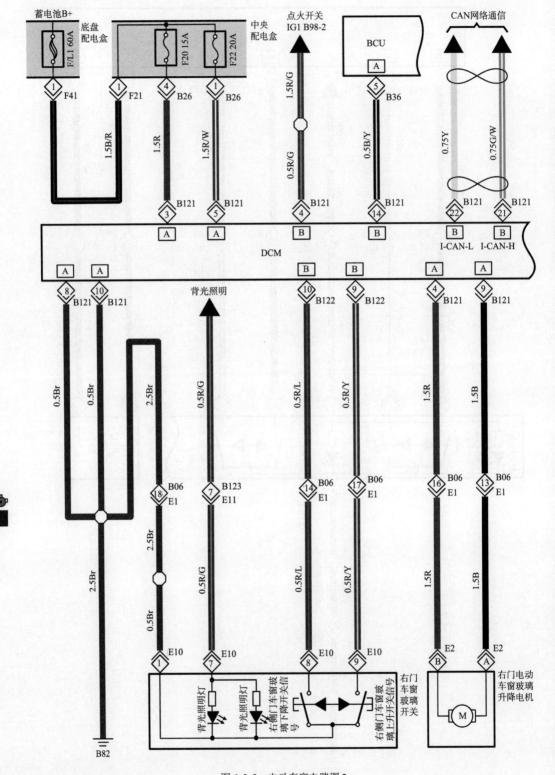

图 6-2-2 电动车窗电路图 2

本学习活动的学习活动过程评价表见表6-2-2。

学习活动过程评价表　　　　　　表6-2-2

班级		姓名		学号		日期	年　月　日
序号	评价要点			配分	得分	总评	
1	能正确识读查阅相关的资料明确电动车窗的作用			10		A□(86~100分) B□(76~85分) C□(60~75分) D□(60分以下)	
2	能够陈述电动车窗由哪几部分组成			10			
3	能写说出电动车窗的类型			15			
4	能了解各不同车窗玻璃升降器的技术特点			15			
5	能查阅相关资料了解电动车窗的正常使用规范			10			
6	能遵守劳动纪律,以积极的态度接受工作任务			10			
7	能积极参与小组讨论和团队间相互合作			15			
8	能及时完成教师布置的任务			15			
	总分			100			
小结 建议							

学习活动2　制订检查、维修方案

1. 能陈述电动车窗检查、维修方案的制作要求。
2. 能在教师指导下,制订电动车窗检查、维修方案。
3. 能以小组合作的方式完成电动车窗检查、维修方案的制作。
4. 能在检查方案的制作过程中,学会维修方案制作的方法和技巧。

学习准备

工具:常用拆装工具、汽车专用数字式万用表、诊断仪等。
设备:福田戴姆勒EST载货汽车、多媒体教学设备等。
资料及耗材:汽车维修手册、教材、工作页及互联网资源等。

问题1：如何制订电动车窗检查方案？

查阅维修手册，根据电动车窗构造原理，制定电动车窗的检查方案及检查步骤。

步骤1：_____
步骤2：_____
步骤3：_____
步骤4：_____
步骤5：_____
步骤6：_____
步骤7：_____
步骤8：_____
步骤9：_____
步骤10：_____

问题2：如何制订电动车窗维修方案？

查阅维修手册，根据电动车窗原理，制订电动车窗维修方案。

步骤1：_____
步骤2：_____
步骤3：_____
步骤4：_____
步骤5：_____
步骤6：_____
步骤7：_____
步骤8：_____
步骤9：_____
步骤10：_____

问题3：如何优化检查维修方案？

各小组派代表展示自己的维修方案，各组互相讨论学习后，重新调整自己的检查、维修流程。

_____
_____
_____
_____
_____
_____

本学习活动的学习活动过程评价表见表6-2-3。

学习活动过程评价表　　　　　　　表 6-2-3

班级		姓名		学号		日期	年　月　日
序号	评价要点			配分	得分	总评	
1	能够明确电动车窗检查、维修方案的制作要求			10		A□(86~100 分) B□(76~85 分) C□(60~75 分) D□(60 分以下)	
2	能够掌握电动车窗检查、维修方案的制作办法			10			
3	能陈述出电动车窗检查、维修方案			15			
4	能了解优化电动车窗检查、维修方案			15			
5	能查阅相关资料,明确设备正常使用规范			10			
6	能遵守劳动纪律,以积极的态度接受工作任务			10			
7	能积极参与小组讨论和团队间相互合作			15			
8	能及时完成教师布置的任务			15			
	总分			100			
小结 建议							

学习活动 3　规范拆装、检修电动车窗

学习目标

1. 能够就车指认电动车窗原件。
2. 能查阅维修手册掌握电动车窗的拆装方法。
3. 能够对电动车窗进行检查和维修。

学习准备

工具:常用拆装工具、汽车专用数字式万用表、诊断仪等。
设备:福田戴姆勒 EST 载货汽车、多媒体教学设备等。
资料及耗材:汽车维修手册、教材、工作页及互联网资源等。

学习过程

引导问题 1　完成本任务,需要使用的主要工、量具有哪些?

1. 技术要求与标准

(1)严格按照安全操作规程,熟练、快速地检查电动车窗。
(2)在使用万用表的过程中,要根据测量对象选择正确的挡位。
(3)习惯性使用"三件套"、车轮挡块等汽车防护物品,养成良好的职业习惯。
(4)养成采取安全防护措施维修作业的习惯。
(5)养成工具、零部件、油液"三不落地"的职业习惯,工具及拆下的零部件等都应整齐地放置在工具车及零件盘中。

2. 设备器材

请你写出图 6-2-3、图 6-2-4 所示本学习活动所需设备器材的名称。

图 6-2-3　设备器材 1　　　　图 6-2-4　设备器材 2

3. 场地设施

4. 设备设施

5. 安全防护

6. 耗材

引导问题 2　怎样规范拆卸电动车窗?

各小组根据制订的电动车窗检测维修方案以及下列维修手册拆卸步骤(注意阅读注意事项),对电动车窗进行规范拆装。

1. 拆卸准备

(1)小组共同清洁工位、清点工具,保持场地、设备、工具等干净、整齐、性能良好。

(2)关闭点火开关并拔下钥匙。

2. 拆卸电动车窗

(1)打开车门。

(2)断开蓄电池负极电缆。

(3)拆卸前车门下装饰板内板。

(4)拆卸踏步灯总成。

(5)拆卸前门内护板装饰板。

(6)拆卸车门外开把手总成。

(7)拆卸车门内饰件安装总成。

(8)拆卸车门玻璃总成。

(9)如图 6-2-5 所示,拆卸车门玻璃升降器总成。拧下固定玻璃升降器总成 4 颗螺栓、2 颗螺母,取下玻璃升降器总成(注意:尽量避免玻璃升降器磕碰车门框)。

(10)如图 6-2-6 所示,安装车门玻璃升降器总成。将车门玻璃升降器总成固定在正确的位置,用套筒紧固固定玻璃升降器总成 4 颗螺栓、2 颗螺母。力矩为 (10.5 ± 1.5) N·m

（注意：尽量避免玻璃升降器磕碰车门框）。

（11）安装车门玻璃总成。

（12）安装车门内饰件安装总成。

（13）安装车门外开把手总成。

（14）安装前门内护板装饰板。

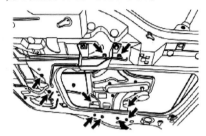
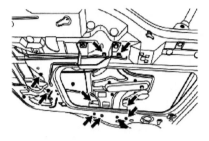

图 6-2-5　拆卸车门玻璃升降器总成　　　图 6-2-6　安装车门玻璃升降器总成

引导问题 3　如何检修电动车窗？

注意：在检测前确保所有的用电设备均已关闭。

各小组根据制订的电动车窗检测维修方案以及维修手册对电动车窗进行检修，绘制检修步骤或检修程序图。

评价与分析

本学习活动的学习活动过程评价表见表 6-2-4。

学习活动过程评价表　　　　　　　表 6-2-4

班级		姓名		学号		日期	年　月　日
序号	评价要点				配分	得分	总评
1	能正确拆装电动车窗				10		
2	能正确使用各种拆装工具设备，明确设备正常使用规范				10		
3	能够严格执行电动车窗零部件拆装流程工艺				10		A□（86~100分）
4	能够正确检测电动车窗故障				20		B□（76~85分）
5	能够正确排除电动车窗故障				20		C□（60~75分）
6	能遵守劳动纪律，以积极的态度接受工作任务				10		D□（60分以下）
7	能积极参与小组讨论和团队间相互合作				10		
8	能及时完成教师布置的任务				10		
	总分				100		
小结建议							

学习活动 4　评 价 反 馈

学习目标

1. 能以小组为单位进行学习成果展示。
2. 能进行小组自我评价、小组互相评价。
3. 培养学生的口头表达能力及质量意识。

学习准备

书籍、互联网资源、多媒体设备、展示板。

学习过程

引导问题 1　维修质量评价

问题 1：作业完成后，对各小组学习质量的测试有哪些？评价依据是什么？

评价依据 1：_____
评价依据 2：_____
评价依据 3：_____
评价依据 4：_____

问题 2：作业完成后，你认为本小组在完成任务过程中需要注意什么？

_____
_____
_____

问题 3：如果你需要向客户介绍电动车窗的使用规范，你会向客户提供什么样的建议？

_____
_____
_____
_____

引导问题 2　任务评价

问题 1：以小组为单位，进行整个项目的学习成果汇报展示。展示中相互学习，列出其他小组中有哪些方面值得学习，自己小组存在什么问题与不足？

其他小组值得学习的地方：
_____

自己小组存在的问题与不足：

_____
_____
_____
_____

问题2：成果展示中，开展小组自评、互评及教师讲评，评价应包含专业知识技能、关键能力及方法能力评价。将评价结果记录在下面。

_____
_____
_____
_____

学习活动5 任务评价

本任务的任务评价表见表6-2-5。

任务评价表　　　　　　　　　　　　　表6-2-5

班级：_____　　姓名：_____　　学号：_____

项 目	自我评价			小组评价			教师评价		
	9~10	6~8	1~5	9~10	6~8	1~5	9~10	6~8	1~5
	得分占总评的10%			得分占总评的30%			得分占总评的60%		
学习活动1									
学习活动2									
学习活动3									
协作精神									
纪律观念									
表达能力									
工作态度									
安全意识									
任务总体表现									
小计									
总评									

任课教师：_____　　　年　月　日

任务三　中控门锁工作异常的故障诊断与排除

**学习目标**

通过本任务的学习,应当能:

1. 借助相关的工具设备完成车辆中控门锁的拆装与更换任务。
2. 陈述中控门锁的检查项目及方法,并能够就车正确指认中控门锁各系统零部件。
3. 在教师的指导下,分析故障原因,查阅维修手册制订中控门锁系统的检查方案。
4. 掌握中控门锁系统的检修方法及工艺流程。
5. 通过学生对方案的制作及交流展示,培养学生的团队合作和语言表达能力。
6. 根据任务的实施情况进行自我评价与总结,培养分析问题、解决问题及总结归纳的能力。

工作情境描述

一辆福田戴姆勒 EST 载货汽车在行驶中,驾驶员发现中控门锁系统不正常工作,车辆无法上锁,存在安全隐患。你需要对中控门锁系统附件进行系统检查,并做好记录,最终交付客户试车验收。

工作流程与活动

学习活动 1:任务分析及信息收集;
学习活动 2:制订检查、维修方案;
学习活动 3:规范拆装、检修中控门锁;
学习活动 4:评价反馈;
学习活动 5:任务评价。

学习准备

工具:常用拆装工具、汽车专用数字式万用表、辅助工具等。
设备:福田戴姆勒 EST 载货汽车、尾气排放系统、多媒体教学设备等。
资料及耗材:汽车维修手册、教材、工作页及互联网资源等。

学习活动 1　任务分析及信息收集

学习目标

1. 能收集并记录中控门锁相关信息。
2. 能够就车正确指认商用车中控门锁的位置。
3. 能叙述中控门锁的结构组成及工作原理。
4. 能够懂得工作安全和现场生产规范管理。

学习准备

工具：常用拆装工具、汽车专用数字式万用表、诊断仪等。
设备：福田戴姆勒 EST 载货汽车、多媒体教学设备等。
资料及耗材：汽车维修手册、教材、工作页及互联网资源等。

学习过程

中控门锁是中央控制车门锁的简称，它是指通过设在驾驶座门上的开关可以同时控制全车车门关闭与开启的一种控制装置。配有中控门锁的车辆当锁闭驾驶座车门时，其他车门也跟着锁闭。但其他车门独自锁闭时，驾驶座车门和其他车门则不会跟着锁闭。中控门锁采用一个开关去控制另一些开关，它用电磁驱动方式执行门锁的关闭与开启。本学习活动主要介绍中控门锁的工作原理、中控门锁的总体构造以及中控门锁的拆装和维修等。所以在检修福田戴姆勒 EST 载货汽车的中控门锁时，要参考相应的汽车维修手册。

询问客户车辆在什么状态下出现的这种情况？

询问客户在平时的使用过程中是否发现什么其他异常问题？

根据这些信息，在试车驾驶中再现该故障。

查阅车辆相关信息，填写故障诊断单（表 6-3-1）。使用故障诊断单以避免遗漏信息是非常重要的。

故障诊断单　　　　　　　　表 6-3-1

客户姓名		车型或年份		VIN 码	
发动机号		变速器		里程	
故障日期		制造日期		维修日期	
故障症状					
环境状况					
使用条件					
故障出现状态	□突然		□逐渐		
其他状态	□电气设备操作		□换挡	□其他说明	
备注					

引导问题 1 你知道商用车上中控门锁有什么作用吗?它由哪几部分组成?

(1)请你写出商用车上中控门锁的作用。
_____
_____

(2)根据图6-3-1,请你将商用车上中控门锁的部件名称填入表6-3-2。

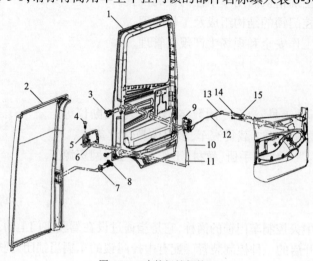

图6-3-1 中控门锁部件图

中控门锁部件名称　　　　　　　　　　　　　　　　表6-3-2

序号	部 件 名 称	序号	部 件 名 称
1		9	
2		10	
3		11	
4		12	
5		13	
6		14	
7		15	
8			

(3)中控门锁系统有哪些分类?
_____
_____
_____

引导问题 2 你会识读中控门锁电路吗?

请你分别识读中控门锁电路图(图6-3-2、图6-3-3)。

◤评价与分析◢

本学习活动的学习活动过程评价表见表6-3-3。

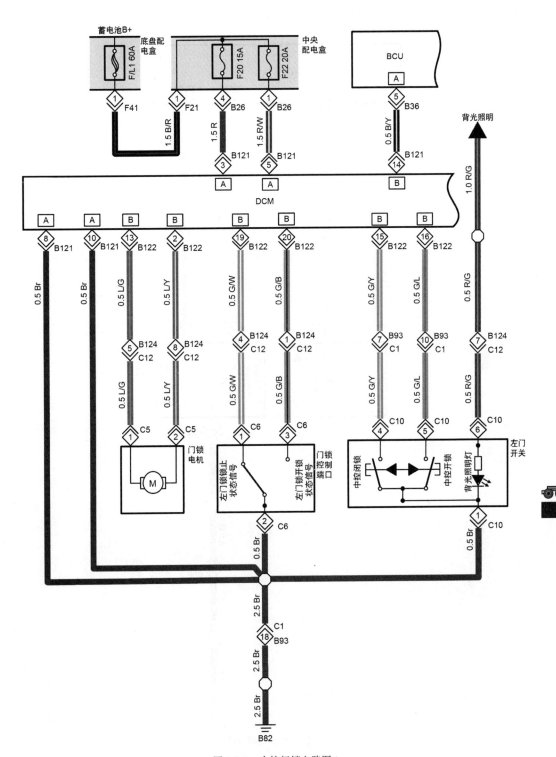

图 6-3-2 中控门锁电路图 1

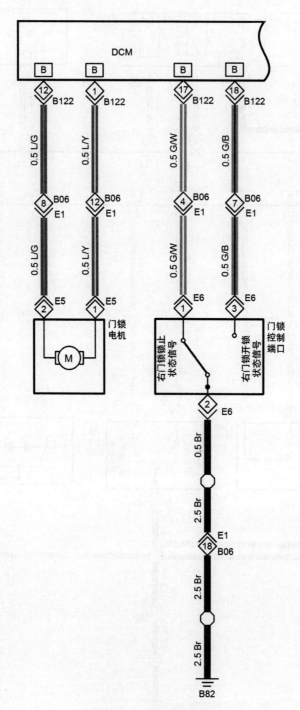

图 6-3-3 中控门锁电路图 2

学习活动过程评价表　　　　　　表 6-3-3

班级		姓名		学号		日期		年　月　日
序号	评价要点				配分	得分		总评
1	能正确识读查阅相关的资料,明确中控门锁的作用				10			
2	能够陈述中控门锁由哪几部分组成				10			A□(86~100 分)
3	能写说出中控门锁的类型				15			
4	能了解各不同类型中控门锁的技术特点				15			B□(76~85 分)
5	能查阅相关资料,明确中控门锁的正常使用规范				10			C□(60~75 分)
6	能遵守劳动纪律,以积极的态度接受工作任务				10			D□(60 分以下)
7	能积极参与小组讨论和团队间相互合作				15			
8	能及时完成教师布置的任务				15			
	总分				100			
小结建议								

学习活动 2　制订检查、维修方案

学习目标

1. 能陈述中控门锁检查、维修方案的制作要求。
2. 能在教师指导下,制订中控门锁检查、维修方案。
3. 能以小组合作的方式完成中控门锁检查、维修方案的制作。
4. 能在检查方案的制作过程中,学会维修方案制作的方法和技巧。

学习准备

工具:常用拆装工具、汽车专用数字式万用表、诊断仪等。
设备:福田戴姆勒 EST 载货汽车、多媒体教学设备等。
资料及耗材:汽车维修手册、教材、工作页及互联网资源等。

学习过程

问题 1:如何制订中控门锁检查方案?
查阅维修手册,根据中控门锁构造原理,制订中控门锁的检查方案及检查步骤。
步骤 1:＿＿＿＿＿＿＿＿＿＿＿＿＿＿＿＿＿＿＿＿＿＿＿＿＿＿＿＿＿＿＿＿＿＿＿＿＿
步骤 2:＿＿＿＿＿＿＿＿＿＿＿＿＿＿＿＿＿＿＿＿＿＿＿＿＿＿＿＿＿＿＿＿＿＿＿＿＿
步骤 3:＿＿＿＿＿＿＿＿＿＿＿＿＿＿＿＿＿＿＿＿＿＿＿＿＿＿＿＿＿＿＿＿＿＿＿＿＿
步骤 4:＿＿＿＿＿＿＿＿＿＿＿＿＿＿＿＿＿＿＿＿＿＿＿＿＿＿＿＿＿＿＿＿＿＿＿＿＿
步骤 5:＿＿＿＿＿＿＿＿＿＿＿＿＿＿＿＿＿＿＿＿＿＿＿＿＿＿＿＿＿＿＿＿＿＿＿＿＿
步骤 6:＿＿＿＿＿＿＿＿＿＿＿＿＿＿＿＿＿＿＿＿＿＿＿＿＿＿＿＿＿＿＿＿＿＿＿＿＿
步骤 7:＿＿＿＿＿＿＿＿＿＿＿＿＿＿＿＿＿＿＿＿＿＿＿＿＿＿＿＿＿＿＿＿＿＿＿＿＿

步骤 8：_____
步骤 9：_____
步骤 10：_____

问题 2：如何进行制定中控门锁维修方案？

查阅维修手册，根据中控门锁原理，制订中控门锁维修方案。

步骤 1：_____
步骤 2：_____
步骤 3：_____
步骤 4：_____
步骤 5：_____
步骤 6：_____
步骤 7：_____
步骤 8：_____
步骤 9：_____
步骤 10：_____

问题 3：如何优化检查、维修方案？

各小组派代表展示自己的维修方案，各组互相讨论学习后，重新调整自己的检查、维修流程。

_____
_____
_____
_____

评价与分析

本学习活动的学习活动过程评价表见表 6-3-4。

学习活动过程评价表　　　　　表 6-3-4

班级		姓名		学号		日期	年　月　日
序号	评价要点				配分	得分	总评
1	能够明确中控门锁检查、维修方案的制作要求				10		
2	能够掌握中控门锁检查、维修方案的制作办法				10		
3	能陈述出中控门锁检查、维修方案				15		A□(86~100 分)
4	能了解优化中控门锁检查、维修方案				15		B□(76~85 分)
5	能查阅相关资料，明确设备正常使用规范				10		C□(60~75 分)
6	能遵守劳动纪律，以积极的态度接受工作任务				10		D□(60 分以下)
7	能积极参与小组讨论和团队间相互合作				15		
8	能及时完成教师布置的任务				15		
	总分				100		
小结建议							

学习活动 3　规范拆装、检修中控门锁

学习目标

1. 能够就车指认中控门锁原件。
2. 能查阅维修手册掌握中控门锁的拆装方法。
3. 能够对中控门锁进行检查和维修。

学习准备

工具：常用拆装工具、汽车专用数字式万用表、诊断仪等。
设备：福田戴姆勒 EST 载货汽车、多媒体教学设备等。
资料及耗材：汽车维修手册、教材、工作页及互联网资源等。

学习过程

引导问题 1　完成本任务，需要使用的主要工、量具有哪些？

1. 技术要求与标准

（1）严格按照安全操作规程，熟练、快速地检查中控门锁。
（2）在使用万用表的过程中，要根据测量对象选择正确的挡位。
（3）习惯性使用"三件套"、车轮挡块等汽车防护物品，养成良好的职业习惯。
（4）养成采取安全防护措施维修作业的习惯。
（5）养成工具、零部件、油液"三不落地"的职业习惯，工具及拆下的零部件等都应整齐地放置在工具车及零件盘中。

2. 设备器材

请你写出图 6-3-4、图 6-3-5 所示本学习活动所需设备器材的名称。

图 6-3-4　设备器材 1　　　　图 6-3-5　设备器材 2

3. 场地设施

4. 设备设施

5. 安全防护

6. 耗材

引导问题 2 怎样规范拆卸中控门锁?

各小组根据制订的中控门锁检测维修方案以及下列维修手册拆卸步骤,对中控门锁进行规范拆装。

1. 拆卸准备

(1)小组共同清洁工位、清点工具,保持场地、设备、工具等干净、整齐、性能良好。

(2)关闭点火开关并拔下钥匙。

2. 拆卸中控门锁

(1)打开车门。

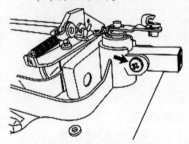

图 6-3-6 拆卸车门锁芯总成

(2)断开蓄电池负极电缆。

(3)拆卸车门外开把手总成。

(4)如图 6-3-6 所示,拆卸车门锁芯总成。拆卸门锁芯固定螺钉,取下车门锁芯。

(5)安装车门锁芯总成。安装车门锁芯,紧固门锁芯固定螺钉。

(6)安装外开把手总成。

(7)关闭车门。

引导问题 3 如何检修中控门锁?

注意:在检测前确保所有的用电设备均已关闭。

各小组根据制订的中控门锁检测维修方案以及维修手册对中控门锁进行检修,绘制检修步骤或检修程序图。

本学习活动的学习活动过程评价表见表 6-3-5。

学习活动过程评价表 　　　表 6-3-5

班级		姓名		学号		日期	年 月 日
序号	评价要点				配分	得分	总评
1	能正确拆装中控门锁				10		
2	能正确使用各种拆装工具设备,明确设备正常使用规范				10		
3	能够严格执行中控门锁零部件拆装流程工艺				10		A□（86~100 分）
4	能够正确检测中控门锁故障				20		B□（76~85 分）
5	能够正确排除中控门锁故障				20		C□（60~75 分）
6	能遵守劳动纪律,以积极的态度接受工作任务				10		D□（60 分以下）
7	能积极参与小组讨论和团队间相互合作				10		
8	能及时完成教师布置的任务				10		
	总分				100		
小结建议							

学习活动 4　评价反馈

学习目标

1. 能以小组为单位进行学习成果展示。
2. 能进行小组自我评价、小组互相评价。
3. 培养学生的口头表达能力及质量意识。

学习准备

书籍、互联网资源、多媒体设备、展示板。

学习过程

 维修质量评价

问题 1：作业完成后,对各小组学习质量的测试有哪些？评价依据是什么？
评价依据 1：_____
评价依据 2：_____
评价依据 3：_____
评价依据 4：_____
问题 2：作业完成后,你认为本小组在完成任务过程中需要注意什么？

问题3：如果你需要向客户介绍中控门锁的使用规范，你会向客户提供什么建议？
_____
_____
_____

> **引导问题 ②** 任务评价

问题1：以小组为单位，进行整个项目的学习成果汇报展示。展示中相互学习，列出其他小组中有哪些方面值得学习，自己小组存在什么问题与不足？

其他小组值得学习的地方：
_____
_____

自己小组存在的问题与不足：
_____
_____

问题2：成果展示中，开展小组自评、互评及教师讲评，评价应包含专业知识技能、关键能力及方法能力评价。将评价结果记录在下面。
_____
_____
_____

学习活动 5　任 务 评 价

本任务的任务评价表见表6-3-6。

任 务 评 价 表　　　　　　　　　表 6-3-6

班级：_____　　　姓名：_____　　　学号：_____

项　目	自 我 评 价			小 组 评 价			教 师 评 价		
	9～10	6～8	1～5	9～10	6～8	1～5	9～10	6～8	1～5
	得分占总评的10%			得分占总评的30%			得分占总评的60%		
学习活动1									
学习活动2									
学习活动3									
协作精神									
纪律观念									
表达能力									
工作态度									
安全意识									
任务总体表现									
小计									
总评									

任课教师：_____　　　年　月　日

任务四　电动后视镜工作异常的故障诊断与排除

学习目标

通过本任务的学习,应当能:
1. 借助相关的工具设备完成车辆电动后视镜的拆装与更换任务。
2. 陈述电动后视镜的检查项目及方法,并就车正确指认电动后视镜各系统零部件。
3. 在教师的指导下,分析故障原因,查阅维修手册制订电动后视镜系统的检查方案。
4. 掌握电动后视镜系统的检修方法及工艺流程。
5. 通过学生对方案的制作及交流展示,培养学生的团队合作和语言表达能力。
6. 根据任务的实施情况进行自我评价与总结,培养分析问题、解决问题及总结归纳的能力。

工作情境描述

一辆福田戴姆勒 EST 载货汽车在行驶中,驾驶员发现电动后视镜系统不正常工作,无法完成后视镜调节。你需要对电动后视镜系统附件进行系统检查,并做好记录,最终交付客户试车验收。

工作流程与活动

学习活动 1:任务分析及信息收集;
学习活动 2:制订检查、维修方案;
学习活动 3:规范检修电动后视镜;
学习活动 4:评价反馈;
学习活动 5:任务评价。

学习准备

工具:常用拆装工具、汽车专用数字式万用表、辅助工具等。
设备:福田戴姆勒 EST 载货汽车、尾气排放系统、多媒体教学设备等。
资料及耗材:汽车维修手册、教材、工作页及互联网资源等。

学习活动 1　任务分析及信息收集

学习目标

1. 能收集并记录电动后视镜相关信息。
2. 能够就车正确指认商用车电动后视镜的位置。

3. 能叙述电动后视镜的结构组成及工作原理。
4. 能够懂得工作安全和现场生产规范管理。

学习准备

工具：常用拆装工具、汽车专用数字式万用表、诊断仪等。
设备：福田戴姆勒 EST 载货汽车、多媒体教学设备等。
资料及耗材：汽车维修手册、教材、工作页及互联网资源等。

学习过程

电动后视镜是调节左右外侧后视镜角度的。为了方便驾驶员调整后视镜的角度，车辆安装有电动后视镜，驾驶员坐在座椅上直接操纵开关，通过电动机就可以方便地对左右后视镜的角度进行调节。电动后视镜还具有加热功能，可以除霜或者消除水雾。本学习活动主要介绍电动后视镜的工作原理、电动后视镜的总体构造以及电动后视镜的拆装和维修等。所以，在检修福田戴姆勒 EST 载货汽车的电动后视镜时，要参考相应的汽车维修手册。

询问客户车辆在什么状态下出现的这种情况？

询问客户在平时的使用过程中是否发现什么其他异常问题？

根据这些信息，在试车驾驶中再现该故障。

查阅车辆相关信息，填写故障诊断单（表6-4-1）。使用故障诊断单以避免遗漏信息是非常重要的。

故 障 诊 断 单　　　　　　　　　表6-4-1

客户姓名		车型或年份		VIN 码	
发动机号		变速器		里程	
故障日期		制造日期		维修日期	
故障症状					
环境状况					
使用条件					
故障出现状态	□突然		□逐渐		
其他状态	□电气设备操作		□换挡	□其他说明	
备注					

引导问题 1　你知道商用车上电动后视镜有什么作用吗？它由哪几部分组成？

（1）请你写出商用车上电动后视镜的作用。

（2）请你写出调节电动后视镜角度的方法。

引导问题 ❷ 你会识读电动后视镜电路吗?

请你分别识读电动后视镜电路图(图 6-4-1、图 6-4-2)。

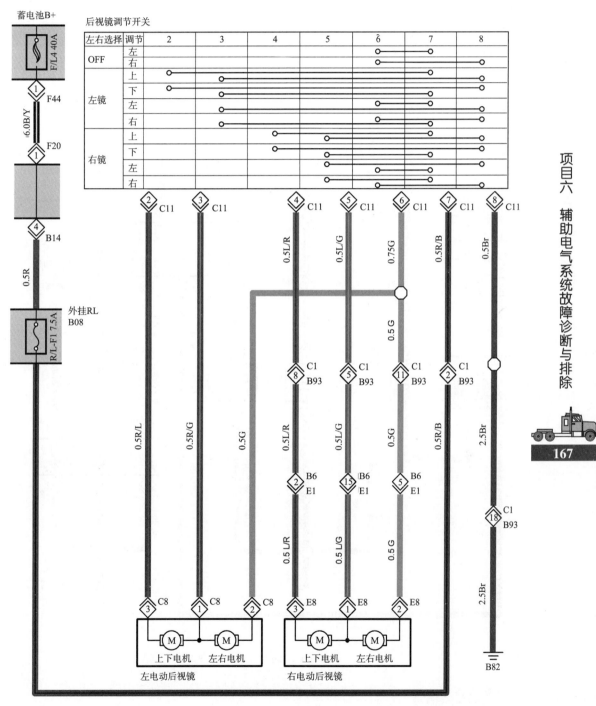

图 6-4-1 电动后视镜电路图 1

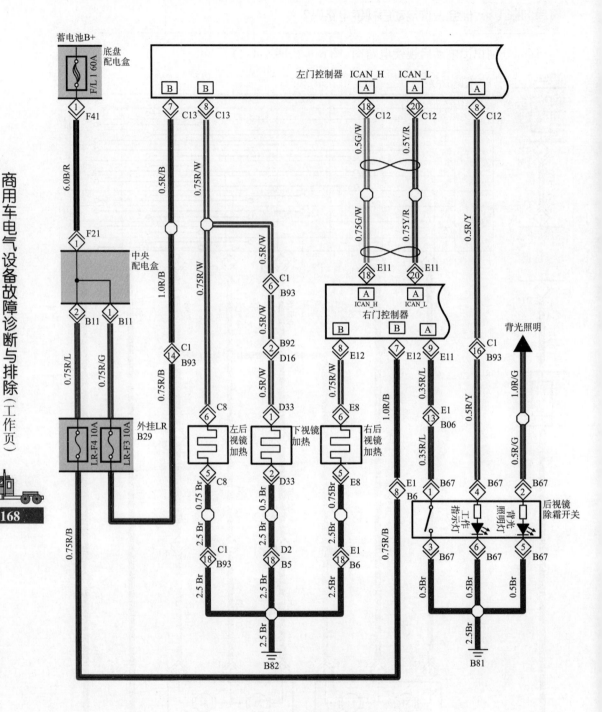

图 6-4-2 电动后视镜电路图 2

评价与分析

本学习活动的学习活动过程评价表见表 6-4-2。

学习活动过程评价表　　　　　　　　表 6-4-2

班级		姓名		学号		日期	年　月　日
序号	评价要点			配分	得分	总评	
1	能正确识读查阅相关的资料,明确电动后视镜的作用			10		A□（86～100 分） B□（76～85 分） C□（60～75 分） D□（60 分以下）	
2	能够陈述电动后视镜由哪几部分组成			10			
3	能说出电动后视镜的调节方法			15			
4	能根据电动后视镜的电路图分析故障原因			15			
5	能查阅相关资料,明确电动后视镜的正常使用规范			10			
6	能遵守劳动纪律,以积极的态度接受工作任务			10			
7	能积极参与小组讨论和团队间相互合作			15			
8	能及时完成教师布置的任务			15			
总分				100			
小结建议							

学习活动 2　制订检查、维修方案

学习目标

1. 能陈述电动后视镜检查、维修方案的制作要求。
2. 能在教师指导下,制定电动后视镜检查、维修方案。
3. 能以小组合作的方式完成电动后视镜检查、维修方案的制作。
4. 能在检查方案的制作过程中学会维修方案制作的方法和技巧。

学习准备

工具:常用拆装工具、汽车专用数字式万用表、诊断仪等。
设备:福田戴姆勒 EST 载货汽车、多媒体教学设备等。
资料及耗材:汽车维修手册、教材、工作页及互联网资源等。

学习过程

问题 1:如何制订电动后视镜检查方案?
查阅维修手册,根据电动后视镜构造原理,制订电动后视镜的检查方案及检查步骤。
步骤 1:＿＿＿＿＿＿＿＿＿＿＿＿＿＿＿＿＿＿＿＿＿＿＿＿＿＿＿＿＿＿＿＿＿＿
步骤 2:＿＿＿＿＿＿＿＿＿＿＿＿＿＿＿＿＿＿＿＿＿＿＿＿＿＿＿＿＿＿＿＿＿＿
步骤 3:＿＿＿＿＿＿＿＿＿＿＿＿＿＿＿＿＿＿＿＿＿＿＿＿＿＿＿＿＿＿＿＿＿＿
步骤 4:＿＿＿＿＿＿＿＿＿＿＿＿＿＿＿＿＿＿＿＿＿＿＿＿＿＿＿＿＿＿＿＿＿＿
步骤 5:＿＿＿＿＿＿＿＿＿＿＿＿＿＿＿＿＿＿＿＿＿＿＿＿＿＿＿＿＿＿＿＿＿＿
步骤 6:＿＿＿＿＿＿＿＿＿＿＿＿＿＿＿＿＿＿＿＿＿＿＿＿＿＿＿＿＿＿＿＿＿＿

步骤7：_____
步骤8：_____
步骤9：_____
步骤10：_____

问题2：如何制订电动后视镜维修方案？

查阅维修手册，根据电动后视镜原理，制订电动后视镜维修方案。

步骤1：_____
步骤2：_____
步骤3：_____
步骤4：_____
步骤5：_____
步骤6：_____
步骤7：_____
步骤8：_____
步骤9：_____
步骤10：_____

问题3：如何优化检查维修方案？

各小组派代表展示自己的维修方案，各组互相讨论学习后，重新调整自己的检查、维修流程。

_____
_____

评价与分析

本学习活动的学习活动过程评价表见表6-4-3。

学习活动过程评价表　　　　　　　　　　　　　　表6-4-3

班级		姓名		学号		日期	年　月　日
序号	评价要点				配分	得分	总评
1	能够明确电动后视镜检查、维修方案的制作要求				10		A□(86~100分) B□(76~85分) C□(60~75分) D□(60分以下)
2	能够掌握电动后视镜检查、维修方案的制作办法				10		
3	能陈述出电动后视镜检查、维修方案				15		
4	能了解优化电动后视镜检查、维修方案				15		
5	能查阅相关资料，明确设备正常使用规范				10		
6	能遵守劳动纪律，以积极的态度接受工作任务				10		
7	能积极参与小组讨论和团队间相互合作				15		
8	能及时完成教师布置的任务				15		
总分					100		
小结建议							

学习活动 3　规范检修电动后视镜

学习目标

1. 能够就车指认电动后视镜原件。
2. 能查阅维修手册,掌握电动后视镜的检测方法。
3. 能够对电动后视镜进行检查和维修。

学习准备

工具:常用拆装工具、汽车专用数字式万用表、诊断仪等。
设备:福田戴姆勒 EST 载货汽车、多媒体教学设备等。
资料及耗材:汽车维修手册、教材、工作页及互联网资源等。

引导问题 1　完成本任务,需要使用的主要工、量具有哪些?

1. 技术要求与标准
（1）严格按照安全操作规程,熟练、快速地检查电动后视镜。
（2）在使用万用表的过程中,要根据测量对象选择正确的挡位。
（3）习惯性使用"三件套"、车轮挡块等汽车防护物品,养成良好的职业习惯。
（4）养成采取安全防护措施维修作业的习惯。
（5）养成工具、零部件、油液"三不落地"的职业习惯,工具及拆下的零部件等都应整齐地放置在工具车及零件盘中。

2. 设备器材
请你写出图 6-4-3、图 6-4-4 所示本学习活动所需设备器材的名称。

图 6-4-3　设备器材 1　　　　图 6-4-4　设备器材 2

3. 场地设施

_____

4. 设备设施

_____

5. 安全防护

6. 耗材

> **引导问题 ②** 电动后视镜如何检测?

各小组根据制订的电动后视镜检测维修方案以及下列维修手册检测步骤,对电动后视镜进行规范检测。

1. 前期准备
(1)_____
(2)_____
(3)_____
(4)_____
(5)_____

2. 检测项目
(1)检查蓄电池。
(2)检查熔断装置。
断开蓄电池____极,拔下熔断丝_____,测量阻值为_____。
(3)检查电动后视镜调节开关。
_____
(4)检查电动后视镜选择开关。
_____
(5)检查调节电机。
在插接器检测调节电机电阻值为_____
(6)检查电动后视镜控制电路线束,将检测结果填入表6-4-4。

电动后视镜控制电路线束检查表　　　　　　表6-4-4

检测端子或导线	电池通电状态	点火开关状态	检 测 结 果

3. 整理工位
(1)取下尾气抽排管。
(2)回收车内"三件套"。
(3)回收车轮挡块。
(4)对整理之后留在现场的必要的物品分门别类放置,排列整齐。
(5)对使用的工具和设备进行清洁。
(6)将工作场所清扫干净,使施工现场始终处于无垃圾、无灰尘的整洁状态。

本学习活动的学习活动过程评价表见表6-4-5。

学习活动过程评价表　　　　　　表6-4-5

班级		姓名		学号		日期	年 月 日
序号	评价要点				配分	得分	总评
1	能正确拆装电动后视镜开关				10		
2	能正确使用各种拆装工具设备,明确设备正常使用规范				10		A□(86~100分)
3	能够严格执行电动后视镜零部件拆装流程工艺				10		B□(76~85分)
4	能够正确检测电动后视镜故障				20		C□(60~75分)
5	能够正确排除电动后视镜故障				20		D□(60分以下)
6	能遵守劳动纪律,以积极的态度接受工作任务				10		
7	能积极参与小组讨论和团队间相互合作				10		
8	能及时完成教师布置的任务				10		
	总分				100		
小结建议							

学习活动4　评价反馈

1. 能以小组为单位进行学习成果展示。
2. 能进行小组自我评价、小组互相评价。
3. 培养学生的口头表达能力及质量意识。

学习准备

书籍、互联网资源、多媒体设备、展示板。

学习过程

引导问题 1　维修质量评价

问题1:作业完成后,对各小组学习质量的测试有哪些?评价依据是什么?

评价依据1:_____

评价依据2:_____

评价依据3:_____

评价依据4:_____

问题2:作业完成后,你认为本小组在完成任务过程中需要注意什么?

问题3：如果你需要向客户介绍电动后视镜的使用规范，你会向客户提供什么样的建议？

引导问题 ❷ 任务评价

问题1：以小组为单位，进行整个项目的学习成果汇报展示。展示中相互学习，列出其他小组中有哪些方面值得学习，自己小组存在什么问题与不足？

其他小组值得学习的地方：

自己小组存在的问题与不足：

问题2：成果展示中，开展小组自评、互评及教师讲评，评价应包含专业知识技能、关键能力及方法能力评价。将评价结果记录在下面。

学习活动5　任务评价

本任务的任务评价表见表6-4-6。

任 务 评 价 表　　　　　　　表6-4-6

班级：_____　　姓名：_____　　学号：_____

项　目	自 我 评 价			小 组 评 价			教 师 评 价		
	9~10	6~8	1~5	9~10	6~8	1~5	9~10	6~8	1~5
	得分占总评的10%			得分占总评的30%			得分占总评的60%		
学习活动1									
学习活动2									
学习活动3									
协作精神									
纪律观念									
表达能力									
工作态度									
安全意识									
任务总体表现									
小计									
总评									

任课教师：_____　　年　月　日